集人文社科之思　刊专业学术之声

集 刊 名：太平洋岛国研究
主办单位：教育部国别和区域研究中心（备案）
　　　　　山东省首批重点新型智库建设试点单位－聊城大学太平洋岛国研究中心
主　　编：李增洪　梁甲瑞

RESEARCH ON PACIFIC ISLAND COUNTRIES

主　　任：于洪君
学术顾问：钱乘旦　侯建新　刘新成　李绍先

委　　员（按姓氏拼音排序）

陈德正　陈万会　陈志强　顾銮斋　郭长刚
郭小凌　韩　锋　〔澳〕何包钢　李　喆
李增洪　梁甲瑞　梁茂信　刘昌明　刘　生
吕桂霞　牛　丽　庞中英　曲　升　汪诗明
王　华　王　强　王　玮　王昭风　王作成
徐秀军　徐祗朋　阎照祥　于　镭　喻常森
翟　崑　詹春娟　赵少峰　赵文洪　周方银

第八辑

集刊序列号：PIJ-2017-203
集刊主页：www.jikan.com.cn/太平洋岛国研究
集刊投约稿平台：www.iedol.cn

主　办
───────────
教育部国别和区域研究中心（备案）//
山东省首批重点新型智库建设试点单位-聊城大学太平洋岛国研究中心//

李增洪　梁甲瑞　主编 //

太平洋岛国研究

Research on Pacific Island Countries

（第八辑）

社会科学文献出版社
SOCIAL SCIENCES ACADEMIC PRESS (CHINA)

太平洋岛国研究

第八辑
2024年5月出版

·特稿·

既见功力又接地气的区域国别学田野调查
——写在"聊城大学区域国别纪实丛书"出版发行之际……………于洪君 / 1
太平洋岛国对中国与所罗门群岛签署安全合作框架协议的
认知……………………………西亚梅利耶·拉图 著　徐　娜 译 / 4
浅论新时期中国太平洋岛国研究的持续推进与深化
——基于研究成果产出的视角……………………………张晓莉 / 10

·政治·

《联合国海洋法公约》的全球海洋治理意义……………………庞中英 / 18
从托管地到自治邦：美国治下北马里亚纳群岛的地位变迁
（1944~1976）……………………………………………牛丹丹 / 35

·文化·

淡水与基里巴斯的历史、文化与现实……………………………徐美莉 / 57
百余年来关于萨摩亚的民族志研究平议………………石莹丽　赵新悦 / 70
萨摩亚人的毛发文化与现代性变革
——基于文化隐喻的阐释…………………………………倪　凯　齐　逸 / 92
保罗·高更作品中的波利尼西亚文化符号………………………张　彬 / 107

·旅游·

让旅游外交走向深蓝：中国山东省与太平洋岛国海洋旅游业合作
路径研究………………………………………………孙晓燕　蒋秋燕 / 117
萨摩亚民俗旅游资源及其开发…………………………张剑锋　李　玉 / 128

·教育·

中国与太平洋岛国职业教育合作路径机制探究………… 李德芳　魏凡茜 / 153

"一带一路"视域下斐济高等教育发展述评 ………… 韩玉平　黄薇霏 / 170

·书评·

太平洋岛民的跨越时空之旅

——评《航海者：太平洋上的人类迁徙壮举与岛屿文明》

………………………………………………………… 赵笑彤　吕俊昌 / 183

更好实现南太平洋海洋治理研究实践价值

——读《南太平洋海洋治理及其当代影响》的思考………… 王子鑫 / 189

·学术动态·

学科交叉视域下中国的大洋洲研究

——第四届大洋洲研究高层论坛综述 ……………… 李昌昊　张　勇 / 195

《太平洋岛国发展报告（2022）》《中国 – 太平洋岛国贸易指数报告

（2014–2021）》新书发布暨学术研讨会会议综述

………………………………………………………… 程振宇　卢景志 / 201

2022~2023年国内太平洋岛国研究论著辑要 ……………… 安若愚 / 205

2022年太平洋岛国研究英文论著辑要 …………… 杨雨桐　吕俊昌 / 212

2015~2022年太平洋岛国研究法语论著辑要 ……………… 刘婷婷 / 221

2022~2023年太平洋岛国研究西班牙语论著辑要 ………… 马翠红 / 228

2021~2022年太平洋岛国研究日语论著辑要 ……………… 林　娜 / 231

Abstracts ……………………………………………………………… / 234

征稿启事 ……………………………………………………………… / 240

·特稿·

既见功力又接地气的区域国别学田野调查
——写在"聊城大学区域国别纪实丛书"出版发行之际

于洪君[*]

随着我国综合国力的快速提升和国际影响力的持续扩大，社会各界更全面、更客观、更准确地认知外部世界更加迫切，区域国别研究的必要性和重要性因而不断提升。2021年12月，国务院学位委员会公布了最新的《博士、硕士学位授予和人才培养学科专业目录（征求意见稿）》，增设"交叉学科"为第14学科大类，并在该学科大类下设置了"区域国别学"一级学科。接下来若干年，如何推动区域国别学学科发展、培养具有区域国别学相关知识背景的专门人才，将是不少高校和科研院所的重要任务。

所谓区域国别学，就是综合运用多学科、跨学科知识，对特定国家或区域进行全方位、多层面、跨时空的立体化研究，以达到经世致用、服务社会，进而促进中国与世界良性互动、推动中华文明与人类文明互学互鉴的目的。近年来，聊城大学充分发挥地方高校优势，集中全校优质师资力量，将太平洋岛国研究打造成该校的研究特色和学术专长，同时将聊城大学太平洋岛国研究中心建设为教育部国别和区域研究中心。

2022年，聊城大学将区域国别学列为"冲一流"学科并成立了区域国别研究院，研究领域从太平洋岛国逐步拓展至北冰洋地区和加勒比地区，此举与各大名牌高校区域国别研究的"聚焦大国"，形成了各有优势、相得益彰的互补格局。

聊城大学编纂出版此套丛书，旨在集结该校太平洋岛国研究中心成立十年来区域国别学领域的研究成果、充分发挥高等学校和科研院所服务社会的

---

[*] 于洪君，中国人民争取和平与裁军协会副会长，曾任中国驻乌兹别克斯坦共和国特命全权大使、中共中央对外联络部副部长兼当代世界研究中心主任等。

职能，以通俗易懂、侧重第一视角、广大读者喜闻乐见的方式，普及传播区域国别学基础知识，增强社会各界特别是青年学生对外部世界尤其是与我国对外发展战略密切相关的国家和地区的了解，助力于培养社会大众，其中包括青年学生的家国情怀和国际视野。

由于职业特点和工作需要，我去过世界上的许多地方，足迹遍布五大洲百余个国家，还以外交官身份常驻于这套丛书的作者游历过的一些国家，也曾有感而发地写过一些境外观感和出访随笔，但都称不上区域国别研究的学术成果。看到张永铭博士的书稿后，我感触良多。可以说，这位青年学者的历次出行，绝不只是为了开阔眼界，更不是简单地游山逛水，而是在做足前期知识储备的基础上，带着问题与思考踏上旅程。行程中，他对各个目的地国家和地区的自然地理、历史文化、政情民情、内外关系，均有细致的观察和翔实的记录。

田野调查是区域国别研究中必不可少的环节，张永铭博士考察的这些国家和地区，有的鲜有国人去过，但对研究中华民族的历史沿革、促进我国的发展、拓展当代中国的安全利益非常重要。譬如，张永铭博士对蒙古国及我国藏南地区和云南边境地区的友好访问和田野调查，对于完善我国区域国别知识谱系，具有不可或缺的学术价值。

张永铭老师是理工科出身的博士，据说以前从未受过区域国别研究的系统训练，但这几部充满学术味的"游记"，却完全不同于普通游客的观光随笔，而是很见功力、很接地气、通俗易懂又翔实可信的田野调查纪实。

我与张永铭博士并无直接交往，他的田野调查实录，使我对他的学术方向和研究能力有了初步了解。聊城大学太平洋岛国研究中心主任陈德正教授请我为张永铭博士的新作写序，这是出于增强青年学者的爱国情怀、促进青年学者快速成长的良好意愿。对此善举，我何乐而不为？欣然从命，作此小序，聊表我对张永铭老师事业有成的一份贺忱，同时也表达我对聊城大学重视科研、重视人才、重视对外交流与合作的一份敬意。

我相信，以田野调查纪实为主题的"聊城大学区域国别纪实丛书"的面世，将有助于社会各界，特别是青年学生全面了解区域国别学基础知识，深刻领会区域国别学的兴起是"国之大者"，是改革开放的中国前所未有地接近于世界舞台中心的重要表现。这套丛书的问世，将进一步激发广大读者，首先是青年学生对区域国别学这一新兴交叉学科的兴趣，吸引越来越多的青年学者加入区域国别学的研究行列。这套丛书的问世，毫无疑问，还将给区域国别学或其他学科的田野调查提供可资借鉴的典型范例，进一步丰富和繁荣我国的区域国别学研究和境内外田野调查，同时也给广大旅游爱好者提供出行攻略和参考。

太平洋岛国对中国与所罗门群岛签署安全合作框架协议的认知

西亚梅利耶·拉图 著　徐　娜 译*

前　言

所罗门群岛内乱是由马莱塔省民主党挑动的。民主党人员宣称支持民主，但会攻击与他们持不同意见的人。因为这次骚乱，无辜民众损失惨重。人们开始质疑，如果流血、死亡、经济来源被摧毁就是"民主"，那么也许这场悲剧是一个"警告信号"，也许"民主"对汤加人来说可能不是一个"安全的天堂"，至少目前不是。

在思考这个问题以及在中国与所罗门群岛签署安全合作框架协议期间发生一些事件时，笔者意识到，作为澳大利亚国防学院国防与战略研究中心研究员以及 2010 年至 2015 年汤加王国前驻中华人民共和国特命全权大使，需要写篇文章来分享一下感受。

截至 2023 年，中国与库克群岛（1997 年）、密克罗尼西亚联邦（1989 年）、斐济（1975 年）、纽埃（2007 年）、巴布亚新几内亚（1976 年）、萨摩亚（1975 年）、汤加（1998 年）、瓦努阿图（1982 年）等 10 个太平洋岛国建立了外交关系。2019 年，中国与所罗门群岛建交。同年，在中华人民共和国成立 70 周年前夕，基里巴斯与中国恢复外交关系。①

这些国家中，只有巴布亚新几内亚、斐济和汤加与中华人民共和国有军事与安全合作关系。这种务实的军事合作采取对话、人员培训、物资援助以

---

*　西亚梅利耶·拉图，汤加王国前驻华大使；徐娜，硕士，聊城大学外国语学院教师，主要研究方向为英语翻译。

①　2024 年 1 月，瑙鲁与中国复交。现与中国建立外交关系的太平洋岛国为 11 个。——译者注

及传统和非传统安全领域的双边/多边联合演习和训练的形式。

所罗门群岛多年来一直因内乱不断而深受破坏，现在其与包括中国在内的多个国家合作，以使安全伙伴关系多元化，"满足其安全需求"，同时将继续维持2017年与澳大利亚签署的安全协议。不幸的是，这引发了其传统合作伙伴澳大利亚、新西兰和美国的安全担忧。

基于笔者以前当兵和做外交官的经历以及15年来对中国在该地区外交政策的观察，本文旨在通过对比中所外交政策来做补充讨论。中方在《中所政府间安全合作框架协议》中的立场是什么？中国是否会在所罗门群岛建立军事基地？所罗门群岛能从这种安全合作中获得什么？必须强调的是，中国坚持走和平发展道路，但在涉及其"国家主权、国家安全、领土完整和国家统一"的核心利益问题上是不会妥协的。

中国在太平洋岛国遵循不干涉太平洋岛国内政的原则。和平共处五项原则自20世纪50年代以来一直被列为中国外交政策的基石之一。中国在历史上曾受到西方列强的干涉，因此能够充分理解主权和独立对发展中国家的重要性。作为最大的发展中国家以及联合国安理会常任理事国，中国尊重所罗门群岛自主选择发展道路的合法权利，愿同所罗门群岛各方、团体和组织一道，在一个中国原则的基础上，推动中国–所罗门群岛关系以及和平稳定的命运共同体不断向前发展。

斐济是中国奉行不干涉内政原则加强与太平洋岛国关系的一个很好的案例。2006年斐济军事政变后，总理姆拜尼马拉马领导的临时政府受到澳大利亚、新西兰、美国和英国等传统大国严厉的经济和旅行制裁。斐济甚至被迫暂停参加英联邦和太平洋岛国论坛会议。中国坚持认为，国家无论大小，都是国际社会的平等成员，都应受到平等对待。

2014年，习近平主席访问斐济会见太平洋岛国领导人期间，阐述了中国与太平洋岛国领导人共同开创新时代的政策和措施，强调中国是太平洋岛国的真诚朋友和伙伴。

太平洋岛国都是主权独立国家。该地区不应被视为其他国家的"后院"。"广交友，不树敌"是所罗门群岛自1980年以来外交政策的基石（约瑟夫·大卫·福科纳）。所罗门群岛将继续奉行"广交友，不树敌"

的外交政策并在该政策范围内与各国合作。这是自20世纪80年代以来所罗门群岛为避免卷入国际争端一直奉行的外交政策。所罗门群岛的外交政策从现实出发,也就是说,所罗门群岛承认其在世界和太平洋地区不受重视。汤加和所罗门群岛一样不愿拥有任何敌人——事实上,谁会想拥有敌人呢？该政策也有积极的一面,即为了自身利益和所在区域利益寻找朋友。尽管所罗门群岛是小国,但仍可以为共同利益做出更多贡献。

从索加瓦雷总理的声明中可以清楚地看出,所罗门群岛政府与中国政府签署安全合作框架协议只为寻求所罗门群岛的和平、安全和繁荣。尊敬的首相在就与中国的安全合作框架协议向议会发表讲话时明确表示,没有秘密协议;这仅仅是一个以国家（所罗门群岛）利益为核心的主权国家的主权问题。他表示,在"广交友,不树敌"的外交政策下,所政府积极推动安全合作多样化,愿与所有有利于维护其国家安全的国家合作。此外,他进一步表明,所政府没有赋予某个特定国家为其提供安全保障的权利。

汤加同样也坚持独立自主原则。1987年,汤加是太平洋岛国中唯一拒绝签署《南太平洋无核区条约》的国家,大约10年后,汤加在适当的时机签署了该条约。法国第一个承认汤加为独立国家,对此,汤加非常感激并将永远铭记。1855年汤加与法国签订《法国-汤加友好条约》。即使汤加的邻国拒绝让法国的军事船只和飞机进入它们的领土,汤加也仍然与法国保持着友好关系。①

汤加在20世纪70年代初开始与俄罗斯接触,这让其一些西方盟友和朋友非常不满。在太平洋地区,汤加不干涉其他国家内政。汤加参加了第一次和第二次世界大战——汤加的士兵与新西兰、澳大利亚和美国的军人并肩作战。近年来,汤加全面参与区域事务,并为区域维和工作做出了贡献。在1994年的经济危机期间,汤加作为南太平洋维和部队成员向布干维尔派遣了军队。此外,汤加向所罗门群岛区域援助团派遣了警察、军事人员以及专业人士,还参加了与美国、新西兰、澳大利亚、法国的联合防御演习和防务

---

① Blanc, ed., *A History of Tonga,* Vista, Cal.: Vista Press, 1999.

合作。汤加也是促进恢复伊拉克公民秩序意愿联盟的成员。

中方坚持走和平发展道路，无意同其他任何国家在该地区开展竞争或博弈。太平洋岛国应是国际合作的大舞台，不是大国角力的竞技场。中国希望有关国家摒弃意识形态偏见，多为岛国稳定和发展做实事。

中国在岛国没有私利，不谋求所谓"势力范围"。这是2019年5月28日瓦努阿图总理访问北京期间习近平主席发表的声明。中国将永远做值得岛国信赖的好朋友、好伙伴。中国秉持真诚、务实、友好、诚信的原则，将继续与太平洋岛国密切协作、加强团结、深化合作。

2015年5月，中华人民共和国国务院新闻办公室发布了专门阐述中国军事战略的白皮书《中国的军事战略》，其中包括"全方位发展对外军事关系"、"推进务实性军事合作"和"履行国际责任和义务"。

中方在《中所政府间安全合作框架协议》中的立场是什么？

第一，中所开展安全合作基于相互平等、互利共赢的原则，这是中所全面合作的题中应有之义，也是两个主权独立国家的正当权利，符合国际法和国际惯例，不容外部干涉。

第二，中所签署安全合作框架协议旨在深化双方在维护社会秩序、保护人民生命和财产安全、人道主义援助、自然灾害应对等领域的合作，有利于维持所社会稳定，有利于促进地区和平稳定，有利于维护该地区国家的共同利益。2021年11月所罗门群岛发生社会骚乱后，应所方请求，中方向所提供了多批警用物资，并派出临时警务顾问组帮助所警方加强能力建设。事实证明，这些合作举措取得了积极成效，受到所政府和人民的真诚欢迎。

第三，中所安全合作不针对任何第三方，与所同其他国家合作互不冲突，可对地区现有合作机制形成有益的补充。太平洋岛国是国际合作的大舞台，不是哪个国家的"后院"，更不是大国博弈的竞技场。有关方面应当客观理性看待中所安全合作，停止发表不负责任的言论。挑拨、阻挠和破坏中国同岛国友好关系的图谋不得人心，也不会得逞。

中国是否会在所罗门群岛建立军事基地?

所罗门群岛总理马纳西·索加瓦雷阁下就此事发表了公开声明:"各相关方应客观、理性地看待中所安全合作,不得发表不负责任的言论。"企图挑衅、阻挠和破坏中国与岛国友好关系的外交声明不受欢迎,对中国与岛国的外交关系也没有任何好处。

笔者同意卡布塔拉卡博士(夏威夷大学马诺阿分校太平洋岛屿研究中心前主任)的发言:中国不太可能在所罗门群岛建立海军基地。中国没有布武全球的意愿。中国目前仅在非洲之角的吉布提有一个海外基地。这与美国形成了鲜明对比,美国在全球 80 个国家和地区拥有近 800 个军事基地。

澳大利亚已经在与巴布亚新几内亚接壤的肖特兰群岛的洛丰建立了一个巡逻基地,并宣布他们将在所罗门群岛东部建立另一个基地。笔者大胆提出,如果未来有需要,这些足以满足其建设一个海军基地的需求。

2017 年中国在吉布提建立保障基地,这是一个为海军亚丁湾护航编队、非洲维和人员提供后勤保障支持的场所。它拥有一条 1300 英尺(400 米)长的跑道和一个足以停靠两艘航空母舰的码头。该基地有 2000 名人员,为中国能够在这一重要战略区域部署物资、部队和装备提供保障。

中国与世界上许多国家开展执法和安全合作,其中包括太平洋地区的巴布亚新几内亚、斐济、汤加和瓦努阿图。2001 年,汤加和中国宣布决定加强"军事关系"。2008 年,汤加国王还会见了中国国防部部长梁光烈,以"加强两军之间的交流与合作"。

所罗门群岛能从这项安全合作框架协议中获得什么?

所罗门群岛需要在骚乱后重建经济,并将与中国签署航空服务协议,发展贸易。中所作为两个独立自主主权国家,在平等相待、相互尊重、互利共赢基础上开展正常的执法与安全合作,符合国际法和国际惯例,有利于促进该地区和平稳定,有利于增进该地区各国的共同利益。

该安全协议将加强两国在自然灾害应对、人道主义救援、发展援助、维护社会秩序等领域的合作，共同应对传统和非传统安全挑战，为所罗门群岛以及地区安全环境注入正能量和提高稳定性。

与中国的安全协议也不例外，这是所政府从人民利益出发做出的决定。2006年和2021年11月的骚乱表明，所罗门群岛还有很多事情要做。此时与中国签订安全合作框架协议对所罗门群岛而言是一个机遇。

和中国签订的安全合作框架协议与所罗门群岛政府和澳大利亚签订的安全协议性质相同，都要求有关国家在所罗门群岛人民和国家遭受外部或内部威胁时向所罗门群岛提供安全保障。

结　语

《中所政府间安全合作框架协议》旨在维护所罗门群岛国家安全和社会秩序。这与所罗门群岛和其他国家的合作没有什么不同。与反政府评论员宣扬的错误信息相反，该安全合作框架协议没有邀请中国或任何其他国家在所罗门群岛建立军事基地。如果中国要在太平洋建立军事基地，它早就已经在斐济建立军事基地了，因为斐济是第一个与中华人民共和国建交的太平洋国家。所罗门群岛政府知道建立军事基地的后果，不会允许这种情况发生。

中所安全合作与太平洋岛国现有合作机制没有冲突。有关方面应秉持开放包容的心态，切实把太平洋岛国的迫切需求放在首位。在安全问题上，所方将始终把保障人民和平及其财产安全放在首位。

浅论新时期中国太平洋岛国研究的持续推进与深化
——基于研究成果产出的视角

张晓莉*

摘　要：当下中国区域国别研究大发展，是国家需求驱动的结果，以服务国家现实需要为目的。作为区域国别研究的有机组成部分，中国太平洋岛国研究在21世纪的第二个十年里得到快速发展，依靠有组织的科研，在文献资料收集与整理、基础研究成果发表与出版、智库报告编撰与出版等方面都取得了长足进展。通过对现阶段研究成果产出的分析，本文从加强一手资料搜集与整理、拓展基础研究议题和提升应用对策研究水平等角度，对新时期中国太平洋岛国研究的持续推进与深化做了展望。

关键词：中国　区域国别研究　区域国别学　太平洋岛国研究

根据2024年1月颁布的《研究生教育学科专业简介及其学位基本要求（试行版）》，区域国别学的学科内涵及学科范围得到了明确划分和界定。这就意味着，经过学界同人十几年的努力与探索，区域国别学作为一级交叉学科的地位得以确立，进入了一个新的发展阶段。在区域国别研究大发展的背景下，中国的太平洋岛国研究也在21世纪的第二个十年里得到快速发展，还在某种程度上具有一定的示范意义。笔者虽不是太平洋岛国研究的专业人员，但作为学术出版人，长期追踪国内区域国别研究发展状况，推动包括太平洋岛国研究在内的区域国别研究学术成果出版发行，见证了太平洋岛国研究这十几年的发展历程。基于此，结合新世纪以来中国区域国别研究发展的

---

* 张晓莉，博士，主要研究方向为美国外交史，现任社会科学文献出版社区域国别学分社社长、副编审。

特点，本文主要从研究成果产出的角度，就新时期太平洋岛国研究的持续推进与深化进行分析与展望。

一 区域国别研究大发展背景下相关研究的共同性与独特性

中国现代意义上的区域国别研究大体可以从20世纪五六十年代算起，当时我国出于国际斗争的需要，经国务院批准在中国科学院及全国高校建立了一批研究国际问题的机构，重点搜集、整理、编译有关外国问题的资料，侧重于亚非拉国家和地区研究以及革命史、民族主义研究，以服务于当时国家对外交往的需求。改革开放后，随着中国对外经贸合作、人文交流频繁，国家对外部世界的研究也更加重视，区域国别研究获得新的发展，主要表现在中国社会科学院国际问题研究力量的齐备，以及有关世界大国的研究得到加强。进入21世纪，世界多极化深入发展，中国大国地位显著提高，国际国内形势发生重大变化，在教育部相关政策驱动下，中国的区域国别研究进入新阶段。从1999年开始，教育部在全国66所高校相继设立了151个人文社科重点研究基地（科研院所），其中国际问题研究方面的有9个，重点还是周边和大国。随着中国日益走近世界舞台中央，特别是2013年"一带一路"倡议提出后，区域国别研究迎来发展新契机，区域国别研究的对象开始向着"全覆盖"的目标发展。2011年，教育部推出"国别和区域研究培育基地"项目，2012年42家研究机构入选；2015年教育部印发了《国别和区域研究基地培育和建设暂行办法》，395家研究机构获得备案；国内高校纷纷成立"一带一路"研究院、区域国别研究院、国际组织学院，致力于培养复合型、国际化人才。随着区域国别学成为交叉学科门类下的一级学科，国内掀起了新一轮的区域国别研究高潮。各类研究项目及中外人文交流项目更是数不胜数，与此相关的智库报告、学术论文、研究专著、学术译著等成果大量涌现，区域国别研究成为当下中国显学。

中国学界对太平洋岛国的研究与区域国别研究的发展历程相吻合，早期以翻译介绍为主，20世纪八九十年代有所发展，21世纪以后开始快速发展，特别是在21世纪的第二个十年，无论是从研究成果产出，还是从研究机构建设和学术队伍发展来看，都取得了实质性进展，成效显著，成为区域国别研究领域的突出案例。有关中国太平洋岛国研究、大洋洲研究的发展阶段、主要成就、研究议题及不足之处等，学界已有多篇文章系统阐述。①概括而言，太平洋岛国研究的快速发展得益于区域国别研究的大发展，与其他区域和国别研究相比较，表现出很多共同性，但也具有一定的独特性。

首先，太平洋岛国研究的快速发展同样是在国家需求的驱动下，以服务国家现实需要为目的的。太平洋岛国地处偏远，历史上长期处于西方殖民统治之下，二战期间太平洋战场一度引起人们的关注，战后经过非殖民化运动的各岛国陆续独立，但发展缓慢，在全球政治格局中处于边缘，基本上仍为美西方势力范围。相较于美西方，甚至日本，中国与太平洋岛国的关系虽然在历史上源远流长，但真正发展是在与各国建交之后，相应地，中国的太平洋岛国研究起步较晚，基础薄弱。进入21世纪，中国的快速发展使其全球影响力显著提升，中国特色大国外交布局向全方位、多层次、立体化方向发展。与此同时，世界格局的大调整，也使得太平洋岛国更加看重各自国家外交自主性，建立、发展与中国关系的意愿更加强烈。因此，太平洋岛国在我国对外战略中的地位得到很大提升，这直接推动了我国太平洋岛国研究的快速发展。以聊城大学太平洋岛国研究中心的建立与发展为例，该中心的成立与发展得到了国家各级政府和教育主管部门的支持，从硬件设施建设到诸多课题支撑，应当说是配套到位，发展迅速。当然，中心在该领域所取得的系列研究成果，其与太平洋岛国开展的各类人文交流活动，也为中国与太平洋岛国关系的发展做出了重要贡献。②这也充分印证了国家现实需求与区域国别学术研究之间的这种互相支撑、相得益彰的关系。

---

① 具体可参见王成成、孙雪岩《20世纪以来中国的太平洋岛国研究综述》，《太平洋学报》2014年第11期；汪诗明《大洋洲研究的新进展、不足及未来展望》，《学术界》2020年第5期；吕桂霞《我国太平洋与太平洋国家史研究：现状、问题与愿景》，《历史教学问题》2021年第5期；汪诗明《区域与国别视阈下的大洋洲研究》，《俄罗斯研究》2022年第2期；陈晓晨《区域国别学视域下的太平洋岛国研究》，《苏州科技大学学报（社会科学版）》2022年第3期。

② 有关聊城大学太平洋岛国研究中心发展情况可参见陈德正《区域国别学语境下地方高校太平洋岛国研究——基于聊城大学太平洋岛国研究中心的考察》，《苏州科技大学学报（社会科学版）》2022年第3期。

其次，区域国别研究的大发展，是新时代中国发展的迫切需求，这就决定了有组织的科研成为其最有效的发展路径。长期以来，中国的区域国别研究侧重于对主要大国和热点地区的研究，有关广大发展中国家和地区以及规模较小国家的研究基础较薄弱，甚至处于空白状态。以太平洋岛国研究为例，早期研究成果少而分散，国内读者很难找到系统、全面的有关太平洋岛国的资料。聊城大学太平洋岛国研究中心成立之后，学校集中调配资源，中心在世界史学科基础上组建起包括外国语言文学、国际政治、旅游管理、中国历史等学科在内的专业教师团队，承接了中国社会科学院新版"列国志"项目中的太平洋岛国各卷，在两三年内完成了编撰出版，填补了"列国志"大洋洲系列的空白，更填补了国内太平洋岛国研究的空白。"列国志"具有百科全书的性质，涉及对象国的方方面面，内容看似浅显但实际上编写难度较大，特别是有关太平洋岛国的资料又极度匮乏，因而整个编撰出版过程还是比较艰难的，如果没有平台的支撑，没有团队的集体参与，该项目很难在较短时间内完成。近几年，作为区域国别研究的主要成果形式，由各区域国别研究机构创办的集刊和年度发展报告不断涌现，大多是团队协作的结果，也体现了有组织的科研的优势。

最后，相较于其他区域国别研究领域，太平洋岛国研究起步晚、基础薄弱，研究对象国处于偏远地区，国家规模小，短期内的研究成果产出可以迅速填补空白，但其进一步发展也更容易受到各方面的限制，要在现有基础上有所突破和创新还需要付出更多努力。教育部备案的近400家国别和区域研究基地虽然基本达到了覆盖全球的目标，但研究方向、发展程度与成果产出却千差万别。相比较而言，主要大国及热点地区研究仍集中在世界历史、国际关系等学科发展较好的高校，其研究重点也仍然侧重于国际政治、大国关系，发展具有一定的惯性，研究成果趋向同质性。而对像太平洋岛国这样处于偏远地区的中小国家的研究，在政策支持到位的情况下短期内研究成果产出能够弥补相关领域的研究短板，也更容易产生相应的社会效益。但从长远来看，任何研究领域的发展都需要建立在深厚的基础研究之上，需要长时期的积累。太平洋岛国研究的进一步发展，需要在现有基础上克服时空距离、语言文化等各种客观条件的限制，拓展基础研究的广度与深度，特别是有关岛国的历史变迁、部落文化、社会结构、区域内外关系等，从而确保应用对策研究的科学性与实用性。

二 现阶段中国太平洋岛国研究成果产出的成就与局限

在区域国别研究大发展的背景下，近十年中国太平洋岛国研究成果产出成倍增长，在文献资料收集与整理、基础研究成果发表与出版、智库报告编撰与出版等方面都取得了长足进展，但也存在一定的局限。

首先，任何学术研究都是建立在大量文献资料收集与整理基础之上的，资料的丰富性、准确性与可靠性对学术研究有着直接的影响。这里所谈的文献资料既包括档案文件、统计数据等原始资料，也包括调查问卷、案例访谈等田野调查资料，还包括学术论文、研究专著等前人的研究成果，即所有能为学术研究提供支持和参考的资料。文献资料匮乏一直制约着中国太平洋岛国研究的发展，相较于美国、日本、澳大利亚等国，中国在新世纪以前有关太平洋岛国的资料极为稀少。聊城大学太平洋岛国研究中心成立后即着手进行资料收集工作，委派、资助中心人员在中国和美国、日本、澳大利亚等国搜集各类中外文资料，并将这些资料进行电子化加工，后来又在中心建设的"太平洋岛国研究智库平台"上专门建设了"研究文献子库"，对这些资料进行分类存储，方便研究人员检索使用。这应该算是国内第一个有关太平洋岛国的文献资料库，该库以收录中外文研究著作为主，共计1299本；同时还储存中外文硕博论文、太平洋岛国地区国际组织官网发布的各类文件，共计1590篇；以及中心人员外驻太平洋岛国时拍摄的视频300个和照片866张，已经小有规模。① 目前，这项工作仍在持续进行中，如果能在一手资料搜集与整理方面有量的提升，必将对新时期中国太平洋岛国研究的深入开展起到十分关键的作用。

其次，基础研究成果发表与出版的数量猛增，但专题研究成果的广度与深度都还有很大发展空间。其中最有突破意义的当然是新版"列国志"太平

---

① 该统计数据依据"太平洋岛国研究智库平台"（https://rcpic.lcu.edu.cn），由负责平台建设的技术公司提供。

洋岛国各卷的陆续出版，在社会各界都产生了一定的影响。2016年3月23日，在新版"列国志"系列《斐济》新书发布会上，斐济驻华大使约阿尼·奈法卢拉在致辞中称赞该书为"最棒的书"（Best Book），认为此书象征着两国间深厚的友谊，将成为"外交官必读书"。新版"列国志"太平洋岛国14卷全部出版之后，2018年8月29日正值第三届太平洋岛国研究高层论坛在萨摩亚召开，聊城大学太平洋岛国研究中心与社会科学文献出版社在会上做了整体发布，并将系列图书赠送给萨摩亚国立大学。在这次出访中，社会科学文献出版社代表还先后拜访了南太平洋大学和中国驻斐济大使馆，并赠送图书。以上活动得到了各方的肯定与赞扬，彰显了中国太平洋岛国研究的新进展，扩大了丛书的社会影响力。但同时，我们也应看到新版"列国志"太平洋岛国各卷编撰期间，无论是资料的积累还是作者对岛国的认知都还处于起步阶段，这都限制了各卷所能达到的水平。

为持续推进太平洋岛国研究，加强基础性、专题性研究，同时也为太平洋岛国研究人员提供成果发表的平台，2017年聊城大学太平洋岛国研究中心创办了《太平洋岛国研究》集刊，到2023年10月共出版7辑，发表相关论文近90篇，再加上其他期刊上刊发的有关太平洋岛国的研究论文，应当说数量上还是比较可观的。但是翻阅这些论文，可以发现作者以聊城大学太平洋岛国研究中心的研究人员为主；论文主题仍集中在政治经济、国际关系、文化文学等方面，选题广度不够，缺少针对岛国内部社会结构、部落文化、家庭模式、移民等的深度研究。

最后，区域国别学属于"现实之学"，全国区域国别研究机构既是学术单位，也是国家智库，肩负着学术研究与资政服务的双重使命，各类智库报告、资政报告的撰写与发表成为其服务社会各界的重要途径。像其他区域国别研究机构一样，聊城大学太平洋岛国研究中心也承担了国家相关部门委托的各类课题，以资政报告的形式为国家相关领域决策提供智力支持。同时，中心还于2020年开始组织编写《太平洋岛国蓝皮书》，目前已出版4部，收录智库报告60篇，形成了较为稳定的智库成果发布平台。《太平洋岛国蓝皮书》的连续编写与出版，一方面能够向社会各界持续提供有关太平洋岛国地区和国别在政治、经济、外交等领域的最新发展状况；另一方面也能够提供有关岛国国内政治经济发展、大国博弈、地区动态等方面的专题分析，很好地契合了当下国家需求，也为将来做了资料积累。从目前情况来看，《太平洋岛国蓝皮书》已经形成了较为稳定的编写模式，收录的智库报告也日益规范，但要作为一项长期的事业，各篇报告要有质的提升，还需要长时间的投入与努力。

三　新时期中国太平洋岛国研究展望

当今世界正处于百年未有之大变局下，不稳定性、不确定性成为这个时代的主要特征。变动不居的世界格局给中国的发展带来了机遇，也带来了挑战。中国与世界的互动关系更加深入和复杂，为了塑造更加有利的外部环境，做到准确识变、科学应变，一方面需要更加深入全面地了解外部世界，深入研究对象区域或国别的内部问题；另一方面还要从全球视野出发，重点加强对重大复杂问题、前沿性问题的跨学科、整合性研究。为了实现上述区域国别研究的战略目标，新时期中国太平洋岛国研究还需要在以下三方面持续推进与深化。

第一，继续加强基础资料的搜集与整理工作，这是所有学术研究与智库建设工作的基点。《太平洋岛国研究》集刊定期发表主要国家有关太平洋岛国的研究综述，这是十分必要且有益的，便于国内学者在了解国外最新研究动态的基础上开发新的研究选题。但重点还是应该大力加强对各类历史文献、档案文件、田野资料、统计数据等一手资料的搜集与整理工作，这是太平洋岛国研究得以持续走向深入的前提条件，也是一项有利后学的长远工作。

第二，继续加强基础研究，推进专题研究深入开展。作为具有通论性质的基础研究成果，新版"列国志"太平洋岛国系列出版已有五年，这期间国际格局一直在变，太平洋岛国本身也有很多发展变化，中国太平洋岛国研究更是逐步发展，完全有必要对该系列丛书进行修订再版。除了补充最新数据和发展状况，更重要的是结合当下国内外环境，根据作者对太平洋岛国的最新认知，调整内容侧重点，加强相关论述，突出岛国特色。

在专题研究方面，还需要进一步拓展研究议题的广度和深度，加强问题导向，比如岛国传统酋长制度与现代政治制度间的张力，传统部落文化在岛国现代社会生活中的影响，岛国与澳新之间在经济、教育、移民等领域的密切联系，国际社会在经济发展、医疗卫生等领域对岛国的援助，岛国生态环境对其内政外交政策和生活方式的影响，岛国对于全球海洋治理、气候变化的关切，等等。一方面，要加强对该区域国别在地理环境、历史文化、政治结构、社会生活等方面的独特性的研究；另一方面，也要加强对该区域国别在全球网络中与主要国家复杂互动的研究。

第三，继续加强应用对策性研究，提升成果的应用性与可操作性。区域国别研究具有很强的实践特征，这就要求区域国别研究者走出"象牙塔"，与涉外的政府部门或者各类"走出去"企业多交流，到对象国进行实地调研，参与各类国际项目与活动，全面提升实操水平与实践能力。在这方面，聊城大学太平洋岛国研究中心已经做出了很好的示范，产生了很好的效果，当然也还有很大的发展空间。国内其他太平洋岛国研究机构也应根据各自所属学校和地区的特色，确定发展方向，有所侧重与区别地承接决策咨询课题，对接太平洋岛国开展各类国际交流活动，服务国家对外交往需求。

笔者还记得2017年9月在"太平洋岛国研究智库平台"发布会上，几位中国最早驻太平洋岛国的大使对于早期我国在太平洋岛国开展外交工作的艰难程度多有感慨，对太平洋岛国研究所取得的进展大加赞扬。时移世易，随着中国特色大国外交的持续推进，我们有理由相信，中国太平洋岛国研究作为区域国别研究的重要组成部分，经过几代学人的不懈努力，不仅能够产生更多更丰厚的研究成果，还将培养出一批"战略社会科学家"[①]，持续推动中国太平洋岛国研究的不断深化，为促进中国与太平洋岛国关系发展贡献力量！

[①] 罗林：《发现并培养区域国别学领域的"战略社会科学家"》，《人民日报（海外版）》2024年3月25日。

·政治·

《联合国海洋法公约》的全球海洋治理意义*

庞中英**

摘　要：从海洋领域的全球治理角度看，《联合国海洋法公约》意味着世界海洋的一部分分属于各国却同时是一个全球公域。21世纪以来，《联合国海洋法公约》在"人类共同继承财产"和"海洋环境保护"的国际法基础上，又强调了国家管辖范围外海域的生物多样性问题，以促成全球公域之世界海洋的保护和可持续利用。不过，"全球海洋"或者"世界上只有一个海洋"与《联合国海洋法公约》代表的国际海洋秩序构成一个悖论。以联合国为中心，在《联合国海洋法公约》治下，以"世界上只有一个海洋"为指导，在可持续发展、气候变化、生物多样性、海洋保护区等方面取得了一些重要进展。在走向真正的全球海洋治理的道路上，《联合国海洋法公约》是全球海洋治理的国际宪章，因此有必要强调《联合国海洋法公约》的全球海洋治理意义。

关键词：《联合国海洋法公约》　国际海洋治理　全球海洋治理

引　言

国际治理和全球治理本来是存在界分的，但现在全球治理说得较多，人

---

* 本文是2021年12月17~18日北京大学国际关系学院举办的北京论坛以"后疫情时代的全球化与多边主义"为主题的国际关系分论坛、2022年7月2日"山东社科论坛2022——山东与太平洋岛国海洋合作路径研讨会暨第五届太平洋岛国研究高层论坛"等的参会发言论文。本文为国家社会科学基金重大课题"国家海洋治理体系的构建研究"（17zda172）的成果。感谢国际法学青年学者、沈阳师范大学法学院马偲雨博士整理了本文。

** 庞中英，中国海洋大学海洋发展研究院原院长，现任四川大学经济学院文科讲席教授。长期研究全球化、全球治理和世界秩序，为国际关系（国际政治经济）、世界经济、国际法等专业的博士研究生导师，曾任美国布鲁金斯学会访问研究员、德国法兰克福大学客座教授、新加坡东南亚研究所访问高级研究员（2020）。

们似乎忽略了国际治理的存在。实际上，全球治理是从国际治理演变而来的。在海洋领域，也分为国际海洋治理和全球海洋治理。本文充分意识到国际海洋治理和全球海洋治理之间的历史性区别，力图避免把这二者混为一谈，也试图提醒人们，在世界政治经济仍然是由主权国家及其构成的国际体系主导的情况下，解决（管理、控制）全球性问题仍然以国际治理为主。持续兴起的全球治理是世界治理的未来，却尚未取代国际治理。以海洋问题为例，从 1982 年《联合国海洋法公约》（United Nations Convention on the Law of the Sea，UNCLOS，简称《公约》）诞生以来，国际海洋治理和全球海洋治理并存，全球海洋治理并未取代国际海洋治理，不过，全球海洋治理是世界海洋治理的根本方向。

1982 年 4 月 30 日，联合国海洋法会议通过的《公约》是国际海洋治理的总代表或化身。2022 年是《公约》通过 40 周年。联合国为此在纽约总部举行了纪念大会。① 40 周年是一个回顾《公约》、反思《公约》、强调全球海洋治理的时刻，也是我们研究从国际海洋治理到全球海洋治理转型的时刻。②

《公约》不仅代表着当代世界在海洋领域的国际治理，而且标志着全球海洋治理的现当代起源。如果《公约》代表了第二次世界大战结束以来，联合国主导的现代海洋秩序，尤其是海洋的国际法律秩序，那么基于《公约》的全球海洋治理则是更新的 21 世纪的全球海洋秩序。全球海洋治理来自国际海洋治理，是国际海洋治理的新方向，但在一些问题上，与国际海洋治理存在显著差别，甚至存在冲突。本文建议，国际海洋治理和全球海洋治理之间的联系和差别应该作为一个重要课题加以深入研究。

什么是全球海洋？全球海洋指的是我们的星球——地球作为一个整体的海洋。世界上"只有一个海洋"，即"同一个星球，同一个海洋"。2022 年

---

① United Nations,https://www.un.org/pga/76/wp-content/uploads/sites/101/2022/04/PGA-letter_UNCLOS-40-programme.pdf,April 14,2022.
② 曾担任联合国第三次海洋法会议主席的新加坡国立大学荣休教授、外交部巡回大使许通美（Tommy Koh）展望 2022 年时指出，2022 年是《公约》通过 40 周年，从 1973 年开始，历经 9 年艰苦国际谈判，目前已经有 167 个国家和欧盟，总共有 168 方参加了《公约》。参见"2022: Celebrating the Year's Three Anniversaries by Prof Tommy Koh," https://www.nus.edu.sg/。

2月9~12日，在联合国支持下，欧盟轮值主席国法国在西北部海滨城市布雷斯特（Brest）举办了"一个海洋峰会"（One Ocean Summit）。保护和恢复海洋生态系统、促进可持续渔业发展、抗击污染、应对气候变化以及加强国际海洋治理是这次峰会的主题。请注意，峰会使用了欧盟一直使用的"国际海洋治理"（international ocean governance）一词。① "一个海洋峰会"声明是2022年在中国昆明举行的联合国《生物多样性公约》缔约方大会第十五次会议（COP15）的第二阶段，以及在葡萄牙举行的联合国海洋大会（UN Ocean Conference）等相关联合国涉海会议的前奏。联合国秘书长和法国总统参加了这次峰会。② 但是，世界海洋又被分成一个个的大海（seas）和大洋（oceans）。"只有一个海洋"和"很多海洋"构成一个深刻的世界悖论。③

真正的全球海洋治理指的是包括多种攸关方的治理海洋存在的全球问题的复合过程。涉及或者卷入海洋问题的是各种（多）攸关方（multi-stakeholders），不仅有国家或者政府行动者（state actors），还有各种跨国的非国家行动者（non-state actors）。

根据这一重大区别，以《公约》为中心，本文首先讨论和评估现存的国际海洋治理，然后讨论真正的全球海洋治理是什么以及其趋势。

一 从国际治理到全球治理的演变

把国际治理和全球治理加以区别是全球治理研究最为重要的一个学术贡献。④ 今天，为什么要重提国际治理与全球治理之间的区别？因为我们一开

---

① Europen Commission,International Ocean Governance,https://ec.europa.eu/oceans-and-fisheries/ocean/international-ocean-governance_en.
② One Planet Summit,February 11, 2022, https://www.oneplanetsummit.fr/en/events-16/one-ocean-summit-221.
③ UNEP,BBNJ, "Common Heritage of Mankind," July 22, 2019, https://www.unep.org/cep/news/blogpost/bbnj-common-heritage-mankind.
④ 以下文章中的观点被广泛引用，说明国际治理和全球治理之间的差异，Tanja Brühl and Volker Rittberger, "From International to Global Governance: Actors, Collective Decision-making, and the United Nations in the World of the Twenty-first Century," in Volke Rittberger，ed., Global Governance and the United Nations System，New York: UN University Press, 2001。

始讲的全球治理不是太简单、太抽象，就是太理想、太一厢情愿。不同的人讲的全球治理确实有着不同的含义：有人讲的全球治理其实就是国际治理，而有人希望全球治理取代国际治理。

今日世界，许多超越一个国家、一个地方的问题、挑战和危机，尤其是环境问题，几乎无一例外，都是全球性的。问题是相互联系、相互影响的。解决问题，任何单一的领土国家或者地方（如中心城市）都不愿意也无力单独行动。1945年以来，由民族国家组成的国际体系，即以联合国为中心的国际体制一直在回应、应对层出不穷的全球性问题。联合国在应对全球问题上确实做了大量工作，主导、领导了一系列全球的国际治理进程。在海洋领域，联合国于1958年和1960年在日内瓦举行了联合国海洋法会议，开始谈判建立20世纪的现代国际海洋秩序。

本文把国际体制，尤其是联合国和联合国体系（The UN System）包括的主要国际组织（the main international organizations），在解决全球问题上发挥的不可替代的作用叫作国际治理；而联合国等国际行动者（international actors），包括政府和非政府两大类国际行动者，在一定的国际安排、国际平台、国际过程中，在解决全球问题上的全球集体行动，就是实践中的全球治理。

治理指的是一群（可以视为一个"集体"）相关者、攸关者、关切者、参加者、涉及者，在一个体系（如大会/论坛、安排/平台、组织、公约）中的"集体"协同，是类似音乐会（the concert）那样的协奏（in concert）。协奏成功，就是获得了治理；协奏失败，就是治理失败。协奏最重要的是要有指挥家。指挥家就是领导，不管是国际领导、全球领导、区域领导，还是一个个的国家领导。在全球层次上的协奏就是全球治理。协奏是目标、过程、结果。这就是治理。治理（governance）不仅是一个政治学和国际关系学等学科的概念，治理是综合（全面）的；治理更是一个经济学概念，不符合经济规律（尤其是市场规律）的治理往往最终没有解决问题，反而恶化问题之形势，带来新的问题。

冷战结束之初，人们普遍感到以联合国为中心的国际治理不足以解决日益复杂、日益严峻、日益多样的全球性问题。当时，一些人和机构迫不及待地提出了全球治理的任务和目标。这当然不是要离开或者弱化联合国及其体系,而是为了加强联合国及其体系,使联合国及其体系能够应对全球化的挑战。今天看来,其中一个标志就是1992年由28位世界各地的"名人"组成的国际委员会——全球治理委员会(Commission on Global Governance)的成立。该委员会在1995年发表了全球治理意见,即名为《天涯成比邻》(Our Global Neighborhood)的报告。① 该报告等于为冷战后的世界提供了一个不同于当时已经提出并热烈争议的"文明冲突""历史终结""单极世界"的又一选择,为联合国和各种国际组织在冷战后的改革提供了根本方向,其历史意义非凡。该报告在"保护地球环境"部分,提到了保护作为全球公域(the global commons)之一的海洋。②

全球治理委员会的报告发表后,在国际学术界,全球治理研究在全球化的世界持续兴起。③《没有政府的治理》早于《天涯成比邻》,该书标志着全球治理研究在国际关系学科的诞生。尽管当时人们谈论的全球化还十分模糊,却试图明确定义不同于国际治理的全球治理。这本著作在中国的翻译出版让人们首先知道了杰出的世界政治研究和全球治理研究的开创者詹姆斯·罗森脑(James Rosenau)的大名。该书的另一位编辑厄恩斯特-奥托·陈丕尔(Ernst-Otto Czempiel)在欧美也是一位重量级学者。遗憾的是,直到今天他在中文世界里仍没有名气。该人是德国法兰克福大学(歌德大学)国际关系专业教授,长期担任欧洲最大的和平研究所(PRI)法兰克福和平研究所(PRIF/HSFK)所长。法兰克福和平研究所设有以他名字命名的博士后奖学金(The Ernst-Otto Czempiel Award)。笔者是在法兰克福和平研究所做"21世纪的大国多边主义(大国协奏)"研究时(2011~2014)才知道陈丕尔的。正是罗森脑和陈丕尔的这本论文集开启了全球治理的概念化。这是世界

---

① Ingvar Carlsson and Shridath Ramphal, *Our Global Neighborhood, The Report of the Commission on Global Governance*, Oxford: Oxford University Press, 1995, p.410. 该书中译本参见〔瑞典〕英瓦尔·卡尔松、〔圭〕什里达特·兰法尔主编《天涯成比邻——全球治理委员会的报告》,中国对外翻译出版公司,1995。

② Ingvar Carlsson and Shridath Ramphal, *Our Global Neighborhood, The Report of the Commission on Global Governance*, Oxford: Oxford University Press, 1995, pp.144-149.

③ 庞中英:《全球治理研究的未来:比较和反思》,《学术月刊》2020年第12期。

上第一本从世界政治（包括国际关系）学科角度研究全球治理的专著。在政治学和国际关系学术界，真正想走出"国际"的世界，拥抱"全球"世界的人，如罗森脑和陈丕尔，在20世纪90年代还是不少的。

过去30年，全球治理及其研究之兴起一度轰轰烈烈。但是，在21世纪第三个十年甚至以后是否存在全球治理及其研究衰退的可能？逻辑上，任何事物都有其兴衰，全球治理也不例外。不过，有人对此的担心主要是认为在21世纪，全球治理遭遇到一些深层的结构性的阻力，例如民粹主义（民族主义）和地缘政治。①

当然，必须承认，有国际体制应对全球问题比没有国际体制应对全球问题好。最坏的情况是，问题是全球的，而且越来越是全球的，却缺少全球的国际体制提供方案和行动。从这个角度看，联合国等国际组织以全球治理之名义进行的国际治理，已经厥功至伟。

二 国际海洋治理

以下的讨论说明，在应对海洋领域的共同问题时，国际治理仍然是主要的。

第二次世界大战后，自从1970年第25届联大通过第2749号决议以来，联合国第三次海洋法会议展开关于《联合国海洋法公约》的谈判。这一谈判耗时近10年。其中的中小国家或者发展中国家，尤其是来自拉美、东南亚的国家发挥了关键作用。1982年12月10日，《公约》通过并开放给各国签字、批准和加入。按照该《公约》规定，《公约》应在60份批准书或加入书交存一年之后生效。从太平洋岛国斐济第一个批准该《公约》，到1993年11月16日圭亚那交付批准书止，已有60个国家批准《公约》。《公约》于1994年11月16日正式生效。中国于1996年5月15日批准《公约》，是世界上第93个批准《公约》的国家。

联合国代表的国际共同体（international community）广泛认定，《公约》

---

① Jean Pisani-Ferry, "Should We Give up on Global Governance?" *Policy Contribution*, No.17, October 2018.

是世界上第一部现代意义的"海洋宪章"（a Constitution for the Oceans），是处理海洋问题的现代国际法律文件。① 参加《公约》谈判的主体是第二次世界大战后主权独立的各国政府，尽管非政府的国际行动者对《公约》的最后形成有重要影响，但是各国的非政府组织和个人对《公约》形成过程的影响差异是很大的。最终决定这项协定（《公约》）的不是形形色色的海洋领域非国家行为体，而是作为联合国成员的各个主权政府。

《公约》的形成过程最好地说明了什么是国际海洋治理。当我们要了解什么是国际海洋治理时，我们首先要去研究《公约》一直持续到今天的过程。

为了研究这个过程，笔者在中国海洋大学工作期间，确定了一个研究日程，即研究联合国第三次海洋法会议主席许通美教授。许通美来自新加坡共和国，出生于1937年，是著名国际法学家和新加坡外交家。《公约》永久地与他的名字不可分割。许通美认为《公约》是"革命性条约"，主要内容是：第一，"领海宽度"；第二，"用于国际航行的海峡"；第三，"群岛国家"；第四，"专属经济区"；第五，"人类共同继承财产"；第六，"海洋环境保护"。② 笔者认为《公约》的这6大内容，前4个主要是国际海洋治理，代表了划分、分割世界海洋，而后2个则具有全球海洋治理的意义，代表了保护、养护海洋。许通美在联合国举办的《公约》40周年纪念大会上认为，至少有"八大理由"让我们珍惜《公约》。③

《公约》的"私人手稿"（Private Papers）已经惠赠给新加坡（国立）东南亚研究所（ISEAS）图书馆。该馆说明："许通美海洋法私人文件电子目录已完成，列出了与第三版《联合国海洋法公约》（《公约》Ⅲ）有关的私人文件。该收藏包括20世纪70年代初至90年代有关第三版《联合国海洋法

---

① 《公约》作为"海洋宪章"，最早是新加坡大使许通美教授提出的。这是许通美教授对国际海洋治理的杰出贡献。见 Tommy Koh, "A Constitution for the Oceans," Remarks of the President of the Third United Nations Conference on the Law of the Sea at the Conference at Montego Bay, December 1982. 参见 https://www.un.org/depts/los/convention_agreements/texts/koh_english.pdf。

② 许通美：《公约：一项革命性条约》，《联合早报》（新加坡）2019年5月13日。

③ 许通美教授的基调演讲，珍惜《公约》的8大理由见 https://www.mfa.gov.sg/Newsroom/Press-Statements-Transcripts-and-Photos/2022/04/20220430-min-ny。

公约》和海洋法的联合国会议报告、学术期刊文章、研究论文、研讨会论文、新闻报纸文章和图书。该合集中还提供东南亚海洋法、政策和管理项目（SEAPOL）的通讯以及20世纪80年代至90年代政策和管理项目研讨会上发表的研讨会论文。"①

新加坡（国立）东南亚研究所图书馆根据许通美教授的要求，规定读者只能在馆里阅读该手稿，不外借。2020年1~5月，笔者受邀访问新加坡东南亚研究所，身份是访问高级研究员，在新加坡（国立）东南亚研究所有访问学者的办公室，确定的主要研究任务是拜读许通美教授的这些"私人手稿"。但是，由于新冠疫情突发，新加坡（国立）东南亚研究所图书馆在新加坡政府于2020年4月初宣布应对新冠疫情的"封城"措施前就闭馆了。笔者不得不中断阅读许通美"私人手稿"的进程。疫后时代，笔者想完成个人的研究日程"许通美与《公约》"，深切希望能有返回新加坡（国立）东南亚研究所图书馆再读许通美手稿的机会。

除了研究许通美与《公约》，作为侧重历史研究的国际关系和区域研究学者，笔者对中国与《公约》之间的关系、中国对《公约》的研究等议题也十分有兴趣。近几年，中国对《公约》的真正学术研究开展起来。由厦门大学南海研究院、大连海事大学海法研究院、香港理工大学董浩云国际海事研究中心、澳门大学法学院和台湾师范大学政治学研究所等合办的《中华海洋法学评论》介绍了目前国际学术界编撰的两套关于《公约》的"评注"（Commentaries）：一套是由弗吉尼亚大学法学院海洋法律与政策中心编纂，由该中心麦伦·H.诺奎斯（Myron H. Nordquist）教授担任主编，由联合国负责海洋法事务的原副秘书长、国际海底管理局原秘书长萨特亚·N.南丹（Satya N. Nandan）大使担任总编的"1982年《联合国海洋法公约》评注"（United Nations Convention on the Law of the Sea 1982: A Commentary），共七卷，于1985~2011年陆续出版；另一套是由时任德国特里尔大学法学院院长亚历山大·普洛里斯（Alexander Proelss）教授主编的"《联合国海洋法公约》评注"（United Nations Convention on the Law of the Sea : A

---

① ISEAS-Yusof Ishak Institute, https://www.iseas.edu.sg/library/introduction/annual-review/fy2018/.

Commentary），于2017年出版。其中，弗吉尼亚大学版"1982年《联合国海洋法公约》评注"系列丛书已由我国自然资源部的中国大洋矿产资源研究开发协会、第二海洋研究所、海洋发展战略研究所和国际合作司组织编译为中文本，由吕文正研究员和毛彬研究员等主编，由资深翻译家焦永科等翻译，自2009年起陆续出版。为了帮助对海洋法学感兴趣的国内师生更好地学习《公约》及其评注的内容，更深入地了解联合国第三次海洋法会议的历史，以及在起草过程中和在历次会议上对《公约》每一条款及相关附件和文件的争论焦点和协商结果，追根溯源，厘清认识，为我国海洋法学研究和教学工作提供参考，《中华海洋法学评论》编辑部取得相关授权后，分期、逐条摘录推送弗吉尼亚大学版"1982年《联合国海洋法公约》评注"中译版。这是《中华海洋法学评论》的一大贡献。[①]

国家海洋局（现自然资源部）海洋发展战略研究所编辑出版了《联合国海洋法公约》（汉英）（根据联合国提供的中文版，[②] 这是笔者看到的仅有的《公约》中文版本）。但不清楚的是，研究《公约》者是否使用该汉英对照版，因为在联合国官网上有《公约》的各种具有国际法效力的文本，包括中文版。

联合国在《公约》确立"海洋环境保护"的后续行动包括联合国海洋可持续发展目标的确立。

在2000年"千年发展目标"（MDGs）到期后，联合国大会于2015年通过了《2030年可持续发展议程》（简称《2030年议程》），确立了17项全球可持续发展目标（SDGs），其中第14项目标是"保护和可持续利用海洋和海洋资源以促进可持续发展"。《2030年议程》第14项目标是国际治理的重要文件，贯彻了《公约》的海洋可持续发展原则。《公约》体现了可持续发展的三大支柱，即社会、经济和环境，同时为海洋的可持续发展确立了法律框架。有效执行《公约》及其执行协定，是实现第14项目标和相关可持续发展目标的必要基础。

为了落实第14项目标，联合国设立了海洋大会（The UN Ocean

[①] "中华海洋法学评论"微信公众号。
[②] 《联合国海洋法公约》（汉英），北京：海洋出版社，1996年（第一版），2013年（第二版）。

Conference）。首届联合国海洋大会于2017年6月5~9日在联合国总部召开。大会期间的6月8日是世界海洋日。第二届联合国海洋大会本来预计2020年6月在葡萄牙里斯本举行，但是由于新冠疫情，先是推迟到2021年6月，后来又推迟到2022年6月27日至7月2日。第二届联合国海洋大会由葡萄牙和肯尼亚共同主办，多国政要、商界领袖、科学家、民间团体以及数千名年轻人参会。为落实2030年海洋可持续发展目标，此次会议是继联合国秘书长安东尼奥·古特雷斯启动"可持续发展目标行动十年"后的第一个里程碑。

联合国气候变化大会（UNCCC）是主要的国际治理/全球治理进程。海洋是最大的全球气候变化调节者，是气候变化最主要的"基于自然的解决方案"（Nature-based Solutions）。所以，全球气候和海洋治理之间的关系（the ocean-climate nexus）或者"气候与海洋治理"（climate and ocean governance）是关键的中心问题，越来越受到各攸关方的关注。从这个角度看，联合国气候变化大会也是国际海洋治理的一部分。

最后，我们提到欧盟。作为全球治理和全球海洋治理的发源地，欧盟有时使用国际海洋治理，而不是全球海洋治理。① 这一细微的差异可能意味深长。

比之其他领域的国际治理，海洋国际治理还是迟到的。这反映了海洋问题的国际治理原来的边缘化地位。

1982年《公约》尚未有明确的"海洋可持续发展"概念。在《公约》通过5年后，即1987年首先提出"可持续发展"概念的《布兰特伦报告》（Brundtland Report）发表。《布兰特伦报告》发现，海洋部门（marine sector）的声音根本没有其他部门大。该报告把海洋（公海）视为几大全球公域之一，"经管公域（I）的海洋：生命的平衡"（Managing the Commons I. Oceans: The Balance of Life）一节认为，海洋领域也应该追求可持续发展，倡议建立全球第一个"世界海洋日"。2008年12月5日第63届联合国大会通过第111号决议，决定自2009年起，每年的6月8日为"世界海洋日"。

---

① 《联合国海洋法公约》（汉英），北京：海洋出版社，1996年（第一版），2013年（第二版），第3条。

联合国"千年发展目标"的第 7 项目标是关于环境可持续性（Goal 7: Ensure environmental sustainability）的，其具体目标有捕鱼和水资源利用（7.4 Proportion of fish stocks within safe biological limits 和 7.5 Proportion of total water resources used），却没有直指海洋，即根本没有海洋可持续发展目标，反映了海洋可持续发展问题在"千年发展目标"中尚未被单独提上议事日程。只是 15 年后，海洋可持续发展目标才在《2030 年议程》中成为 17 项可持续发展目标中的第 14 项。

联合国气候变化大会基于海洋的全球气候变化治理一直非常不足。这应该是联合国气候变化治理的一大缺陷。虽然 1992 年《联合国气候变化框架公约》（UNFCCC）正式承认海洋生态系统在治理温室气体中的作用，但是，大洋、海洋、海岸生态系统不在其后的缔约方大会（COP）谈判议程中。《巴黎协定》包含了一个转折点，即海洋问题进入气候变化谈判中，大量的海洋科学家和海洋非政府组织介入谈判过程，22 方签署了"因为海洋"宣言（Because the Ocean）。与没有提到海洋系统（复数）的 1997 年《京都议定书》（Kyoto Protocol）相比，《巴黎协定》在其前言中明确提到海洋。①

三 全球海洋治理

全球海洋治理的兴起有很多原因，本文强调两点。

第一，全球海洋治理是国际海洋治理的根本转向。如上所述，从 1982 年《公约》开始，国际海洋治理实际上已经在倾向、趋向、走向全球海洋治理，因为要真正解决海洋问题，全球治理是必要的和必然的；就是迟到了，也是到了。进入 21 世纪，由于全球化的加速，以及气候变化变成全球气候危机，国际海洋治理的重心不再是 20 世纪的海洋主权和海洋权益划分等海洋国际秩序问题，而是海洋气候变化、海洋环境保护、生物多样性维护、资源的可持续利用（开发）等全球问题。上文许通美概括的《公约》的前几个内容在 20 世纪联合国体制下通过许多具体国际安排已经大体解决了，尽

---

① N. Gallo, D. Victor, L. Levin, "Ocean Commitments under the Paris Agreement," *Nature Climate Change*, No.7, 2017, pp.833–838.

管在国与国之间、各个地区间仍然存在海洋权益和海洋主权的争端,①但是,海洋主权和权益划分的国际制度已经基本形成,而许通美概括的后两个方面,变成海洋治理的主要任务。

概言之,《公约》中"分"的任务——二战后民族国家独立、发展中国家崛起,作为"国际经济新秩序"一部分的海洋秩序,总体告一段落;"合"的部分,即认识到尽管海洋被分成四大洋或者五大洋,各国的领海和专属经济区、群岛国家以及内陆国家的海洋权益等根据《公约》是明确的,但是,世界上只有"一个海洋",必须从"全球海洋"的角度解决海洋领域的全球问题、全球挑战和全球危机。

第二,理解"全球海洋"这个概念是理解全球海洋治理的关键。"全球海洋"就是"一个星球,一个海洋"(One Planet, One Ocean)。联合国教科文组织(UNESCO)为此概念做出了历史性的、开创性的、可持续的贡献。②联合国教科文组织设有政府间海洋学委员会(The Intergovernmental Oceanographic Commission,IOC)。政府间海洋学委员会从起源上是国际关系的,是政府间组织的构成部分,如同其名字代表的那样,但是,其逐步转变成一个关于全球海洋治理的科学组织。2021年6月3日,政府间海洋学委员会公布了"联合国海洋科学促进可持续发展十年"(The Ocean Decade—The Science We Need for the Ocean We Want)。"海洋十年"计划由世界科学界、各国政府、市民社会、联合国机构、私营部门、慈善机构和其他国际组织牵头,其口号是"10年,10大挑战,1个海洋"(10 Years,10 Challenges,1 Ocean)。③

2020年,中国是《生物多样性公约》缔约方大会第十五次会议(CBD COP 15)轮值主席国。由于新冠疫情,这次会议不得不推迟到2021年举行。

---

① 例如,英国脱离欧盟后,与一些欧盟国家产生了海洋权益争端,主要是法国渔民需要获得英国捕鱼许可才能在英国专属经济区从业。
② UNESCO,https://www.unesco.org/en/ocean.
③ Unites Nations, "The Ocean Decade—The Science We Need for the Ocean We Want," https://www.oceandecade.org;《联合国海洋科学促进可持续发展国际十年意义何在》,联合国教科文组织, https://zh.unesco.org/news/lian-he-guo-hai-yang-ke-xue-cu-jin-ke-chi-xu-fa-zhan-guo-ji-shi-nian-yi-yi-he-zai.

2021年10月13日，CBD COP 15第一阶段会议通过《昆明宣言》。法国总统马克龙在COP 15开幕式上致辞：

> 生物多样性和气候之间的这种互补性也证明了加强保护人类共同资产——海洋的迫切性。因此，在联合国建议下，法国决定在2022年初主办"一个海洋"峰会，以凝聚公共部门和私营部门富有雄心的所有行动方的努力，促进推出具体倡议。
>
> 保护区是生物多样性保护的基石之一，所以我希望本次缔约方大会使我们能够就保护百分之三十的陆地和海洋区域的这一共同目标达成一致。最后，该保护目标应同时伴随将已退化生态系统至少恢复百分之三十的明确目标。①

目前，不仅国家行为体如法国政府在推动保护30%的海洋，而且非国家行为体，如牛津大学和绿色和平组织也在推动这一目标的实现。②

从《公约》的划分海洋，确定主权及其"专属经济区"的边界，到"一个海洋"，我们不仅发现和体会了从国际海洋治理到全球海洋治理的大转化，而且发现了两者之间的差异。这些差异可能被大多数研究国际海洋治理或者全球海洋治理的人忽视。《公约》是一项"革命性的条约"，③全球海洋治理更是一场根本性的大转变（a great transformation）。

这主要是因为长期不断增加的巨大的人类活动导致了大量的复合海洋问题。吴立新认为，"今天的全球海洋至少有三件事要注意：一个是增暖，第

---

① 《法国总统马克龙阁下联合国生物多样性大会开幕式致辞》，中国绿发会，澎湃新闻，2021年10月4日。

② 多年来，绿色和平组织一直致力于推动一项新的《全球海洋条约》，以取代我们支离破碎的全球海洋治理体系。这将为到2030年30%的海洋得到充分保护铺平道路。参见"Green Peace, A Blueprint for Ocean Protection—How We Can Protect 30% of Our Oceans by 2030," https://www.greenpeace.org/static/planet4-international-stateless/2019/03/479c73c5-30x30_blueprint_report_exec_summary_web.pdf.

③ Tommy Koh, "The UN Convention on the Law of the Sea: A Revolutionary Treaty," April 30, 2019, https://tembusu.nus.edu.sg/news/2019/the-un-convention-on-the-law-of-the-sea.

二是酸化，第三是缺氧"。① 而奥兰·扬（Oran Young）等研究"人类世"（Anthropocene）的社会科学者认为，海洋进入了"人类世"。②

经济学人集团是非国家的国际行为体，属于非国家部门，却从2012年起发起了"世界海洋峰会"（World Ocean Summit）。这一会议进程比联合国《2030年议程》的第14项目标早设定了3年。该机构从事的海洋治理行动不能被视为传统的国际（国家政府之间）的海洋治理，而只能归到全球海洋治理范畴下。关于"世界海洋峰会"，发表于《经济学人》的《公海治理：在水深处》③一文在世界上影响很大。该文把公海里的海洋问题写得十分清楚。以下，从国际海洋治理和全球海洋治理之间差异性的角度，引用该文部分段落：

> 海洋是"公地悲剧"的典型例子：个体使用者的过度使用导致共有资产退化，从而使个体使用者自身的长期利益受损。
>
> 有时候可以通过分配私有产权来保护公地，因为这样可以让使用者更加在意这块区域的长期健康。这在沿岸国和岛国的专属经济区得到了尝试。但是这没有在公海得到应用。根据国际法，公海的渔业是对所有人开放的，而矿产资源则属于"人类共同继承财产"。在这里，国际规则和机构的大杂烩决定着这些公共水域的情况。
>
> 公海并不是毫无治理。几乎所有国家都批准了《联合国海洋法公约》（UNCLOS）。……其为从军事行动、领土争议到航运，深海矿业和渔业活动制定了规则，虽然其仅仅在1994年才正式生效，但是其包

---

① 《吴立新院士讲的很透彻！今天的全球海洋至少要注意三件事！从"深蓝大脑"到"透明海洋"能给我们带来什么？……》，搜狐网，2018年12月13日，https://www.sohu.com/a/281823411_726570。

② 奥兰·扬认为，星球进入了"复合性时代"（The Age of Complexity），人类活动对星球的改变是根本性的，是星球改变的主要原因，提高了社会性的生态系统的复合性，见Oran Young, *Governing Complex Systems: Social Capital for the Anthropocene,* Introduction, Cambridge: MIT Press, 2017。

③ 参见《经济学人》于2014年2月22日发表的社论，http://www.economist.com/news/international/21596990-humans-are-damaging-high-seas-now-oceans-are-doing-harm-back-deep-water，最后访问日期：2022年1月20日。

含了几世纪以来的海关法,其中包括海上自由,也就是说公海对所有人开放。《联合国海洋法公约》花费了几十年时间谈判,现在是神圣不可侵犯的。即使美国拒绝签署此项公约,它也遵守其条款。

但是 UNCLOS 有严重的缺陷:它对于养护和环境的条款很弱。因为它是在 20 世纪 70 年代谈判的,在那个时代这样的议题几乎没有获得关注。而且它也没有执行或惩罚的效力。美国的拒签让问题更加糟糕:虽然它自己的行为遵照海洋法公约,但是它很难去推动别的国家来效法它。

为了监督条约的一些部分一些专业的机构被建立起来。例如规制公海采矿的国际海底管理局。但是国际海洋法公约很大程度上还是依靠各成员国和现有的组织来进行监督和执行。结果就是"九龙治水",高层游说组织全球海洋委员会称之为"有组织的灾难"。

个别机构的工作开展得还不错。规范全球航运的国际海事组织有一个注册系统,商船和客轮在上面都有独一的身份识别号码。这导致这个行业在全球还算比较有序。同时它也对于另一个少见的成功故事厥功至伟:船只的常规和意外排放的标准。即便如此,德国智库先进可持续性研究所把它评为最不透明的国际组织。而且它一直是由内部人士主导的:贡献和影响力都是以吨位来衡量的。

其他纸面上挺光鲜的机构实际上还没有经历过什么考验。管理海底的机构就是这样一个例子。它拟定了比世界上任何国家的采矿规则都要与时俱进的深海矿业制度。这是有史以来第一次各国在开展活动前制定了规则,而不是像渔业那样等问题发生再想办法解决。

目前的问题是政治性而非规制性的:采矿业的收入应该如何分配?深海的矿石理应是"人类共同继承财产",这是否意味着人人都应该有一份?应该如何分享呢?

最大的失败还是在渔业的管制上。过度捕捞给海洋带来的伤害比其他所有的人类活动加在一起都大。理论上,公海的渔业是在一系列区域性的机构的管制下,其中一些是针对个别物种的,例如国际大西洋吞拿鱼养护委员会(ICCAT 有时也被戏称为"全球捞光吞拿大阴谋");有些则覆盖特定的区域，例如东北大西洋或者南太平洋。他们决定在一片海域里可以使用哪些渔具，设置捕捞限额、作业船只限额，等等。

根据2009年诺贝尔经济学奖获得者埃莉诺·奥斯特罗姆的理论，为了避免"公地悲剧"，需要让所有有权利使用的人在运营上有发言权，在有权利和无权利的人之间划清界限，指定受使用者信任的监督者，并且使用直接的手段来解决冲突。而目前的情况是，公海的治理没能满足上述任何一个条件。

公海管理再怎么改变对两个最糟糕的问题也产生不了作用，这两个问题的源头都是陆地：海洋酸化和污染。即便如此，这也是目前最好的、可能也是仅有的希望来改善半个地球表面的处境。

笔者研究了"国际体制（international system）的成败"这一历史和理论议题。[①] 根据"国际体制成败"论，如果我们把许通美对《公约》作为治理海洋问题的国际体制的成功和上述《经济学人》的文章等对《公约》作为国际体制存在失败的情况两者结合起来，现存的国际海洋治理的成败得失需要我们建立起能够被接受的方法论进行全面评估。全球海洋治理的成败也同样是不确定的。之所以要进行全球海洋治理，而不仅仅是开展国际海洋治理，不仅是因为现在海洋领域面对的全球问题仅仅靠国际治理已经不足应对，而且国际海洋治理本身要靠全球海洋治理来支撑。《公约》确定的"人类共同继承财产"和"海洋生态环境保护"等目标和价值的实现要通过全球体制而不仅仅是国际体制。

结　语

第一，国际海洋治理和全球海洋治理是不同的，在理论上和政策上区别国际海洋治理和全球海洋治理具有重要意义。国际治理就是依靠国际体制解决全球问题，这听起来有点奇怪，但现实世界就是如此。这是现实世界的局

---

① 庞中英、马偲雨：《国际体制的成败——Susan Strange 的最后论文、欧洲协奏和21世纪的全球协奏》，《社会科学》2022年第1期。

限甚至悖论。全球海洋治理也是克服国际海洋治理的局限和悖论的方案。不过，从国际海洋治理到全球海洋治理的转变，并不意味着国际海洋治理被全球海洋治理完全取代。只要民族国家组成的国际体系存在，如果要和平地、按照共同接受的国际规则和国际法来解决海洋问题，国际海洋治理就一直存在。不过，国际海洋治理和全球海洋治理之间的差异和冲突，并非一定是坏事。此种差异和冲突反而使全球社会认识到全球海洋治理终究是符合各国根本利益的。

第二，主张和推进全球海洋治理是正确的方向。全球气候变化治理和实现可持续发展复合目标两大全球任务表明，全球海洋治理具有必要性、迫切性、长期性。2022年联合国纪念《公约》成立40周年的重要活动再次表明，目前全球治理的重要任务已经不是各民族国家依据《公约》分割、划分有关的海洋区域，而是可持续地利用海洋资源，保护作为"一个海洋"的"人类共同继承财产"。

从托管地到自治邦：美国治下北马里亚纳群岛的地位变迁（1944~1976）*

牛丹丹**

摘 要：二战后为了保障国家安全同时遵守非殖民化的承诺，美国将北马里亚纳群岛置于战略托管之下。其后，为了最大程度地维护国家安全及美国在亚太地区的战略利益，美国试图将该地区变成其非合并领土，失败后又计划将该地区变为其辖下的自治邦。经过多次谈判，美国最终摆脱了国际托管制度的制约，将主权成功拓展至北马里亚纳群岛，不但实现了新的领土扩张，而且进一步强化了其在亚太地区的存在和维护了其利益。

关键词：美国　北马里亚纳群岛　战略托管　非合并领土　自治邦

二战行将结束之际，美国已经成为世界上毋庸置疑的头等强国。作为即将担负起领导世界的超级大国，为了避免世界大战的再次发生，美国在战争期间屡次承诺"不通过战争扩张领土"。然而，由于二战的惨痛教训，美国为了保卫关岛并维护国家安全，希望将原日本委任统治岛屿据为己有，但这显然与美国的国际承诺相矛盾。最终，为了平衡二者，美国将该地区置于国际托管制度之下，但使其成为唯一的战略托管地。经过多年的管理和最终的谈判，美国成功将主权扩展至该地区的北马里亚纳群岛（简称"北马群岛"），有力维护了在该地区的战略利益。本文拟运用美国对外关系文件集、

---

* 本文系教育部人文社科研究西部青年基金项目"美国海外领土的合法性建构及其失灵现象研究——以美国对太平洋岛屿托管地的政策为例"（项目批准号：21XJC770005）的阶段性成果。

** 牛丹丹，博士，西安外国语大学国际关系学院讲师，主要研究方向为太平洋岛国、区域主义。

美国总统的公共文件集、白宫文件等探究美国如何在北马群岛实现从治权到主权的转变。①

一 主权与管辖权之概念界定

主权（sovereignty）是国家的最高权力，即国家独立自主地处理本国对内对外事务的最高权力。按照公认的国际法关于主权原则的规定，国家根据主权行事，不受国内外任何其他权威的命令强制，也不允许国内外其他权威行使主权的任何权利。概言之，国家主权具有排他性。不过在主权国家自愿的情况下，其权利的行使可以受限。除此以外，任何其他权威都不能强制主权国家将其国际争端提交仲裁或司法解决；并且，非经本国同意，其行为或财产也不受外国法院的管辖。②

管辖权（right of jurisdiction）是从"主权"引申出的国家四项基本权利之一。③ 管辖权是国家主权的体现，是国家通过立法、司法或行政等手段对本国领土范围之内和/或之外一定的人、事、物进行支配和处理的权利。一般而言，国家可以按照本国政策和法律行使管辖权，但有时其范围和自由也会受到国际法规定的影响。一方面，条约、国际习惯等国际法中规定的义务可能使国家管辖权的行使受到一定限制；另一方面，国家管辖权的行使也可能根据条约、国际习惯等国际法的规定而超出本国的范围。④ 后一种情况是本文重点讨论的情况。托管地情况比较特殊，当其为联合国的"托管领土"时还不是国家，因此不存在"主权"；联合国有责任促进这些地区走向自治

---

① 目前，国内研究多关注美国在太平洋岛屿托管地形成中的作用，国外学者的研究较为丰富，除了前述研究主题之外，还关注不同时期美国对太平洋岛屿托管地的政策、美国与托管地议会代表团的协商等，哈沃德·P. 维伦斯和戴安妮·C. 西默在其著作（Howard P. Willens and Deanne C. Siemer, *An Honorable Accord: The Covenant between the Northern Mariana Islands and the United States*, Honolulu: University of Hawai'i Press, 2002）中详细描述了1972~1976年北马群岛与美国单独协商的背景、经过、最终所签订条约、条约在北马群岛的公投及美国对条约批准的完整过程。总体来说，目前从国际法角度探究美国如何在北马群岛实现从治权到主权的转变的研究尚不多见。
② 周鲠生：《国际法》，北京：商务印书馆，2018年，第78、183~184页。
③ 周鲠生：《国际法》，北京：商务印书馆，2018年，第181页。
④ 周忠海主编《国际法》，北京：中国政法大学出版社，2013年，第116~117页。

从托管地到自治邦：美国治下北马里亚纳群岛的地位变迁（1944~1976）

或独立，并因此建立国际托管制度。同时，联合国又将托管领土交由特定国家进行管理，这些管理国因此而享有对相关托管领土的行政、立法和司法权，即一定的管辖权。在此种情况下，管理国对托管领土行使的管辖权受到条约、国际习惯等国际法规定的限制，其管辖范围通常情况下要小于国家主权之下的管辖权范围。

当一国拥有对某域外领土的管辖权时，如果它把本国主权扩展至该地区，那么就意味着该域外领土的性质发生了变化，成为管理国主权之下的领土，或者说管理国获取了新的领土。传统国际法中关于国家领土取得与变更的方式有五种，即先占、时效、添附、割让和征服。[①]20世纪20年代以来，由于国际关系的变化和现代国际法的形成和发展，传统国际法的某些领土变更方式失去了合法性，新的领土变更方式与实践陆续出现，如民族自决、恢复领土主权和交换领土等。如果一国要将主权扩展至新的域外领土，必须通过以上方式之一。恢复领土主权和交换领土这两种方式均不适用于本文要讨论的情况，暂且不做论述。

民族自决是现代国际法的一项基本原则。根据自决原则，一个民族或国家不应受外国的统治和奴役，可以摆脱殖民地地位而独立。殖民地人民因独立而取得的领土主要是有关民族在独立以前所居住的土地，或者"非殖民化"以后的托管领土。基于此，领土的性质发生变化。民族自决的形式多种多样，如政治斗争、公民投票、宪政运动甚至武装斗争。其中，公民投票是使用最为广泛的一种方式，也是本文重点讨论的方式。

公民投票也称全民投票、全民公决，是指居民以投票方式决定领土的归属问题。在现代国际社会中，在殖民地或托管领土取得政治独立的关键时刻，往往会举行公民投票，以此作为表达人民意愿的一种方法。作为一种变更领土的方式，公民投票的合法性取决于当地居民是否能够进行自由的投票，是否能够自由地表达自己的意志。如果居民无法自由投票，而是在武力威胁或操纵之下进行投票，则被视为居民缺乏自由意志，那么这种公民投票是虚假的、非法的，因而是无效的。根据国际实践，以公民投票决定领土的

---

① 梁西主编《国际法》（第3版），武汉：武汉大学出版社，2011年，第132~137页。

变更或归属问题应具备三个条件：其一，有合法和正当的理由；其二，没有外国的干涉、威胁和操纵，当地居民能够自由地表达意志；其三，应由联合国监督投票。只有具备上述条件的公民投票才能被视为有效，才具有领土变更的法律效果。①

在通过符合国际法规则的公民投票之后，如果领土上的居民自愿加入某个国家，或者与某国合并，那么可以视为该国成功地将主权扩展至该领土。从此，该国将拥有对该地区的完全管辖权，以及由主权而衍生出的其他三项基本权利（独立权、自保权、平等权）和由此而派生的其他权利。北马群岛即通过此种方式加入美国，成为美国主权下的合法领土。

二 从兼并到托管：美国对北马群岛管辖权的确立

美国海军自19世纪末起就有意将北马群岛纳入美国领土范围内，但由于政府的不重视而未能如愿。第二次世界大战令美国充分意识到该地区对其国家安全的重要性，因而希望将该地区置于美国主权之下，但碍于"不通过战争扩张领土"的国际承诺，最终只能通过战略托管的方式确立了对该地区的绝对管辖权，从而有效保证了美国在该地区的战略利益。

由于地理位置特殊，北马群岛对于美国保卫关岛、维护其在亚太地区的战略利益都至关重要。北马群岛位于北纬13°~21°、东经144°~146°，包括13个单独岛屿和一个小岛群，呈南北向分布于海面上，陆地面积约247平方英里（1平方英里≈2.6平方千米），其中面积最大的三个岛分别是塞班岛（71平方英里）、蒂尼安岛（30平方英里）和罗塔岛（28平方英里）。② 北马群岛与南侧的关岛（212平方英里）共同构成马里亚纳群岛。该群岛西方为菲律宾，南方为加罗林群岛，东南方为马绍尔群岛，东北为夏威夷群岛，北方为日本。16世纪，北马群岛连同其南方的关岛、加罗林群岛、马绍尔群岛被西班牙"发现"，随即沦为西班牙的殖民地。19世纪末，关岛被割让给美

---

① 梁西主编《国际法》（第3版），武汉：武汉大学出版社，2011年，第135~137页。
② *Civil Affairs Handbook: Mandated Marianas Islands*, OPNAV P22-8 (Formerly OPNAV 50E-8), Office of the Chief of Naval Operations, Navy Department, April 15, 1944, p. 3.

从托管地到自治邦：美国治下北马里亚纳群岛的地位变迁（1944~1976）

国，剩余地区则陆续被德国购买。第一次世界大战期间，上述地区被日本占领。1922年，这些地区被作为一个整体，交由日本进行委任统治，称为"日本委任统治岛屿"。第二次世界大战期间，日本在成功偷袭美国珍珠港后，以该地区为基地，向东南亚地区发起进攻，并乘胜迅速占领菲律宾、关岛和威克岛，导致美国在亚太地区损失惨重。在战略反攻过程中，美国为攻占该地区付出了伤亡2万多人的沉重代价。① 如此惨痛的代价使美国重新审视该地区对国家安全的重要性："对美国而言，这些岛屿的主要意义在于它们在维护西部边界安全方面的主要作用。当日本试图使它们的港口和机场成为攻击西半球的跳板时，这一点就清楚了。为了应对这一举动，美国人消耗了巨大的生命和财富，而这些战役使夸贾林、帕劳和塞班这些名字成为美国历史上的重要记忆。"② 然而，关于战后如何安置这些岛屿，美国军方和国务院发生了分歧。

军方从二战的经验教训和保卫国家安全的现实需要出发，认为直接兼并该地区最符合美国利益。一方面，关岛位于马里亚纳群岛的最南端，如果除关岛以外的北马群岛被美国以外的势力所控制，那么关岛岌岌可危。因此，美国应该控制整个马里亚纳群岛。③ 另一方面，二战也导致美国的国防范围大大扩展。此前，美国只着力于保护美国本土、西半球以及海外属地的安全，但二战使美国意识到，要想维护本国国家安全，必须首先保证美国的军事力量足够强大，同时联合英国和苏联，避免亚欧大陆的边缘地带被具有绝对实力的国家或联盟控制。④ 在此观念指导下，美国在战时就开始进行战后基地体系规划，把美国本土附近、整个西半球以及欧亚大陆边缘地带的多个地区纳入规划范围内，日本委任统治岛屿也在其中。有鉴于此，美国军方强

---

① 军事科学院军事历史研究部：《第二次世界大战史》第四卷《大战的最后较量、结局与总结》，北京：军事科学出版社，2015年，第205~207页。
② R.W. Robson, *The Pacific Islands Handbook*, North American Edition, New York: Macmillan Company, 1946, pp.134-135.
③ Richard Harrington Wyttenbach, "Micronesia and Strategic Trusteeship: A Case Study in American Politico-Military Relations," Ph. D. diss., Tufts University, 1971, p. 22.
④ 王立新：《踌躇的霸权：美国获得世界领导地位的曲折历程》，《美国研究》2015年第1期；〔美〕斯皮克曼：《边缘地带论》，林爽喆译，北京：石油工业出版社，2014年，第37~38、60~67页。

烈要求将主权扩展至该地区，即直接兼并该地区。① 同时，拒绝第三方势力军事介入该地区也是美国军方的重要考量。但此时美国军方尚不确定具体需要哪些领土，因此希望尽量广泛地占有该地区，从而为将来的规划留下足够的空间。一言以蔽之，美国军方认为，只有将主权扩展至该地区，才能最大程度地保卫美国的国家安全和战略利益。

然而，国务院则更倾向于将日本委任统治岛屿置于国际托管制度之下。国联的委任统治地具有一定的特殊性。殖民主义被美国总统罗斯福视为导致两次世界大战的根源之一，他在进行战后规划时拟彻底解决该问题。罗斯福的最初构想是将所有殖民地（包括国联的委任统治地）置于国际托管制度之下，并促进其走向独立。② 根据该设想，日本委任统治岛屿最终将走向独立，而这显然与美国军方的立场相冲突。美国军方反对国务院将委任统治地纳入托管体制，也反对在战争结束前讨论领土托管或安置问题。美国国务院提出折中方案，决议首先把国际托管制度纳入《联合国宪章》，至于是否将委任统治地纳入托管制度，以及其他领土安置问题，都暂时搁置。③ 基于该方案，《联合国宪章》中暂且不明确将哪些具体领土置于托管制度之下，随后将由相关国家单独制定托管协定来确定到底哪些领土是托管领土。④ 这意味着在托管制度建立后，除非由直接相关国达成协定，否则没有领土可以被置于托管制度下，包括日本委任统治岛屿。然而，美国军方仍不满意。1945年2月，美国国务院进一步提出了"战略区域"概念，即管理当局可将托管领土的部分或全部指定为战略区域，战略区域的相关责任（如对托管协定的审核等）

---

① United States Department of State, *Foreign Relations of the United States Diplomatic Papers, 1944*, Vol. 5, *The Near East, South Asia, and Africa, the Far East*, Washington, D.C.: United States Government Printing Office, 1965, p. 1201.
② 孙建党：《从"委任统治"到"非殖民化"——美国殖民地问题的政策变化》，《历史教学》2005年第7期；David Ryan and Victor Pungong, eds., *The United States and Decolonization: Power and Freedom*, New York: ST. Martin's Press, 2000, p. 63.
③ Richard Harrington Wyttenbach, "Micronesia and Strategic Trusteeship: A Case Study in American Politico-Military Relations," Ph. D. diss., Tufts University, 1971, pp. 63-64.
④ United States Department of State, *Foreign Relations of the United States Diplomatic Papers, 1945*, Vol. 1, *General: The United Nations*, Washington, D. C.: United States Government Printing Office, 1967, pp. 445-451.

将由安全理事会承担，同时，托管协定条款的修改或修订必须经过"所有直接相关国"（states directly concerned）的同意。① 而非战略区域的托管协定则直接由相关国家制定，随后提交联合国大会审查即可。基于"战略区域"之概念，日本委任统治岛屿的直接相关国是一战中的同盟国与协约国，包括美国在内。在直接相关国就该领土达成托管安排之前，不能采取任何措施将该地区置于托管制度之下。如果该地区将来被指定为战略区域，则相关安排呈交安理会；如果没有被指定为"战略区域"，则呈交联合国大会。② 这意味着，如果草案未征得美国同意，日本委任统治岛屿不会被置于托管制度下，美国将持续保持对该地区的占领。一旦日本委任统治岛屿被指定为战略区域，托管协定需提交给安理会审查，而美国作为安理会常任理事国在安理会拥有一票否决权。这样，美国在该地区的利益基本得到较为充分的保障。在1945年6月举行的旧金山会议上，最终出台的《联合国宪章》中关于国际托管制度的条款基本体现了上述原则。

二战结束后，围绕是否将日本委任统治岛屿纳入国际托管制度，美国军方和国务院再度进行拉锯。美国军方仍然坚持最佳方案是将美国主权直接扩展至日本委任统治岛屿。美国军方一再强调，保证美国对日本委任统治岛屿的排他性战略控制（exclusive strategic control）是构建美国太平洋基地体系的基石。这种排他性战略控制要求美国可以在相关地区建立维护美国安全所需的军事基地，同时阻止其他国家对上述地区的军事利用。③ 如果迫于形势，必须将日本委任统治岛屿置于国际托管之下，那么美国军方能接受的妥协方案是：（1）美国成为唯一管理当局；（2）日本委任统治岛屿作为整体被指定为战略区域以保证美国对该地区的排他性控制；（3）不能限制美国出于安全目的对该地区的利用；（4）美国有权拒绝联合国及相关机构对军用区域的审

---

① United States Department of State, *Foreign Relations of the United States Diplomatic Papers, 1945*, Vol. 1, *General: The United Nations*, Washington, D.C.: U.S. Government Printing Office, 1967, p. 134.

② United States Department of State, *Foreign Relations of the United States Diplomatic Papers, 1945*, Vol. 1, *General: The United Nations*, Washington, D.C.: U.S. Government Printing Office, 1967, pp. 445-451.

③ "0702 Reid," 1946, Truman Archives, Northern Marianas Humanities Council（NMHC）.

查，可以不向联合国相关机构提交关于该区域的报告。对上述条件的任何妥协都将构成对美国及其领地安全的威胁。① 该方案基本保证了联合国相关机构无法迫于形势变化而做出有损于美国对该地区排他性控制的改变。如果在谈判中有人试图改变上述条件的实质内容而导致美国安全利益受损，那么美国将采取第三种方案：终止托管谈判，并对日本委任统治岛屿拥有完全主权以保证本国的安全利益。②

由于二战期间美国政府屡次公开承诺不通过战争寻求领土扩张，因此军方的最佳方案只能弃之不用，遂退而求其次通过战略托管实现美国对该地区的完全控制。在战略区域的范围上，国务院做了妥协，不再坚持仅指定部分地区为战略区域，而是同意军方要求，将日本委任统治岛屿作为一个整体，并将其指定为战略区域。另外，为避免安理会在审查托管协定时修改美国草案，从而危及美国在该地区的利益，草案规定托管协定的修改或修订必须经过美国的同意。③ 这成为美国最终确定的关于日本委任统治岛屿的托管协定的核心内容。

1947年4月2日，安理会批准了简单修订后的美国协定草案，其正式名称为《联合国关于日本委任统治各岛屿领土托管协定》（简称《托管协定》）。④ 至此，根据《联合国宪章》中的第十二章"国际托管制度"和第十三章"托管理事会"以及《托管协定》，美国正式确立了对原日本委任统治岛屿的管辖权，此后该地区习惯性被称为"太平洋岛屿托管地"（Trust Territory of the Pacific Islands），也称"密克罗尼西亚"（Micronesia）。北马群岛被指定为战略区域，美国是北马群岛的唯一管理当局，全权负责该地区的行政、立法和司法，美国法律经过必要修改后可适用于该地区。美国有责任促进该地区政治、经济、社会及教育的发展，促进该地区逐渐走向自治或独立。为维护国际和平及安全，管理当局有权在托管领土内设立军事基地、

---

① "1019 Leahy," 1946, Truman Archives, NMHC.
② "0702 Reid," 1946, Truman Archives, NMHC.
③ James F. Byrnes, *Speaking Frankly*, New York: Harper & Brothers, 1947, pp.219-220; Walter Millis, ed., *The Forrestal Diaries*, New York: The Viking Press, 1951, pp. 213, 215, 216.
④ Harry S. Truman, *Public Papers of the Presidents of the United States: Harry S. Truman, 1947*, Washington, D.C.: United States Government Printing Office, 1963, pp. 287-288.

驻扎并使用军队，有权征用托管领土的志愿兵。《联合国宪章》第 87 条和第 88 条的各项规定应适用于该地区，但管理当局有权规定其在该区域的适用限度，而且可以出于安全缘由随时封闭该地区。① 但该地区的主权并不属于美国，美国只是代联合国进行管理。托管地居民的身份为"托管地公民"，而非美国公民。主权概念是和国家密切相关的，当前该地区只是托管领土，并不能称为国家，所以暂时无主权可言。

三 怀柔之术：美国对北马群岛的政策调整

在长达十多年的无所作为之后，随着非殖民化浪潮兴起，美国对北马群岛的战略托管难以为继。为了继续维护在该地区的战略利益，美国一方面有目的地促进托管地的发展，一方面积极策划通过"合法"手段将美国主权扩展至北马群岛，但最终事与愿违。

《托管协定》生效后，美国迅速宣布，出于安全原因封闭太平洋岛屿托管地。鉴于美国政府只注重该地区的战略价值，而战略托管已经确保了美国在该地区的战略利益，因而在《托管协定》生效后，美国并未采取积极措施促进托管地的发展。托管地不对外国开放，甚至不对美国公民开放，任何人进入该地区之前都需要获得美国海军部的安全许可证。在对内管理上，托管地政府基本上采取放任自流的态度。这种情况一直持续到 20 世纪 60 年代初。

二战后亚非拉民族解放运动蓬勃发展，许多殖民地摆脱殖民统治实现民族独立，这股浪潮不仅对尚未实现民族独立的殖民地产生巨大影响，也对美国的托管地政策提出了挑战。从 20 世纪 60 年代起，联合国也开始大力推进非殖民化运动，不仅在 1960 年 12 月 14 日通过《关于准许殖民地国家及民族独立之宣言》，而且在 1961 年 12 月成立"非殖民化特设委员会"以监督非殖民化运动的开展。随着非殖民化运动的蓬勃开展，托管地中只剩下密克

---

① 世界知识出版社编《国际条约集（1945–1947）》，北京：世界知识出版社，1959 年，第 52~54、464~468 页。

罗尼西亚等少数几个托管地尚未实现独立，[①] 国际社会对密克罗尼西亚的关注度日益上升，对美国的管理也提出严厉批评。美国面临的国际压力倍增，对托管地的管辖权可能都难以维持，遑论保障本国在该地区的战略利益，因此调整对托管地的政策迫在眉睫。鉴于密克罗尼西亚对美国国家安全及"亚太战略"布局的重要性，美国政府又不可能放任该地区走向独立。基于上述情况，肯尼迪于1961年4月18日发布国家安全行动备忘录145号（National Security Action Memorandum No. 145），阐述美国对密克罗尼西亚政策的调整。备忘录明确表示，托管地不太可能成为一个独立国家；美国的政策目标是在适当时机给予托管地这样的选择：在美国的政治框架内和美国建立新的、持续的联系；在制定相关政策时，必须兼顾联合国与托管理事会的反应以及美国在该地区的安全需求，时刻牢记美国的长期目标是把托管地发展为与美国保持永久联系的海外领地。[②] 显然，肯尼迪政府的首选方案是将美国主权扩展至该地区。

基于上述备忘录以及所罗门调查团[③]的报告，美国政府开始有选择地促进密克罗尼西亚的发展，计划于1966年或1968年在托管地境内举行全民公投以结束密克罗尼西亚的托管地位，并将美国主权"合法"扩展至该地区。第一，增加对托管地的拨款，拨款上限从原来的年度750万美元陆续增加到3500万美元。第二，有效促进托管地的政治发展。主要包括三个

---

① 二战后，全世界共有11块托管地（或称"托管领土"），包括多哥、喀麦隆、索马里、瑙鲁等，密克罗尼西亚（即太平洋岛屿托管地）是其中之一。到1961年底，只剩下密克罗尼西亚、瑙鲁、新几内亚、西萨摩亚、卢旺达-乌隆迪尚未结束托管地位。

② United States National Security Council, *New Policy for the U.S. Trust Territory of the Pacific Islands*, April 18, 1962, Digital National Security Archive.

③ 由于根据国家安全行动备忘录145号成立的特别委员会行动迟缓，1963年肯尼迪重新组建了以哈佛商学院著名经济学家安东尼·M.所罗门（Anthony M. Solomon）为首的美国政府调查团，令其调查托管地的政治、经济和社会问题，并为大幅加速该地区发展提供建议。9月20日，调查团提交初步报告；10月9日，提交正式报告。这是美国对太平洋岛屿托管地的首次深度研究。参见 United States National Security Council, *Survey Mission for the U.S. Trust Territory of the Pacific Islands*, May 9, 1963, Digital National Security Archive, https://search.proquest.com/docview/1679083996?accountid=10086; *Report by the U.S. Government Survey Mission to the Trust Territory of the Pacific Islands*, Vol. 1, Introduction and Summary; Part I-The Political Development of Micronesia, October 9, 1963, pp. S7-S21, U.S. Declassified Documents Online.

方面：着手将托管地总部从关岛迁至托管地境内的塞班岛；建立全境立法机构密克罗尼西亚议会（简称"密议会"）；在托管地政府机构任职人员中增加托管地人民，而且逐渐允许托管地人民担任重要职务。第三，促进托管地经济的缓慢发展。美国政府取消了进入托管地所需的许可证制度，向美国公民、投资者开放托管地，希望发展该地区的旅游业。① 同时，美国在托管地建立经济发展借贷基金会，为当地经济发展提供贷款服务。另外，托管地政府还委托经济发展咨询公司为托管地制定长期综合发展计划，促进托管地农业、畜牧业和渔业资源的开发。② 第四，大力促进托管地教育的发展，这是美国政府投入最多的领域。1963年起托管地政府开始在全境开展"加速发展教育"项目（"accelerated education" program），致力于增加学校、教师及教室数量，并招聘美国教师前来任教，同时通过各种培训课程提升本土教师的教学能力。项目也致力于加强对岛民的职业培训，涉及商业、电力、农业、渔业、文书、会计、教学和管理等多个领域。第五，卫生领域也是托管地政府工作的重中之重。托管地政府从美国雇用医生，在各区建设现代医院，同时为当地医生、护士、卫生员等提供更多的医疗教育与培训，促进托管地整体医疗水平的提高。托管地政府还致力于提高岛民的普遍健康水平，推行针对婴儿、学龄前儿童、小学生以及旅行者的免疫计划，又在全境发起针对天花、伤寒、破伤风、白喉、百日咳和小儿麻痹症的大规模免疫项目，还在各区新建医院，添置现代化医疗设施。③

20世纪60年代以来，美国虽然为改善托管地状况投入良多，但并非真心为了托管地人民的利益，而是为了诱使托管地人民在未来的地位公投中选择与美国建立永久联系，从而保障美国在该地区的利益。因此，美国在促进该地区发展的同时也伴随诸多限制。例如，托管地人民在托管地政府中的职位虽然有所增加，但依旧非常有限，政府中的重要位置仍由美国人把持。密

---

① "0820 Bundy," "0823 White House," 1962, Kennedy Archives, NMHC; John F. Kennedy, *Public Papers of the Presidents of the United States: John F. Kennedy, 1962*, Washington, D.C.: United States Government Printing Office, 1963, pp. 640-641.

② "0318 Carver," 1964, "0712 Goding," 1965, Johnson Archives, NMHC.

③ "0318 Carver," Johnson Archives; "1230 Interior," 1968, Johnson Archives, NMHC.

议会虽然成立，但受到诸多限制：其所有立法不得与美国签订的条约或国际协定发生冲突，不得违背美国适用于托管地的法律、总统行政命令、内政部部长命令以及托管地法典；不得对美国的财产征收任何税，对非本地居民征收的财产税不得高于本地居民的财产税；其拨款权仅限于当地税收，美国的拨款仍由高级专员直接控制。高级专员还可以否决密议会批准的法律。① 托管地自身资源有限，只有开放托管地才能促进该地区的社会和经济发展，如此美国政府才能履行《托管协定》中的义务，从而赢得国际社会和托管理事会及安理会成员国的好感，但这种发展绝不能以损害美国利益为代价。大力促进托管地的教育发展也只是为了使托管地人民有能力在未来的全民公投中就自身未来政治地位做出选择，因为教育程度不高且缺乏共同语言可能会导致岛民无法做出有意义而明智的托管地位以外的选择。如果岛民在教育程度不高的情况下做出有利于美国的选择，那么该选择可能招致严厉的国际批评。② 在卫生、教育、福利和经济发展这些领域采取措施能直接给托管地人民带来显而易见的利益，从而使托管地人民与美保持密切关系，继而提高其做出有利于美国选择的可能性。③ 如此美国政府既在托管地实践了"民族自决"原则并实现该地区的非殖民化，同时又保障了美国利益，可谓一举两得。

在托管地六个地区中，北马群岛的发展相对最好，这与北马群岛自身地理特性有关，同时也和美国的政策有一定关系。其一，北马群岛自然条件相对较好。托管地中多为小岛屿，北马群岛的塞班岛和蒂尼安岛是托管地内耕地最多、放牧能力最强的地区，对托管地的经济发展意义重大；而且由于岛屿面积相对较大，可容纳的人口自然也更多。这就使得北马群岛的发展基础比托管地其他地区更加优越。其二，北马群岛长期由海军部管辖，经费充足。1962年7月1日之前，由于中央情报局在北马群岛中的蒂尼安岛和塞班岛进行秘密军事活动，北马群岛由海军部管辖，而其他托管

---

① David Michael Lynch, "United States Policy toward Micronesia, 1945-1972," Ph. D. diss., West Virginia University, 1973, pp. 43-44.
② "0226 Udall," 1962, Kennedy Archives, NMHC.
③ "0301 Kaysen," 1962, Kennedy Archives, NMHC.

从托管地到自治邦：美国治下北马里亚纳群岛的地位变迁（1944～1976）

地则由内政部管辖。① 相比于内政部，海军部的军费更为充足。② 因此，北马群岛的发展逐渐优于托管地其他地区。其三，在20世纪60年代加速托管地发展的进程中，北马群岛获得的经费和资源也远多于其他地区。托管地首府最初设在托管地境外的关岛，因而饱受国际社会的批评。1962年托管地政府将北马群岛的塞班岛指定为托管地的临时首府。新首府的建设需要大量资金和资源，北马群岛因此得到了进一步的发展。其四，由于毗邻岛屿关岛的需要，北马群岛得到了相对较好的开发。关岛面积不大，无法满足日常所需，因此毗邻的北马群岛得到开发，作为关岛的物资供应地和休闲娱乐场所。③

美国政府的分治政策和加速发展政策确实对北马群岛产生了很大的影响。当托管地地位亟须改变时，北马群岛开始寻求与关岛合并，或者直接与美国建立更加密切的联系。其原因在于两个方面。其一，强烈的民族情感。北马群岛和关岛共同构成马里亚纳群岛。北马群岛人和关岛人同根同源，都是查莫罗人。虽然自19世纪末至二战结束期间该地区分属德国、日本和美国统治，但人员之间的往来受此影响并不大。自美国开始托管统治后，北马群岛人与关岛人之间的往来更加密切。④ 相较而言，由于北马群岛和托管地其他地区相距较远，而美国又没有很好地促进各区之间的交通与往来，因此北马群岛人与托管地其他民族几乎没什么感情。该地区虽然地理上比较分散，但被作为一个整体进行统治已经有近半个世纪，然而美国的区别对待和不作为却导致托管地的共同体意识极弱。其二，美国分治政策和加速发展托管地政策的影响。作为美国的非建制合并领土以及重要的军事基地，关岛的发展程度远高于托管地。而由于美国的分而治之等多种因素，北马群岛与关岛的联系较为密切，密切程度高于托管地其他地

---

① 北马群岛最南端的罗塔岛以及托管地其他地区交由内政部管辖，北马群岛其余地区则由海军部进行管辖。
② Howard P. Willens and Deanne C. Siemer, *National Security and Self-Determination: United States Policy in Micronesia (1961-1972)*, Westport: Praeger, 2000, pp. 33-34.
③ Howard P. Willens and Deanne C. Siemer, *National Security and Self-Determination: United States Policy in Micronesia (1961-1972)*, Westport: Praeger, 2000, p. 34.
④ Howard P. Willens and Deanne C. Siemer, *An Honorable Accord: The Covenant between the Northern Mariana Islands and the United States*, Honolulu: University of Hawai'i Press, 2002, p.7.

区，因此无论是在经济还是在文化上北马群岛受美国的影响都较其他地区更深。然而，结束分治后，北马群岛的资金和资源等虽然还是托管地中最优的，却明显不如海军部统治时期。同时，美国政府的加速发展项目极大地加深了北马群岛对美国资金和资源的依赖。在这种情况下，北马群岛更愿意选择与关岛合并，或者直接加入美国。[①] 因此可以说，北马群岛有此行为在很大程度上可以看作美国国家安全行动备忘录145号政策实施的结果。

1959年北马群岛要求与关岛合并，然而却被关岛拒绝，因为北马群岛的发展远不如关岛。其要求也被1961年前来视察的联合国视察团拒绝。视察团表示：除非等托管地全体人民都准备好去选择其未来政治地位，否则北马群岛无法在此时加入美国；同时，托管地是一个整体，北马群岛不能独自选择加入美国。

正当此时，托管地其他地区的发展引起北马群岛的注意，这为北马群岛进一步密切和美国的联系提供了一种新途径。世界民族解放运动的浪潮以及美国加速托管地发展的项目促进了托管地人民的觉醒。1967年，密议会组建未来政治地位委员会（Future Political Status Commission），用于研究密克罗尼西亚的未来政治地位问题。委员会由托管地六区各派一人组成，包括北马群岛代表弗朗西斯科·帕拉西奥斯（Francisco Palacios）。委员会游历了西太平洋诸国和地区，包括西萨摩亚、美属萨摩亚、斐济、巴布亚新几内亚、新西兰、澳大利亚和菲律宾。这些国家和地区或者经历过太平洋岛屿托管地如今的处境（即需要选择其未来政治地位），或者托管过某地区，在处理本国与托管地的关系方面有着丰富经验。最终，委员会建议密克罗尼西亚建立自治国家（a self-governing state），并和美国建立"自由联合"关系（Free Association）。在这种关系下，密克罗尼西亚可以实行内部自治，而美国继续负责其外交与防卫。[②] 更具体而言，密克罗尼西

---

① Howard P. Willens and Deanne C. Siemer, *An Honorable Accord: The Covenant between the Northern Mariana Islands and the United States*, Honolulu: University of Hawai'i Press, 2002, pp.5-9; Howard P. Willens and Deanne C. Siemer, *National Security and Self-Determination: United States Policy in Micronesia (1961-1972)*, Westport: Praeger, 2000, pp.33-37.

② Howard P. Willens and Deanne C. Siemer, *National Security and Self-Determination: United States Policy in Micronesia (1961-1972)*, Westport: Praeger, 2000, pp.123, 150-151.

亚要求自行起草并启用自己的宪法，美国需要对该地区进行财政援助；作为回报，美国可以征用密克罗尼西亚土地，但必须获得密克罗尼西亚政府的同意并支付合理的酬金，美国可以负责密克罗尼西亚的外交事务。[①] 由于关岛拒绝与北马群岛合并，北马群岛决定通过密议会的行动和美国建立新的密切联系。

四 多轮协商：美国主权向北马群岛的成功扩展

自20世纪60年代起，美国政府就开始策划如何"合法"地将美国主权扩展至北马群岛。但由于国务院、内政部和军方之间的分歧，美国政府迟迟未能拿出确定方案。然而自20世纪60年代末起，包括北马群岛代表在内的密议会开始自行探索其未来政治地位问题；加上国际国内局势的变化，该地区的重要性再度上升，美国担心密议会的最终决定会危及本国利益，因此主动寻求与密议会协商其未来政治地位问题。

在着手改善托管地状况的同时，美国政府也在考虑如何"合法"地将该地区纳入美国主权范围内。鉴于非殖民化的蓬勃发展，美国政府清楚地意识到，继续维持当前的托管固然可以保证美国在该地区的利益，但已为时代所不允，因此美国必须尽快在可控范围内去掉该地区的"托管地"标签。赋予托管地独立地位绝不可行，因为这有损美国利益。最佳选择是托管地和美国建立某种更密切的关系，例如类似于关岛和美国的关系。当前美国领土中，除了联邦州以外，还包括"合并非建制领土"（巴尔米拉环礁）、"非合并建制领土"（关岛、波多黎各和美属维尔京群岛）以及"非合并非建制领土"（美属萨摩亚、贝克岛等），美国对它们都有完全主权，可以征用其土地。

尼克松上台后，美国在亚太地区的战略收缩进一步凸显了托管地的重要性。基于尼克松主义，美国要收缩海外义务，但这种收缩也是有限的，美国

[①] Carl Heine, *Micronesia at the Crossroads: A Reappraisal of the Micronesian Political Dilemma*, Honolulu: University of Hawai'i Press, 1974, p.125.

将继续在亚洲和太平洋地区发挥重大作用。① 为了继续发挥作用，美国需要继续维持一定数量的军队、军备以及基地。然而，美国在日本、菲律宾、中国台湾、朝鲜这些地区的基地使用权并不确定，趋势是基地数量减少或使用受限，因此美国需要新的基地来存放从前述基地撤回来的军事设备、后勤设施，驻扎军队并继续进行必要的军事训练，太平洋岛屿托管地是最为理想的地区。②

尼克松政府最初为托管地提供了"自治但非合并的建制领土"地位。这是依总统令成立的国家安全委员会副部长委员会（The National Security Council Under Secretaries Committee）所提供的初始方案，该委员会由美国副国务卿、国防部部长、总统国家安全事务助理、中央情报局局长、参谋长联席会议主席及其他相关部门代表组成。委员会认为最佳方案是将美国主权扩展至托管地，使其变成美国的海外领地，因此宜赋予其"自治但非合并的建制领土"地位。该地位类似于关岛和维尔京群岛在美国领土中的地位。根据该方案，美国政府需要起草一份《组织法》，其间会充分咨询托管地本土领导人的意见；草案完成后，托管地人民也有机会自由表达自己的观点，这是为了向世界表明托管地地位的转变是托管地人民"民族自决"的结果。《组织法》将赋予托管地一定程度的自治（有权建立自治政府，但总督由美国政府任命），而同时美国国会又有权修订《组织法》，如此则既在一定程度上履行《联合国宪章》及《托管协定》中的义务，又可充分满足美国的国防需求。③ 根据该法案，未来美国对托管地土地将拥有不受限的"土地征用权"。因为美国暂时无法确定对托管地土地的具体需求，因此希望保持对托管地土地的完全控制以满足未来可能出现的任何土地需求。

而托管地代表团则坚称密克罗尼西亚人对自己的土地拥有无条件的所有

---

① 王玮主编《美国对亚太政策的演变（1776—1995）》，济南：山东人民出版社，1995年，第350~353页。
② "0319 Ruser," 1969, Nixon Archives, NMHC.
③ "0815 Loesch," "0821 Hartman," "0909 Richardson," 1969, Nixon Archives, NMHC; Howard P. Willens and Deanne C. Siemer, *National Security and Self-Determination: United States Policy in Micronesia (1961-1972)*, Westport: Praegar, 2000, pp. 154-155; "0428 Sneider," "0428 Sneider-A," "0429 Kissinger," 1969, Ford Archives, NMHC.

从托管地到自治邦：美国治下北马里亚纳群岛的地位变迁（1944~1976）

权，美国政府对托管地土地的征用必须经过双方政府的协商。托管地代表团持续强调土地对岛民的特别意义，表示土地是密克罗尼西亚人世代传承的东西，难以放弃；"土地征用权"是一个陌生概念，不可接受。① 双方首轮协商未达成任何一致。此后，托管地代表团更是明确拒绝了美国所提供的"非合并领土"的地位方案，决定自行起草宪法。

虽然遭到托管地代表团的拒绝，但美国仍未放弃将主权扩展至该地区，遂于1971年4月出台修订方案《制宪会议方案》，希望托管地成为美国的"自治邦"（commonwealth）。该方案允许托管地人民自行起草宪法，但其中也包含了一系列限制条件以保护美国的利益。在托管地人民最关心的土地问题上，新方案设置详细的宪法程序来保护托管地人民利益，但仍旧保留了美国政府的土地征用权。在总督产生方式上，新方案同意托管地人民直接选举行政长官，且美国总统不会再设立监察代表，原本设置代表所要达到的目的将在其他方面实现。鉴于此处的调整，密克罗尼西亚的地位名称也将发生变化，从"非合并领土"变成"自治邦"，但事实上在法律实践中后者类似于前者。基于自治邦地位，美国主权仍将扩展至太平洋岛屿托管地，但托管地将有权控制行政、立法、司法三大机构。"自治邦"既不近似于"州"，也不像"非合并领土"那样，未来可能发生变化；作为美国的自治邦，托管地的未来地位不会有任何方式的改变。美国政府将通过一份"原则声明"（Statement of Principles）详细规定未来的自治邦政府和美国政府各自的权力范围以及双方共同管辖的领域。②

在第二轮协商中，托管地代表团发生了分化。除了北马群岛代表以外，代表团其他成员再次拒绝了美国的方案。托管地代表团坚持密克罗尼西亚与美国建立"自由联合"关系，反对美国代表团提议的"自治邦"地位，认为这和此前的"非合并领土"地位并无差别，美方的方案"低于密议会、密克罗尼西亚人以及联合国能接受的最低自治标准"。③ 由于双方代表团

---

① Howard P. Willens and Deanne C. Siemer, *National Security and Self-Determination: United States Policy in Micronesia (1961-1972)*, Westport: Praegar, 2000, pp. 157-160.
② "Statement of Principles," Annex D to "0413 Holdridge," 1970, Nixon Archives, NMHC.
③ "0910 Johnson," 1970, Nixon Archives, NMHC; Carl Heine, *Micronesia at the Crossroads: A Reappraisal of the Micronesian Political Dilemma*, Honolulu: University of Hawai'i Press, 1974, pp. 126-127.

对各自立场都比较坚持，第二轮协商也未能达成任何一致，双方协商陷入僵局。

与托管地其他地区的代表不同，北马群岛代表赞成美国提议的"自治邦"地位。自20世纪60年代起，北马群岛就谋求成为美国的一部分。如果说"非合并领土"地位尚未能打动北马群岛代表，那么比之更加"优越"的"自治邦"地位则很好地满足了北马群岛代表的需求，而托管地代表团多数人所主张的"自由联合"关系则不在北马群岛代表的考虑范围。1970年7月，由于密议会最终拒绝了美国的"自治邦"地位提议，北马群岛开始寻求与美国的单独协商。1971年3月，北马群岛立法机构通过决议："通知（advise）联合国安理会和托管理事会，马里亚纳群岛脱离托管地，如果必要的话将使用武力，不管联合国赞不赞成。"①

美国最初拒绝了北马群岛的请求，但随着形势变化，其立场逐渐发生转变。当北马群岛代表首次提出和美国进行单独协商时，美国代表却拒绝了该请求。美国代表表示："只要和其他五个地区代表的协商还在进行，我们就不会开始和它们（北马群岛）单独协商。"② 美国此时拒绝有两方面的考量，一方面同意和北马群岛单独协商会招致美国政府"破坏托管地统一"的国际批评，另一方面该行为也会增加美国政府解决托管地未来政治地位问题的负担。

然而，随着托管地代表团对己方原则的坚持，美国代表开始改变策略，决定优先保障最重要地区的战略利益。托管地分为六区：北马群岛、马绍尔群岛、波纳佩地区、丘克区、雅浦区和帕劳区。不同地区因地理位置不同，对美国的战略重要性也不相同。其中，北马群岛最为重要。第一，北马群岛是美国军事基地所在地，距离日本非常近，是进攻日本的飞机起飞点。该地区和冲绳是巡逻从符拉迪沃斯托克（海参崴）至越南西贡的整个亚洲海岸线的重要基点。③ 第二，北马群岛位于关岛北部，如果被其他国家（尤其是对美国不友好的势力）所控制，则有可能成为导弹、空军或海军基地，从而威

---

① "0304 Camacho," 1971, Nixon Archives, NMHC.
② "0216 Holdridge," 1972, Nixon Archives, NMHC.
③ Willard Price, *America's Paradise Lost*, New York: John Day, 1966, p. 19.

从托管地到自治邦：美国治下北马里亚纳群岛的地位变迁（1944~1976）

胁关岛的安全，威胁美国对太平洋海、空运输的控制，乃至威胁美国领土的安全。第三，由于美国在亚太地区的基地即将大幅度减少，美国需要其他基地以履行其在亚太地区的所谓承诺和义务。关岛拥有海军站、船只维修设施、海军弹药库、交通站点、海军医院和安德森空军基地，美国不需要在北马群岛复制这些设施，但需要额外的土地来支持训练和后勤等活动。① 第四，关岛和托管地的人口压力和经济发展将使可用于军事目的的土地逐渐减少。一旦《托管协定》终止，美国在该地区获得土地的能力将减弱乃至消失，美国履行当前承诺、应对突发情况的能力将会受到限制，因此现在有必要确保美国在北马群岛的最小土地需求。②

美国在亚太地区政策的顺利开展和利益的满足，依赖其在该地区投射军事力量并加以维持的能力，而该能力更多取决于美国和北马群岛的最终关系。北马群岛地处西太平洋，战略意义十分重要，其与美国建立密切联系将从战略和精神上加强美国在太平洋上的势力。反之，如果美国失去在西太平洋的既存基地，同时又未能有效控制北马群岛，那么美国实现其在西太平洋利益的能力将大大下降。如果美国和托管地代表团能早日就双方未来地位达成共识，则美国不会选择与北马群岛单独协商。但是密议会内部分歧不断，不仅表现在北马群岛的单独协商请求，还表现为其他某些地区逐渐加强的独立倾向，美国无法确保获得该地区的利益。在托管地六个地区中，北马群岛相对其他地区而言对美国更为重要，但因《联合国宪章》、《托管协定》和《非殖民化宣言》的束缚，美国不能主动提出单独协商，故而只能在幕后推动与北马群岛的单独协商，并优先保证美国在该地区的利益。美国与北马群岛领导人私下沟通时一再强调，美国不会忽视该地区人民自由表达的愿望，但这其实只是为满足自己私利而给出的冠冕堂皇的借口。比如，在1971年5月第三轮会谈（哈娜会谈）中，美国代表团和北马群岛代表非正式讨论了双方单独协商的可能性。后者被告知，美国不会向该地区强加任何他们不接受的解决方案，但此时也不会进行单独协商。③ 这和第二轮会谈时的态度相

---

① "0110 Rumsfeld," 1976, Ford Archives, NMHC.
② "0319 Williams," 1973, Nixon Archives, NMHC.
③ "0319 Williams," 1973, Nixon Archives, NMHC.

比，美国代表的立场已经有了松动，这无疑令北马群岛代表看到了希望。至1972年4月美国与托管地代表团进行第四轮协商时，北马群岛代表正式请求与美国单独协商，表示本地区希望和美国建立更加密切的政治联系，美国代表团正式同意该请求。① 可见在与北马群岛单独协商这件事情上，美国的立场有所变化，其根本原因在于保证美国在该地区的战略利益。

1972年12月至1974年12月，威廉姆斯率领美方代表团和以潘格里南为首的马里亚纳群岛政治地位委员会（Marianas Political Status Commission，简称"马岛委员会"）共进行了六轮协商，就双方未来关系达成一致。在北马群岛未来政治地位问题上，马岛委员会同意美国提议的"自治邦"地位。② 这意味着美国将主权扩展至北马群岛。美国在该地区的土地需求是双方关注的重点。美国希望以尽可能少的代价获得尽可能多的土地和相关权利，北马群岛则正好相反，双方就此问题进行拉锯。最终北马群岛代表团同意美国最低土地需求，即美国可以获得2/3的蒂尼安岛（包括港口）以及整个法拉隆岛，也可在紧急情况下使用塞班岛上的两块土地，但不同意美国对上述地区拥有土地征用权，也不同意出售给美国，只同意向美国租借50年。美国表示同意，但要求包含这样的条款，即50年租借到期后自动续租50年。这事实上意味着美国可以租借前述地区100年。③ 从托管伊始，北马群岛就比较依赖美国的拨款，20世纪60年代的美国政策促使这种依赖进一步加深，北马群岛在短期内无法实现经济自足，美国的援助至关重要。作为满足美国土地需求的报酬，同时为了凸显"自治邦"地位与"自由联合"地位的不同，美国将在条约生效后连续7年向北马群岛提供一定数量的财政援助，同时提供150万美元用于北马群岛向新地位的过渡，此外连续7年为北马群岛低收入家庭提供25万美元的低息贷款和25万美元的特别教育与训练资金，以弥补国防部暂停修建蒂尼安军事基地所导致的托管地政府税收减少和岛民工作机会减少。④

---

① "0524 Williams," 1972, Nixon Archives, NMHC.
② "0629 Williams-A," 1973, Nixon Archives, NMHC.
③ "0531 Pangelinan," "0618 Williams," 1974, Ford Archives, NMHC.
④ "1219 Pangelinan," 1973, "0531 Pangelinan," "0618 Williams," "1219 Pangelinan," 1974, Ford Archives, NMHC.

从托管地到自治邦：美国治下北马里亚纳群岛的地位变迁（1944~1976）

1975年2月15日美方代表与马岛委员会正式签署《与美国建立政治联合的北马里亚纳群岛自治邦合约》（Covenant to Establish a Commonwealth of the Northern Mariana Islands in Political Union with the United States of America）。该合约明确规定了北马群岛和美国的政治关系：《托管协定》终止后，北马群岛与美国实行政治联合，美国主权扩展至北马群岛，北马群岛将成为美国治下的自治邦（self-governing commonwealth）。北马群岛人根据自己制定的最高法对内自治（包括立法权、行政权和司法权），但外交与防卫事务由美国政府全权负责。在该合约生效前出生的北马群岛人将来会成为美国国民（national），在合约生效当日及以后出生的北马群岛人将称为美国公民（citizen），前者的权利小于后者，比如前者无法享有选举权和被选举权等。此外，该合约还规定了北马群岛宪法规定的范围、美国法律在北马群岛的适用范围等，以及最重要的美国对北马群岛的援助力度、美国对北马群岛土地的使用程度等。[1]

合约签订之后，接下来最重要的步骤是在北马群岛举行公民投票，这是北马人民行使民族自决权的重要表现形式，也是决定北马群岛领土性质变迁的重要举措。1975年6月17日，北马群岛就《与美国建立政治联合的北马里亚纳群岛自治邦合约》举行公民投票，联合国代表出席并见证了此次公投。北马群岛91%的岛民登记投票；有效票率为92.9%，其中78.8%（3939票）赞成该合约，这意味着合约在公投中通过。[2] 1976年3月24日，美国总统福特签署众议院第549号联合决议，北马群岛正式成为美国的海外领土。1977年3月北马里亚纳群岛举行宪法公投并顺利通过。1977年10月美国总统卡特批准该宪法，12月北马里亚纳群岛建立新政府。[3] 但北马里亚纳群岛仍是太平洋岛屿托管地的一部分，直到整个太平洋岛屿托管地的托管终止，该地区才去掉"托管地"的标签。

自此，北马群岛正式成为美国领土的一部分，这是1917年以来美国首

---

[1] "Public Law 94-241," 94th Congress, March 24, 1976, Heinonline.
[2] "0622 Canham," 1975, Ford Archives, NMHC.
[3] Leonard Mason, "A Marshallese Nation Emerges from the Political Fragmentation of American Micronesia," *Pacific Studies*, Vol. 13, No. 1,1989, pp. 1-46.

次领土扩张,自 19 世纪末开始美国兼并密克罗尼西亚的意图终于在北马群岛得到了部分实现,美国在亚太地区的永久立足点得到进一步保证。

结　语

　　北马群岛位于南太平洋,紧邻关岛,不仅在美国的"亚太战略"中占有重要地位,而且被认为对于美国国家安全也至关重要。虽然鉴于民族解放的潮流以及"不通过战争扩张领土"的国际承诺,美国未能直接兼并该地区,但也通过独特的战略托管机制保证了在该地区的利益。随后由于国际形势的变化,托管难以为继,美国遂决定通过符合当前国际法的规范——公民投票——将其纳入本国主权之下。前期海军部的统治已经为此奠定了基础,肯尼迪时期开始的加速托管地发展项目进一步增加了这种可能性,北马群岛的美国化程度最深,对关岛和美国的依赖也最严重,有意与美国建立更加密切的、永久的政治联系。这种联系的建立最终通过双方的协商实现。在协商过程中,美国代表利用北马群岛的分离之心,蓄意推动与北马群岛的单独协商,最终成功将主权扩展至北马群岛,实现了 1917 年以来的首次领土扩张,同时也进一步保障了其国家利益。表面上看,北马群岛政治地位的变迁是北马人通过公民投票实现的,是北马人行使民族自决权的表现,是符合国际法规范的,但其实背后充斥着美国的政策引导和蓄意推动。

·文化·

淡水与基里巴斯的历史、文化与现实

徐美莉[*]

摘　要：淡水可谓太平洋岛国基里巴斯最为珍贵的自然资源。基里巴斯的淡水主要存在于地下淡水层，唯一的来源是降雨。在历史上，降雨量的多寡决定了岛屿的贫富兴衰、社会治理单元及其演进方向的差异。淡水深刻影响到基里巴斯文化，形成独特的淡水文化，如淡水崇拜、追雨文化以及高度节约淡水的传统。由于近40年来城市化浪潮所伴随的人口集中，加之近20年来气候变化所带来的降雨量减少、强降雨事件增多，以及可用于淡水保护的资金不足等，目前基里巴斯面临有史以来最为严重的淡水危机。

关键词：基里巴斯　淡水文化　淡水危机

在普遍的观念中，太平洋岛国基里巴斯人民把土地作为重要的资源，但是，淡水之重甚于土地。在历史上，基里巴斯的居人岛屿吉尔伯特群岛与巴纳巴岛的兴衰及其演进方向是由淡水而不是由土地决定的，基里巴斯文化中最为悲壮和精致的部分与淡水有关。现代基里巴斯存在诸多发展问题，淡水问题是最为严峻的。地下淡水的可获得量、质量以及管理水平，成为基里巴斯国家发展、摆脱贫困的核心问题。

一　基里巴斯淡水资源概况

太平洋岛国基里巴斯由三大群岛共33个岛屿组成，降雨是基里巴斯淡水的唯一来源。因为跨越赤道，吉尔伯特群岛的大部分、菲尼克斯群岛以及

---

[*]　徐美莉，聊城大学历史文化与旅游学院、太平洋岛国研究中心副教授，主要研究方向为太平洋岛国。

莱恩群岛的部分地区，位于赤道海洋气候区的干燥带。① 平均而言，基里巴斯降雨在 12 月到来年 5 月较多，6 月到 11 月较少，形成雨季与旱季。②

在吉尔伯特群岛，降雨量逐渐由北向南递减，呈现一个明显的降雨阶梯，按降雨量可分为三个岛区：北部马金岛、布塔里塔里岛年均降雨量约 3200 毫米；中部从马拉凯岛到阿拉努卡岛，七个岛屿年均降雨量约 1500 毫米，首都所在的塔拉瓦岛位于中间位置，年均降雨量接近 2000 毫米；南部从诺诺乌蒂岛到阿罗赖岛，七个岛屿年均降雨量约 1300 毫米。③

莱恩群岛同样存在显著的降雨阶梯。三个居人岛屿，自华盛顿岛、范宁岛到圣诞岛（自北向南），呈现一个陡峭的降雨梯度。华盛顿岛年均降雨量超过 2900 毫米，范宁岛年均降雨量约 1900 毫米，圣诞岛年均降雨量仅在 800 毫米左右。自圣诞岛再向南，降雨递增，最南端的弗林特岛年均降雨量约 1420 毫米，④ 与吉尔伯特群岛南部降雨量相当。圣诞岛正好位于赤道干旱带，这是一个横贯东中太平洋的低雨量窄带，加之圣诞岛蒸散率高，地表水分蒸发与植物水分蒸腾量经常超过降雨量，圣诞岛因此相对干旱。⑤

位于吉尔伯特群岛以西的巴纳巴岛，为基里巴斯唯一的高岛，海拔约 81 米。在正常年份，高海拔为之带来相当高的降雨量，据英国皇家海军的记录，1909~1938 年，巴纳巴岛年均降雨量近 1770 毫米（1925 年是 1925 毫米）。但是，巴纳巴岛存在周期性的干旱，若降雨量在上述平均数以下，就有干旱降临。一般每 7 年为一周期，但也有 4~5 年即发生一次干旱的情况，⑥ 19 世

---

① Frank R.Thomas, "Historical Ecology in Kiribati: Linking Past with Present," *Pacific Science*, Vol.63, No.4, 2009, p.569.
② Donovan Storey, Shawn Hunter, "Kiribati: An Environmental 'Perfect Storm'," *Australian Geographer*, Vol.41, No.2, 2010, p.169.
③ Frank R.Thomas, "Remodeling Marine Tenure on the Atolls:A Case Study from Western Kiribati,Micronesia," *Human Ecology*, Vol.29, No.4,2001, p.399.
④ Roger Perry, "Wildlife Conservation in the Line Islands, Republic of Kiribati," *Environmental Conservation*, Vol.7, No.4, 1980, p.312.
⑤ R.J.Morrison, C.D.Woodroffe, "The Soils of Kiritimati (Christmas) Island, Kiribati,Central Pacific:New Information and Comparison with Previous Studies," *Pacific Science*, Vol.63, No.3,2009,p.399.
⑥ Raobeia Ken Sigrah, Stacy M.King, *Te Rii Ni Banaba (The Backbone of Banaba)*, Suwa: University of the South Pacific, 2001, pp.182-184.

纪70年代曾发生严重干旱，三年间滴雨未降。

基里巴斯淡水资源主要以地下淡水层的形式存在。因为珊瑚礁土壤极富孔隙，地表缺乏蓄水能力，雨水迅速渗透，在地下形成一个悬浮于咸水之上的淡水层。淡水层依然含有盐分，通常说来，以陆地中心为界，内向岛屿中心的潟湖、外向海滩的方向，盐分递增。在巴纳巴岛，淡水存在于地下纵横迷离的岩洞之中，水洞即巴纳巴人的地下蓄水库。在降雨正常的年份，水洞储水堪称丰盈，但是，若干旱持续两年以上，水洞即彻底干涸。1900~1978年，英国、新西兰、澳大利亚的公司在巴纳巴岛进行磷酸盐矿挖掘，掀开并毁掉了水洞，仅有少量幸免，目前继续为巴纳巴岛少量的居民提供淡水。

基里巴斯各岛屿的地表没有溪流，地表淡水仅仅是极为有限的存在。据目前所知，至晚在19世纪后半叶，吉尔伯特群岛北部的阿贝马马岛有淡水坑塘，可供统治者的家人们在夜间洗浴。① 至20世纪80年代，塔拉瓦岛上相当少数的地方可见到地上淡水，研究者曾考察五个淡水池塘。② 现在情况如何不可得知。阿拜昂等岛屿上，有短暂存在的淡水湿地。③

在莱恩群岛，降雨相对丰沛的华盛顿岛上有一个淡水湖，④ 这里应该储存了基里巴斯唯一持久的大量的地上淡水。1989年吴钟华先生参加援助基里巴斯的国际会议，从圣诞岛前往华盛顿岛参观，他看到的一大片湖水应该就是此淡水湖，占小岛的2/3。⑤ 湖水盐分不超过0.22ppt，⑥ 对于基里巴斯而言，如此规模的地上淡水极为宝贵。此外，在基里巴斯最大的岛屿圣诞岛上，一些偏僻的内陆湖泊的部分湖水接近淡水标准。

---

① R.G.Roberts, "The Dynasty of Abemama," *The Journal of the Polynesian Society*, Vol.62, No.3, 1953, p.273.
② S.H.Eagar, "Freshwater Ostracoda from Tarawa,Kiribati:Their Implications for Dispersal Mechanisms," *Journal of Micropalaeontology*,Vol.19,No.1,2000,p.68.
③ Joanna C.Ellison, "Wetlands of the Pacific Island Region," *Wetlands Ecology and Management*, Vol.17,No.3,2009,p.180.
④ Roger Perry, "Wildlife Conservation in the Line Islands,Republic of Kiribati," *Environmental Conservation*, Vol.7,No.4,1980,p.311.
⑤ 吴钟华：《南太不了情》，成都：四川人民出版社，2006年，第65~66页。
⑥ Saenger Casey et al., "A Physico-chemical Survey of Inland Lakes and Saline Ponds: Christmas Island (Kiritimati) and Washington (Teraina) Islands, Republic of Kiribati," *Aquatic Biosystems*, Vol.2,No.1,2006,p.10.

基里巴斯地下淡水的补给唯有降雨一途，消耗却是多方面的，包括蒸发、向海洋、潟湖的渗透以及地面动植物的消耗。吉尔伯特群岛最北端的马金岛、布塔里塔里岛降雨量最大，两岛毗邻，实际上是一个岛屿组，总面积不足22平方公里，在历史上曾是基里巴斯最富庶的地区，作物丰饶。相反，吉尔伯特群岛最大的岛屿是南部的塔比特韦亚岛，面积37.63平方公里，但降雨量低，因此是贫瘠的岛屿。

二 淡水和基里巴斯历史上岛屿的兴衰与变迁

在历史上，基里巴斯的居人岛屿为吉尔伯特群岛的16个岛屿以及巴纳巴岛。降雨分布不均，影响了17个岛屿的兴衰以及社会形态的变迁。

降雨量是直接决定各岛屿富庶程度的最重要因素。降雨支持植物的生长，而植物又支持鸟类的生活，海鸟为粗糙的珊瑚礁分化土壤提供肥料，决定土壤的肥沃程度。在吉尔伯特群岛，随着降雨量从南向北递增，岛屿社会富庶程度也呈现由南向北递增的态势。最北部的马金岛与布塔里塔里岛降雨量最大，椰子等食用作物产量高，因而成为吉尔伯特群岛最富庶的岛屿。再向南，自阿拜昂岛到阿拉努卡岛，其富庶程度虽然比不上马金岛与布塔里塔里岛，但是与南部岛屿相比仍较优越。吉尔伯特群岛南部的七个岛屿，从诺诺乌蒂岛、塔比特韦亚岛、比鲁岛、尼库瑙岛、奥诺托阿岛、塔马纳岛到最南部的阿罗赖岛（从北向南），都是贫穷的岛屿，作物产出仅够勉强维持岛民的基本生存。

经济状况决定了基里巴斯历史上各岛屿集会房的分布情况，进而决定其社会治理单元。在吉尔伯特群岛南部岛屿以及巴纳巴岛，每个家族聚落（hamlet，吉尔伯特语kaainga）并不拥有自己的集会房，而是数个家族聚落共享一个集会房，因而，以集会房为核心，形成"区"（district）这样的清晰的社会治理单元，每个家族聚落在区集会房内享有一席之地。家族聚落的长者在集会房内共议区事务，做出决定，一旦宣布，所有人须遵守。与之不同，在吉尔伯特群岛的北部岛屿，作物产出较为丰富，存在剩余产品，每个家族聚落拥有自己的集会房，构成一个独立的自治体系。①

经济状况也决定社会观念，进而决定岛屿社会的演进方向。在吉尔伯特群岛南部岛屿以及巴纳巴岛，由于作物产量低，很少有剩余产品，所有岛民经济状况相似，所有人都是平等的，平等的观念深入人心，因而，吉尔伯特群岛南部岛屿以及巴纳巴岛始终保持了长者（old men，吉尔伯特语 unimane② 或 unimwane③）治理的传统。

与之相反，吉尔伯特群岛北部岛屿相对优越的经济条件，使其社会形态发生变化。自18世纪至19世纪，吉尔伯特群岛北部岛屿出现社会分层，强权统治者出现，代替传统的家族聚落的长者，成为岛屿社会的统治者，以个人意志支配其统治区之内的土地、人民及其财富，贫富随之分化。在最北部的马金－布塔里塔里岛组、北中部的阿拜昂岛、北南部的阿贝马马－库里亚－阿拉努卡岛组，已出现强权统治者最高酋长（High Chief，在阿贝马马岛，吉尔伯特语 Uea④），其他岛屿如塔拉瓦岛出现局部区域的酋长（chief），酋长们为争夺最高酋长的地位进行了长达十年的战争，直至1892年英国宣布吉尔伯特群岛为其保护区，内战才告结束。正是由于北部岛屿剩余产品的存在，集权有利可图，某个个体及其家族凭借其所拥有的超能力，如超出常人的力气、令众人惧怕的巫术等，建立起对他人的强权统治，以此最大限度地获取岛屿社会财富。

19世纪中叶，欧洲商人开始进驻吉尔伯特群岛，其所选择的贸易站地点，依然在降雨相对充沛的北部岛屿，这进一步加剧了北部岛屿的社会变迁。首先，贸易推动北部岛屿集权进一步加强。在布塔里塔里岛、阿拜昂岛，欧洲商人依赖岛屿集权，而集权者则控制了岛民与欧洲人的贸易，加之欧洲人所拥有的先进武器的支持，最高酋长的政治威望与经济实力进一步提

---

① Sister Alaima Talu et al., *Kiribati:Aspects of History*, Suwa:University of the South Pacific, 1979, pp.12-13.
② Sister Alaima Talu et al., *Kiribati:Aspects of History*, Suwa:University of the South Pacific, 1979, p.13.
③ Katerina Martina Teaiwa, "Waa in Storms(review)," *The Contemporary Pacific*, Vol.18. No.1, 2006, p.205.
④ R.G.Roberts, "The Dynasty of Abemama," *The Journal of the Polynesian Society*, Vol.62, No.3, 1953, p.271.

升。在阿贝马马－库里亚－阿拉努卡岛组，欧洲贸易使最高酋长变成更为残暴的独裁者，以致不惜有意识地减少其所统治的三个岛屿的人口，以获取最大量的剩余产品，用于交换欧洲火器以及大船，而欧洲武器同样加强了其集权。① 其次，一般岛民也卷入与欧洲的贸易，商品经济的出现强烈冲击了传统的自给自足的自然经济。最后，烟草、酒精饮料等奢侈品为岛民所艳羡，烟酒的引入改变了原来古朴的岛屿社会。②

18~19世纪成为基里巴斯历史的一个转折期，吉尔伯特群岛北部岛屿脱离传统，向以集权与社会分层为特征的王国体制演进，而南部岛屿与巴纳巴岛依然是传统社会。这使得基里巴斯历史上第一次呈现社会治理体制差异，酋长的强权统治与长者的协同治理并存。追溯此种转折的源头，依然以降雨——淡水为先决条件。

三 悲壮而精致的淡水文化

在历史上，吉尔伯特人依赖地下淡水层，通常以挖井的方式汲取地下淡水，巴纳巴人依赖地下水洞的存水。在巴纳巴人的观念中，从水洞取水凸显了巴纳巴文化的独特性，与之相对，挖井取水是吉尔伯特人的文化特征。

从水洞取水有着需要恪守的规则、禁忌。巴纳巴岛最早的居民特·安卡（te Aka）家族世代相传的"水洞的秘密"，讲述了水洞发现的故事："严重的干旱降临，人民极度渴望淡水，他们派出一个男人出去找水。他走遍岛屿，一无所获。于是他召唤世界四角的四位神，请祂们帮忙。一个神以陆生蟹的形态走来，他注意到祂的腿是湿的，立即想到祂来自有水的地方。他追随这只蟹来到一块岩石前，他搬开岩石，发现一个洞口，他艰难地爬行，试图进入，但是一个大椰子蟹挡住了路。当地的神指教他，因为他是男人，因此被挡住，只有女人方可进入，而女人必须颈上佩戴花环，身上涂抹椰油，必须

---

① R.G.Roberts, "The Dynasty of Abemama," *The Journal of the Polynesian Society*, Vol.62, No.3, 1953, pp.267-276; H.E.Maude;Ida Leeson, "The Coconut Oil Trade of The Gilbert Islands," *The Journal of the Polynesian Society*, Vol.74, No.4, 1965, p.417.

② H.E.Maude, Ida Leeson, "The Coconut Oil Trade of the Gilbert Islands," *The Journal of the Polynesian Society*, Vol.74, No.4, 1965, p.429.

裸体才可进入。神进而指教他,女人必须携带干椰叶火炬,以便看见洞里的路;将两个椰壳系在一起,以便挂在肩或手臂上;她必须在一块石头上放下花环,使椰子蟹允许她干干净净地到达有水的洞穴。他回到村里,妇女按照他的指导找到了水,他们安全地度过了干旱期。这就是第一个水洞发现的故事。"① 这一故事世代相传,反映了地下水洞在巴纳巴历史上的重要地位。

除了以上故事所反映的规则、禁忌,还有任何人不可独身进入水洞,这在巴纳巴口传历史中也有提及。有口传故事讲到,一个女孩冒险深入从未被发现的地方,这导致了她的厄运。另一禁忌是,任何人不得独自在洞穴附近游荡,这将导致死亡的后果。负有取水职责的妇女必须在规定的时间,结伴进入水洞,按照严格的规定,每人携带椰壳用于装水,必须携带火把,不仅用于照明,也为了使同伴能够相互观察每个人的行动。

为了最大限度地获得雨水,基里巴斯历史上存在独特的"追雨"文化。吉尔伯特人善于并热衷于追赶海上的暴风雨。每当暴风从东方的地平线吹过,后面总会拖着巨大的雨帘。当暴风眼看临近,岛民总是变得异常兴奋激动,这既是出于敬畏,因为暴风是有生命和意志的自然之神,同时也因为他们急于推测暴风将经过潟湖的哪一端,是否来得及在雨降落之前赶上它。一场冲锋陷阵式的行动立即展开,岛民迅速地将椰壳、蛤蜊壳等凡是能盛水的东西搬上独木舟,经常是整个村子的人冲进潟湖去拦截暴风,然后冲进海洋努力追赶。最终,他们载着截获物即雨水归来,这就是他们战斗一天的宝贵回报。

在巴纳巴岛,因为干旱周期性地发生,届时淡水攸关生死存亡,巴纳巴岛有着同样悠久的追雨传统,不仅于此,巴纳巴人还有猎雨甚至猎取飞鱼的传统,用以对抗致命的干旱。

巴纳巴人的追雨方式基本上同于吉尔伯特人,巴纳巴人却有更多的心碎历程。虽然巴纳巴岛的高海拔为之带来相当高的降雨量,但是,越是在干旱的时期里,雨水反而更加难以降落到岛上。当代表生命和希望的雨云和暴风

---

① Raobeia Ken Sigrah, Stacy M.King, *Te Rii Ni Banaba* (*The Backbone of Banaba*), Suwa:University of the South Pacific, 2001, p.47.

向陆地移动时，岛屿自身产生的热气所引起的热空气流垂直上升，往往劈开雨云，使之离开陆地，宝贵的雨滴降落在海洋里。在许多世纪里，巴纳巴人无数次见证过这一令人心碎的场面。① 因而，对于巴纳巴人来说，追雨多了许多悲壮的色彩。

与追雨相比，猎取雨云更为悲壮。如同正常时期里的捕鱼一样，干旱时期的猎取雨云成为极其重要的日常事务。巴纳巴男人需要每天出海，将晒得枯萎的椰杆竖立起来，以便其上端装置的木碗能够深入雨云之中，以猎取其中蕴藏的水分。任何的湿润都是神圣的，他们的妻儿会一同前往，进入神圣的湿润之中，通过每一个毛孔来接受湿润。而从云中猎取的雨滴，要存在椰壳里，带给那些行动不便的年长者或虚弱的人。②

最为悲壮的是，在滴水未有时，绝境中的巴纳巴人在夜里出海猎捕飞鱼，仅仅为了吸吮它们的眼睛，因为飞鱼的眼睛异常大，如同有水一般。

雨水对于基里巴斯人非常重要，因此成为其信仰的一部分。吉尔伯特人相信，乘着阵雨而逝的灵魂必是得到了福报。在巴纳巴岛历史上，当雨降临，巴纳巴人会念叨"雨降落了"（Nei kabuta），其同义语为"生活重新回来了"。③ 此习语在现代巴纳巴社会依然存在。

收集雨水仍是现代基里巴斯人的习惯。无论是在首都所在的南塔拉瓦岛城市化区域，还是在外部岛屿，基里巴斯人民尽其所能地收集雨水，那些享受自来水服务的家庭也需要雨水来弥补供水的不足。房顶的设计使雨水能够最大化地流下来，有条件的家庭在茅草之上覆盖锡皮房顶，这样可以收集更多的雨水。同样，有条件的家庭会建蓄水池保存雨水。宾馆和公共设施也建有用水泥砌成的蓄水池，房屋的屋檐下有露天的流水道，雨水从屋顶流下，沿着水道流入蓄水池。此外，椰树叶子和树干积存的雨水，甚至丢弃的大蚌壳里的积水，都会被利用起来。

---

① Raobeia Ken Sigrah, Stacy M.King, *Te Rii Ni Banaba* (*The Backbone of Banaba*), Suwa:University of the South Pacific, 2001, p.186.
② Arthur Francis Grimble, *Return to the Islands*, New York:William Morrow and Company, 1957, pp.36-38.
③ Raobeia Ken Sigrah, Stacy M.King, *Te Rii Ni Banaba* (*The Backbone of Banaba*), Suwa:University of the South Pacific, 2001, p.49.

基里巴斯是世界上最节约用水的国家之一。据徐明远先生的观察，基里巴斯人民是真正懂得节约用水的意义的，每个人都深知淡水来之不易，从小就养成节水的习惯，对雨水和地下淡水从不浪费，物尽其用。①

四　现代基里巴斯淡水管理的努力与困境

1979年基里巴斯独立后，将地下淡水纳入国家管理，保护淡水资源成为国家亟待解决的问题。近20年来，由于气候变化、淡水需求增加等，淡水问题日益严峻。

独立后的基里巴斯政府致力于解决的一个难题是现代国家所通行的水资源国有化。基里巴斯有着悠久的土地私有制传统，与此相伴随，私有土地之下的淡水层属于土地的主人，这一观念深入人心。水所有权是传统资源权中极为重要的内容，家族聚落的一项传统责任即保护其所拥有的水源。现代国家将水资源国有化并作为商品出售的观念，与基里巴斯的传统观念格格不入，因此，基里巴斯政府努力地在传统与现代之间进行协调，对淡水资源国有化的法律议案进行了十分慎重的考虑，在独立十多年后才予以公布。

作为首都与城市化中心，塔拉瓦建设集中的供水系统十分必要。1987年，供水系统建成，开始向岛民提供自来水服务，这成为基里巴斯现代化的重要标志。

基里巴斯致力于淡水资源保护。政府的公共事业局负责自来水的汲取及供应，工程与能源部、健康部、环境部共同管理淡水资源。为保护水源，政府规定，将塔拉瓦环礁东南部的布恩瑞奇（Bonriki）和布奥塔（Buota）小岛作为水源保护地，其上严格限制居住。充分考虑到地下水储量有限，基里巴斯政府出台供水政策，规定每天仅供水数小时，严格控制用水量。② 同时致力于对水井的保护。在外部岛屿，水井坐落于远离岸边的林地中，可最大

---

① 徐明远：《南太平洋岛国和地区》，北京：世界知识出版社，2003年，第209页。
② Anne Dray et al., "Who Wants to Terminate the Game? The Role of Vested Interests and Metaplayers in the Atollgame Experience," *Simulation and Gaming*, Vol.38, No.4, 2007, p.495.

限度地减少海水倒灌的危险。在吉尔伯特群岛的塔马纳岛、马拉凯岛等岛屿，岛民尽其所能地安装手泵，这成为保护水井的有效手段，可避免污物倒灌水井。

为最大可能地获取淡水，从政府到民间，基里巴斯致力于加强雨水的收集能力。政府机构建筑、公共事业建筑、企业建筑以及民房，尽其所能地建设雨水收集储存设施。

尽管基里巴斯从政府到民间付出了相当大的努力，但是，时至今日，基里巴斯的淡水形势日益严峻，主要表现在以下五个方面。

第一，在水资源国有化的实践过程中，国家与私人之间的矛盾冲突不断。首先，因为在布恩瑞奇、布奥塔的水源地是政府通过租赁私有土地而获得的，租金推动了土地价格的提升，而租金远低于土地价格，这引起土地主人的不满。其次，两岛居民抱怨，供水系统不断地采水，淡水层储量减少，其上的椰子、芋头等作物因得不到足够的水分而减产，因此，当地居民认为应对所有的永久居民实施补偿。最后，按照政府规定，水源地上实施有限制的居住，但是，非法居住无法禁止，并且，损害公共物资诸如沙子、碎石、建筑材料的事件也时有发生。①

第二，在基里巴斯城市化程度最高的南塔拉瓦岛，供水处于严重不足的状态。一方面供水系统远远不能覆盖整个城市化区域，至近年为止，只有大约67%的南塔拉瓦人能够享受到自来水供应系统的服务。②另一方面供水并不稳定，且供应量不抵需求量。据2002年的研究数据，南塔拉瓦的供水系统每天提取水量约1750立方米，日均居民每人约30升，这代表着南塔拉瓦人60%的水需求。③此种状况至今未有多大改善。即使在自来水供应系统之内的南塔拉瓦人，仍需要雨水、私人所有的地下水作为补充。通常，自来水

---

① Anne Dray et al., "Who Wants to Terminate the Game? The Role of Vested Interests and Metaplayers in the Atollgame Experience," *Simulation and Gaming*, Vol.38, No.4, 2007, p.496.

② Vincent E. A. Post et al., "On the Resilience of Small-island Freshwater Lenses: Evidence of the Long-term Impacts of Groundwater Abstraction on Bonriki Island, Kiribati," *Journal of Hydrology*, Vol.564, 2018, p.6.

③ Anne Dray et al., "Who Wants to Terminate the Game? The Role of Vested Interests and Metaplayers in the Atollgame Experience," *Simulation and Gaming*, Vol.38, No.4, 2007, p.495.

用作饮用水,井水用作非饮用水,但是,当自来水、雨水用尽,他们只好使用咸卤的井水煮饭、清洗餐具等。南塔拉瓦供水不足的主要原因有四方面。其一,人口量大。基里巴斯独立至今,大量外部岛屿人口不断涌入南塔拉瓦岛。目前,基里巴斯人口超过 11 万人,其中六七千人集中在不足 16 平方公里的南塔拉瓦岛。① 在历史上,塔拉瓦环礁人口最多时不过三四千人而已。② 其二,人均淡水需求量大增。在传统上,椰汁可一定程度地代替淡水,而现代可用于椰树种植的土地大为减少,与此同时,在现代生活方式下,人均所需饮用水、非饮用水量大增。其三,作为首都,伴随国家发展所引进的一些用水设施与工程,增加了对淡水的需求。其四,地下淡水层的提取量必须有所限制,不得因需求增加而增加。不仅因为地下淡水量是有限的,更因为超量提取,将导致盐水侵入淡水层。

第三,因气候变化而增加的干旱、强降雨事件,加剧了水资源的匮乏。首先是地下淡水消耗量增加。无论是在城市化的南塔拉瓦岛还是在外部岛屿,都面临降雨减少的现实。如塔拉瓦岛居民所反映的:"我们很难看到任何降雨季节,我们期盼降雨但是没有降雨。真正的干旱。然后真的很干很热。""天气正在变化。我们再也没有任何雨季了。""现在我们期盼下雨,却没有雨。真正的干旱。"③ 干旱对于地下淡水层是致命的。研究发现,即使在地下 15 米深处,当干旱持续数月,淡水层也会变薄,④ 更不用说吉尔伯特群岛淡水层距离地面仅仅 0.8~1.6 米而已。⑤ 干旱导致岛民对地下水的依赖大为加深,加剧了淡水层消耗。其次,当淡水储量减少,咸水侵入,结果是淡水变得更咸,难以下咽,但仍属淡水消耗。最后,气候变化对于基里巴斯的

---

① Justin T. Locke, "Climate Change-induced Migration in the Pacific Region: Sudden Crisis and Long-term Developments," *The Geographical Journal*, Vol.175, No.3, 2009, p.174.

② H. E. Maude, Edwin Jr. Doran, "The Precedence of Tarawa Atoll," *Annals of the Association of American Geographers*, Vol.56, No.2, 1966, p.277.

③ Brian Reed, "Climate Change and Faith Collide in Kiribati," Morning Edition, Washington, D.C.: National Public Radio, 2011.

④ Vincent E.A.Post et al., "On the Resilience of Small-island Freshwater Lenses: Evidence of the Long-term Impacts of Groundwater Abstraction on Bonriki Island, Kiribati," *Journal of Hydrology*, Vol.564, 2018, pp.3-4.

⑤ Anne Dray et al., "Who Wants to Terminate the Game? The Role of Vested Interests and Metaplayers in the Atollgame Experience," *Simulation and Gaming*, Vol.38, No.4, 2007, p.495.

影响两极并存，干旱期延长的同时，强降雨事件增加，从前，一年中有 1~2 次"王潮"，近年一年发生 5~6 次甚至 8 次。① 强降雨加剧海水倒灌，成为咸水入侵淡水层的又一原因。

第四，污染导致地下淡水质量进一步下降。城市化、现代化导致巨大污染源产生。大量人口以及饲养家畜产生的污物，城市生活产生的垃圾，诸如塑料等包装材料，废弃的汽车、机械，南塔拉瓦发电站渗漏的柴油，等等，通过多孔的土壤极易渗透、污染淡水层。早在 21 世纪初期，南塔拉瓦岛 4.5 万人口产生的垃圾已经污染数处淡水层。② 另外，强降雨往往导致污物入井。

第五，也是最为严峻的，从政府到个人，可用于地下淡水保护的资金不足。收集雨水一向是基里巴斯人民所重视的，不仅可减少对于地下水的消耗，而且雨水的质量更胜于地下水。但是，即使在城市化区域，雨水利用能力严重不足。南塔拉瓦岛仅有非常有限的人家拥有雨水收集设施，如超过 5000 升的雨水储存罐，大多数属于政府出租房，私人所有只占到 23%。此种储水罐需要 750 美元，这是一般居民难以承受的。尽管基里巴斯房产公司有贷款计划，支持南塔拉瓦岛的家庭安装 5000 升雨水罐，但是，因居民偿付能力有限，少人问津。另外，拥有锡皮房顶以更好地收集雨水的家庭也同样少。在外部岛屿，资金不足形势更加严峻。外部岛屿的主要问题涉及井水保护、雨水收集以及现有供水设施维护。价值 13 美元一个的护井水泥环套是岛民无力承担的。在拥有高降雨量的布塔里塔里岛上，部分岛民有雨水存储罐，主要是 20~200 升的塑料容器，③ 通过铺设在茅草屋顶的锡板接收雨水，但是大多数家庭建不起这样的房顶，也缺少通过援助机构集资修建公共雨水收集设施的信息。有的村子里，雨水收集系统已废，公共水管龙头损坏。相比之下，外部岛屿的太阳能水泵工作状态尚好，只有少量水管龙头损坏。总体说来，外部岛屿的公共供水系统由社区惨淡经营，很不乐观。

---

① Justin T. Locke, "Climate Change-induced Migration in the Pacific Region:Sudden Crisis and Long-term Developments," *The Geographical Journal*, Vol.175, No.3, 2009, p.175.
② Anne Dray et al., "Who Wants to Terminate the Game? The Role of Vested Interests and Metaplayers in the Atollgame Experience," *Simulation and Gaming*, Vol.38, No.4, 2007, p.495.
③ Natasha Kuruppu, "Adapting Water Resources to Climate Change in Kiribati:The Importance of Cultural Values and Meanings," *Environmental Science and Policy*, Vol.12, No.7, 2009, p.803.

对于造成淡水困局的诸因素，遏制污染、加强雨水收集能力是最易见成效的，但是，可投入资金不足限制了此两项工作的展开。作为世界上经济较不发达的国家之一，基里巴斯国家财政收入与人民个人收入极其有限，在有限的收入中，可用于淡水保护、雨水收集的资金又少之又少。

结　语

在基里巴斯历史上，土地看似为第一重要资源，可用来赔偿岛屿社会争斗中不幸的牺牲者，为了保住土地，家族可将导致不幸的"凶手"送至死者家族一方，任其处置。但是，土地与淡水是一体的，因为其下淡水层的存在，土地才可以生产，可以居人。若淡水耗尽，土地的重要性随之消失。在巴纳巴岛19世纪70年代的大干旱中，岛民为了得到一椰壳的淡水，不惜用一片土地来交换，这并非不寻常的事情。[1] 故而，基里巴斯最悲壮的文化与淡水有关，灵魂和生命的信仰与淡水有关，甚至巴纳巴人以取水方式作为其文化独特性的标志，二战后迁居斐济拉比岛的巴纳巴人，以舞蹈的方式重塑其民族独特性，其中包括水洞取水的舞蹈。

在政界与学术界，基里巴斯将因海平面升高而消失是一个备受关注的问题，然而，现代基里巴斯的淡水困局更为严峻。在历史上，吉尔伯特群岛有地下淡水层可依赖。巴纳巴岛因其周期性的干旱以及特殊的岛屿地势，屡次面临灾难，19世纪70年代持续三年的大干旱，几乎是灭绝性的，不过，只要降雨正常，地下水洞即可充盈，生活照常进行。现代的吉尔伯特群岛，地下淡水的补给与消耗已经处于非良性关系状态。一方面，因干旱期延长，淡水补给减少；另一方面，人类的生活、生产对淡水需求增加，与此同时，污染、咸水入侵加剧。若淡水问题处理不善，在陆地被海洋淹没之前，淡水缺乏将可能导致人类不可居住。

---

[1] Raobeia Ken Sigrah, Stacy M.King, *Te Rii Ni Banaba* (*The Backbone of Banaba*), Suwa:University of the South Pacific, 2001, p.186.

百余年来关于萨摩亚的民族志研究平议*

石莹丽 赵新悦**

摘 要：百余年来，西方关于萨摩亚的民族志撰写与研究经久不衰，诞生了丰富的研究成果。主要有以传教、政府公派、婚姻之便对萨摩亚文化的自主记录，以田野调查为基础的民族志著述，以萨摩亚历史文化、暴力冲突、去殖民化、全球化等为主题的学术研究，等等。这些研究呈现了从时序性、综合叙述向专题研究过渡，从注重个体体验到对整个社会结构的探察，研究领域逐渐拓宽，重视弱势群体等特点，对于中国学界的萨摩亚研究有重要借鉴意义。

关键词：萨摩亚 太平洋岛国 民族志研究

从人类学视角、以民族志研究方法对太平洋岛国进行研究已经有近200年历史。新航路开辟后，伴随着西方殖民者和传教士踏上太平洋岛屿国家，以田野调查为主、以民族志为撰写内容的西方人类学家也随之而来，诞生了一批有关太平洋岛国的早期民族志作品。这些作品带有西方殖民主义色彩，对太平洋岛国的社会结构、文化形态、民风民俗进行了详细描述。随着工业化的发展和全球一体化进程的不断推进，学界对于太平洋岛国的研究逐渐深入，概念更加清晰，理论也不断完善，诞生了大量研究成果。萨摩亚是太平洋岛国中社会较为稳定的一个国家，也是西方殖民者最早踏足的国家之一。通过研究萨摩亚的民族志，整个太平洋岛国的研究状况可以清晰展现出来。

---

* 本文系山东省社会科学规划研究项目"促进山东省与南太建交岛国民心相通的文化举措研究"（19CZKJ03）的阶段性成果。
** 石莹丽，博士，聊城大学太平洋岛国研究中心教授，主要研究方向为史学理论及史学史、太平洋岛国历史文化；赵新悦，聊城大学历史文化与旅游学院学科教学（历史）专业研究生。

一 关于萨摩亚的民族志撰写与研究综述

（一）以传教、政府公派、婚姻之便，对萨摩亚文化的自主记录

自19世纪80年代以来，出于对萨摩亚文化的热爱，一些欧美传教士、政府职员、船长以及与萨摩亚人通婚者，将自己的所见所闻有意识地记录下来。百余年来，几乎每一个时代都有这类作品的代表作。这些人不带有任何学术目的地将自己的个人体验毫无保留记录下来，文笔优美、画面感强、富有些许神秘色彩使得这类作品的受众群体更加广泛，影响同样深远，但语言不通、种族隔阂、缺乏理论基础等使该类作品先天不足。

1884年，伦敦教会会员乔治·特纳（George Turner）撰写了一本名为《萨摩亚，100年前甚至更早》的著作。出于作者身份原因，该书主要关注了萨摩亚的神话传说。由于基督教传入萨摩亚之前，萨摩亚没有书写文字，故该书所述既体现了萨摩亚历史口耳相传的特点，也在某种程度上与人类学田野调研方法相吻合。只不过，作为传教士的特纳并不清楚这一点，他仅仅记录了自己的所见所闻，对萨摩亚的历史与现状未有足够的反思。[①]1984年，该书出版100周年之际，南太平洋大学太平洋研究所对其重印。

德国人卡尔·马奎特（Carl Marquardt）于1899年在德国出版的《萨摩亚两性文身》一书应该是德国获得西萨摩亚控制权后出版的最早一本有关萨摩亚文化的著作。该书对于萨摩亚文化中极有代表性的文身艺术进行了详细描述，包括图案内容、象征意义、文身的技术操作等。书中特别添加了精心绘制的文身图案，并且配了19张原始照片。1984年，新西兰麦克米伦出版公司出版了由西比尔·弗纳翻译的英译本。[②]

曾于1945~1959年担任新西兰教育总监和西萨摩亚教育主管的K. R. 蓝比（K. R. Lambie）因苦于萨摩亚本土历史图书的缺乏而极力推动萨摩亚历史书的撰写与推广。当他看到一本名为《萨摩亚史》的著述时如获至宝，他

---

① George Turner, *Samoa A Hunderd Years Ago and Long before*, London, 1884.
② Carl Marquardt, *The Tattooing of both Sexes in Samoa*, First Published by Dietrich Reimer Berlin, 1899.

不但推动了该书再版，而且接受了法雷托牧师（Faleto'ese）的建议，将其翻译成萨摩亚语。而对于该书在萨摩亚民众中的接受程度，蓝比十分清醒地说道："可能有人对这段历史的某些部分持有不同意见，但这不足以让许多人否认这段历史，他们会发现这段历史有很大的价值。"需要指出的是，在新西兰托管时期，萨摩亚民众整体受教育程度低，没有历史观念，只有家族荣誉，蓝比的历史功绩不在于该书记录了多少准确历史，而是在萨摩亚教育史上开启了新的里程碑。为了表达对蓝比开拓之功的敬意，该书在萨摩亚本土多次再版，并且在扉页上特别加注了蓝比的名字。从历史学角度看，这本书遵循了历史写作的基本规范，注重证据的引用，只是萨摩亚有文字记载的历史过于简短，对于1830年之前的历史，作者依然采用了口耳相传的口述材料。因此，该书具有历史学和民族志的双重特点。①

1960年，美属萨摩亚海军管理局上尉 J. A. C. 格雷（J. A. C. Gray）出版了《美属萨摩亚的历史及其海军管理局》一书。1900~1951年，美国政府在美属萨摩亚设立海军管理局，之后美属萨摩亚归内政部管理。格雷的供职时间恰好在1900年到1951年，这是海军管理局将美属萨摩亚移交给内政部之前的最后一段海军控制时间，格雷上尉是美属萨摩亚政府的高级医官。出于对萨摩亚的热爱，他撰写了该书。值得称赞的是，他接受了当时美国学界的一些建议，在书中引用了大量文献资料尤其是海军档案材料，使得该书具有了一定的学术性。尤其是该书运用了1/3的篇幅追述萨摩亚的历史文化，受到斯坦福大学人类学系教授菲利克斯·G. 基辛的称赞，菲利克斯为该书撰写了序言。格雷在书中描述了美属萨摩亚人民的矛盾心态，他们一方面接纳美国政治制度、享受社会福利，另一方面又试图像即将独立的西萨摩亚那样保留酋长制以及丰富的传统文化。②

1962年，夏威夷大学出版社出版了由法耶·G. 卡尔金斯（Faye G. Calkins）撰写的《我的萨摩亚酋长》一书。该书是距《萨摩亚人的成年——为西方文明所做的原始人类的青年心理研究》出版38年后又一本以细节取

---

① Brother Fred Henry, *History of Samoa*, Commercial Printers Limited, 1979, Reprinted, 1983, 1992.
② J. A. C. Gray, *Amerika Samoa: A History of American Samoa and Its United States Naval Administration*, United Sates Naval Institute, 1960.

胜的民族志著作。只是，与玛格丽特带有鲜明的人类学家标签不同的是，该书作者系一位在校学生，因撰写毕业论文前往美国国会图书馆查阅资料，偶遇一位萨摩亚小伙子，两人的爱情得到了卡尔金斯父亲的支持。她跟随这位萨籍男友到萨摩亚定居，并生育了4个孩子，她的丈夫成长为一位颇有威望的酋长，她则带着女性特有的善良，坚忍不断地与她周围的一切和解，包括与其成长背景截然不同的观念、风俗、教育、生存条件等。她试图用现代管理方式带领萨摩亚人生活得更加富裕，但最终，她接受了萨摩亚人无拘无束的生活现实并且融入了当地生活之中，她感慨道：

> 我的经历似乎显示出萨摩亚人和美国人在财产、礼仪、抚养孩子和生活目的的观念上是多么的不同。……我为萨摩亚人提供盛宴，抚养萨摩亚人的孩子，预测萨摩亚人的行为，以及经商问题……作为回报，我异常兴奋地发现：人类灵魂的广度、深度和可能性比我想象的要广阔和有希望得多。……我不是因为和我的马塔伊（Matai）① 生活在一起而变得更聪明、更快乐了吗？②

需要指出的是，《我的萨摩亚酋长》一书算不上纯粹的人类学著作，作者只是单纯地把自己的人生经历用优美的语言描述了出来，但该书被传阅、被珍藏，在萨摩亚民族志的撰述中仍然属于上乘之作。

同期，在萨摩亚本土出版的文化人类学著作还有约翰·威廉·哈特（John William Hart）撰写的《萨摩亚文化》③、G. G. R. 麦克（C. G. R. Mckay）撰写的《萨摩亚：独自一人在萨摩亚岛的故事》。平心而论，约翰·威廉·哈特的这本以《萨摩亚文化》命名的著作，在写作内容、写作方法上并未超出1930年出版的巴克·彼德（Buck Peter）撰写的《萨摩亚物质文化》一书。至于麦克所撰的《萨摩亚：独自一人在萨摩亚岛的故事》一书是源自他在萨

---

① 萨摩亚语，酋长之意。
② Faye G. Calkins, *My Samoan Chief*, Honolulu: The University of Hawaii Press, 1962, pp.206-207.
③ John William Hart, *Samoa Culture*, Printed in Pesega, Upolu, Western Samoa,1966; Second printing Virginia Idaho,1984.

摩亚的任职经历。1917年，年仅17岁的麦克进入新西兰部队服兵役。1919年，他奉命前往萨摩亚就职。就这样，他在萨摩亚任职24年，直到1943年前往惠灵顿担任岛屿领土部长一职。1947年，麦克从新西兰政府部门退休后，被任命为南太平洋委员会新西兰专员，这让他有多次机会访问萨摩亚。1968年，麦克才将自己在萨摩亚的经历撰写出版，书名低调又迷人:《萨摩亚：独自一人在萨摩亚岛的故事》。① 与其他非人类学家的撰述不同的是，麦克不仅记录了萨摩亚人与众不同的文化生活，还利用职务之便，向读者展示了部分政务内容，包括政府指令、人事任免等。而且，由于作者本人在萨摩亚任职时间长，掌握的信息丰富，该书成为研究新西兰托管时期萨摩亚政治历史的宝贵材料。

2002年，世界知识出版社出版了中国外交官翟兴付、仇晓谦夫妇合作撰写的《萨摩亚》一书，这是中国第一部全面介绍萨摩亚的普及性专著。全书分14章介绍了萨摩亚的自然、历史、政治、经济、外交、华人华侨等内容。②

（二）以田野调查为基础的民族志著述

田野调查是人类学与其他学科相区别的一个重要条件。当然了，这一方法论的提出影响深远并且波及其他学科。许多历史学家也效仿人类学工作者，走出书斋，走向田野。在此，我们姑且不去讨论二者的区别，但人类学家不带有先入为主的个人主观色彩，直接进入田野，研究方法以参与式观察为主，确实应该引起历史学工作者的思索。不得不承认，早期人类学先天带有的殖民主义、欧洲中心论、帝国主义的潜在影响是其长期反思的重点之一;同时，人类学家本身既是方法的操作者又是被研究的方法之一，使得这一学科始终脱离不了与主观性纠缠的模式。随着20世纪70年代以来后现代主义思潮向建筑学、教育学、政治学的渗透，人类学学者开始进行反身性思考，即这种田野调查是否受到人类学家自身潜在的信仰、种族、学识等影

---

① C. G. R. Mckay, *Samoana, A Personal Story of the Samoan Islands*, A. H. and A. W. Reed, Wellington-Auckland, Sydney, 1968.
② 翟兴付、仇晓谦:《萨摩亚》，北京：世界知识出版社，2002年。

响，研究成果是否足够可信等。另外，从事民族志研究和写作的学者不仅限于个人观察，他们还希望将他们的解读泛化和理论化，进而在整个学科领域产生影响。但民族志学者在将其研究成果展示出来的同时，也将其主观性的思考与解读逐渐合理化。如何消除自身主观立场带来的偏差，以及将那些并不具代表性的问题提出来并将其普遍化，是人类学家始终需要反思的问题。

迄今为止广为传播的萨摩亚民族志著作依然是玛格丽特·米德（Margaret Mead）的《萨摩亚人的成年——为西方文明所做的原始人类的青年心理研究》一书。①1925年，年仅24岁的米德只身前往萨摩亚进行实地调研。她主要深入3个村庄与50名姑娘同吃同住，对萨摩亚进行了为期9个月的田野调查，并于1928年出版了《萨摩亚人的成年——为西方文明所做的原始人类的青年心理研究》。她希望在萨摩亚弄清楚，使美国青少年骚动不安的青春期危机是否在原始文化中呈现完全不同的景象。因此，该书副标题为"为西方文明所做的原始人类的青年心理研究"。但是，成也萧何，败也萧何。这本书因为是第一本有关萨摩亚人的人类学著作而备受推崇的同时，也因其不懂萨摩亚语、进入田野时间短等致命伤而广受诟病，甚至引起了人类学界一场旷日持久的争论。②但该书开启了民族志撰写之先河，成为所有萨摩亚民族志撰述的一个绕不过去的存在。

（三）学术研究综述

近100年来，人类学家对萨摩亚的研究大概有以下几种类型。

1. 以萨摩亚历史文化为主题

1930年，夏威夷博物馆出版了巴克·彼德的《萨摩亚物质文化》一书。作者以描述和图示相结合的方式，详细介绍了萨摩亚338种日常物质文化生活方式，包括种植、捕鱼、烹饪、建房、园艺、印染、制衣、草席编织、歌

---

① Margaret Mead, *Coming of Age in Samoa: A Psychological Study of Primitive Youth for Western Civilization*, New York: Dell Publishing Company, Inc.,1928.

② Hiram Caton, *The Samoa Reader, Anthropologists Take Stock*, Lanham, New York, London: University Press of America, Inc., 1990.

舞娱乐等，① 这是一部经典的有关萨摩亚文化生活的百科全书。

1954年，美国堪萨斯威奇托州立大学人类学系教授洛厄尔·福尔摩斯（Lowell Holmes）进入美属萨摩亚，开始了为期11个月的考察。之后他又分别于1962~1963年、1974年前往该地进行了为期15个月和4周的田野考察，并于1974年出版了《萨摩亚村庄》一书。他深受玛格丽特·米德的田野考察的影响，又深知米德的不足，因此他多次进入美属萨摩亚，每一次归来都有力作问世。例如1958年出版的《萨摩亚村庄的稳定与变化》，1967年出版的《萨摩亚的故事》以及1974年出版的《萨摩亚村庄》。洛厄尔教授对于《萨摩亚人的成年——为西方文明所做的原始人类的青年心理研究》中存在的致命伤非常清楚，因此他极力在全书中使用若干萨摩亚词语，尤其是一些专用术语，例如酋长、代言酋长、乡村委员会、妇女委员会、青年委员会等。洛厄尔不仅非常细致地记录了马努阿村的酋长诞生、各类会议、房屋建设、农业生产、垂钓方式等，而且详细追述了萨摩亚历史，客观评价了宗教信仰在萨摩亚社会中的作用，并且就萨摩亚自然环境、政治未来等进行了评判。由于美属萨摩亚早于1899年归入美国版图，受美国政治干预和文化影响，与萨摩亚本土在综合治理、思维惯性上仍有些微不同，受田野考察影响，作者并未提示出这种不同。随着萨摩亚的经济发展，其现今人均寿命也与作者提供的38.4岁相差甚远。另外，作者的某些观点与当今萨摩亚社会观念也有所不同。例如作者认为，"萨摩亚人喜欢孩子，婚姻是为了生育而运作的制度。几乎每个人迟早都会结婚，而且整个社会在结构上和经济上均不支持单身男女"，② 而现在的萨摩亚人，单身、未婚生育、跨性别者均得到全社会的认可，可以正常工作和生活。

就在萨摩亚宣布独立后不久，1967年，澳大利亚国立大学教授J. W. 戴维森（J. W. Davidson）在牛津大学出版社出版了《西萨摩亚独立国的诞生》一书。该书重点关注了萨摩亚在与西方社会接触了100余年之后政治结构的

---

① Buck Peter(Te Rangi Hiroa), *Samoan Material Culture*, Bernice P. Museum, Honolulu Hawai'i, 1930; Kraus Reprint Co., New York,1971.

② Lowell Holmes, *Samoa Village*, New York, Chicago, San Francisco, Atlanta, Dallas, Montreal, Toronto, London, Sydney: Holt, Rinehart and Winston, Inc., 1974, p.89.

变化。值得一提的是，该书的写作视角和论点并未体现出传统欧洲中心论观点。戴维森试图告诉世人，20世纪以来，欧洲以外的其他民族与欧洲的关系已经不再是顺从和支配，欧洲时代已经结束。抛开财富和权力，欧洲以外的国家和人民均能得到充分的权利和尊严。①

第二次世界大战结束后，冷战局势日益紧张，除传统欧美大国外，日本也加强了对太平洋岛国的研究与关注。1970年，日本学者岩佐嘉亲出版了《萨摩亚史》(上)。②同样以《萨摩亚》命名的著作除了前面提到的中国外交官翟兴付、仇晓谦夫妇合著的《萨摩亚》，还有聊城大学太平洋岛国研究中心倪学德教授编著的《萨摩亚》一书③。不同于前两部著作的是，该书系社会科学文献出版社出版的新版"列国志"系列丛书之一，也是"一带一路"倡议以来，中国学术界撰写的第一部全面描写萨摩亚的学术专著。

1968年，美国和平队志愿者布拉德·肖尔（Bradd Shore）被派往萨摩亚执行援助任务。在服役两年的时间里，他不但学会了萨摩亚语，还对萨摩亚文化产生了浓厚兴趣。接下来他又于1971年和1972年，先后作为人类学硕士研究生和博士研究生进入萨摩亚进行田野调查，并最终完成了《萨拉拉依乌哇：萨摩亚之谜》一书。在该书中，作者以萨拉拉依乌哇村（Salailua）为调研对象，从一起杀人案入手，向外界揭示出杀人案与文化和社会结构之间的关系，传统文化束缚、酋长制的独裁与社会结构的不稳定是这个国家犯罪案件发生的主要社会背景。④

同样，随着太平洋岛国去殖民化运动的不断开展，日本把关注焦点集中于太平洋岛国，并于20世纪70年代开始向太平洋岛国进行势力渗透。作为日本太平洋文化研究所所长的岩佐嘉亲于1959~1970年，多次在波利尼西亚群岛进行调查，并且于1970年出版了《萨摩亚史》（上）。该书从民族志视角对萨摩亚人的早期历史进行了叙述，介绍了欧洲人抵萨之前萨摩亚人的社会制度、文化源流和风俗习惯，概述了英、美、德三国在萨摩亚的殖民活动

---

① J. W. Davidson, *Samoa Mo Samoa, the Emergence of the Independent State of Western Samoa*, London, Wellington, New York, Melbourne: Oxford University Press, 1967.
② 〔日〕岩佐嘉亲：《萨摩亚史》（上），马采译，广州：广东人民出版社，1974年。
③ 倪学德编著《萨摩亚》，北京：社会科学文献出版社，2015年。
④ Bradd Shore, *Sala'ilua, A Samoan Mystery*, New York: Columbia University Press, 1982.

和尖锐斗争。但是，作为一部萨摩亚民族志，岩佐的叙述过于简略。书中大部分篇幅叙述日本两艘军舰停泊在阿皮亚海港之事，侧面反映了日本统治者对太平洋诸岛的野心。①

另外，关于这一问题的相关论文主要有：《萨摩亚人来了：萨摩亚1895~1911年的民族表演》②《20世纪80年代的萨摩亚物质文化》③《萨摩亚火山喷发在土著居民的文身、语言及文化活动中的体现》④《"我"与"我们"：个体性、集体性以及萨摩亚艺术对文化变迁的回应》⑤《当文化不成系统时：为什么萨摩亚经纪人不能胜任》⑥《萨摩亚文化中的两种表演形式》⑦《家庭、文化及萨摩亚青年》⑧《萨摩亚文化与水的商品化》⑨《萨摩亚铜管乐队独立后的发展与演奏实践探索》⑩《个体在萨摩亚文化中的作用》⑪《萨摩亚村庄、兄妹关系与异族通婚规范》⑫《后殖民主义时期萨摩亚的教育与文化》⑬《酋长在

---

① 〔日〕岩佐嘉亲：《萨摩亚史》（上），马采译，广州：广东人民出版社，1974年。
② Hilke Thode-Arora, "The Samoans Are Here! : Samoan Ethnic Shows, 1895–1911," *East Gentrl Europe*, Vol.47, 2020, pp.233-260.
③ Adrienne L. Kaeppler, "Samoan Material Culture in the 1980s," *Pacific Arts*, No. 3,1991, pp. 17-20.
④ Aleni Fequleai, Eberhard Weber, Karoly Nemeth, Tolu Muliaina, Vlliamu Iese, "Eruption Styles of Samoan Volcanoes Represented in Tattooing, Language and Cultural Activities of the Indigenous People," *Geoheritage*, Vol.9, 2017, pp. 395-411.
⑤ April K Henderson, "The I and We:Individuality, Collectivity, and Samoan Artistic Responses to Cultural Change, " *The Contemporary Pacific*, Vol.28, No.2, 2016, pp.216-245.
⑥ Ilana Gershon, "When Culture Is Not a System: Why Samoan Cultural Brokers Can Not Do Their Job," *Journal of Anthropology*, Vol. 7, Iss.4, 2006, pp. 533-558.
⑦ Victoria N. Kneubuh, "Traditional Performance in Samoan Culture: Two Forms," *Asian Theatre Journal*, Vol. 4, No. 2, 1987, pp. 166-176.
⑧ Halaevalu F. Ofahengaue Vakalahi, Meripa T. Godinet, "Family and Culture, and the Samoan Youth," *Journal of Family Social Work*, Vol. 11, Iss.3, 2008, pp. 229-253.
⑨ Cluny Macpherson, La'avasa Macpherson, "Culture and the Commodification of Water in Samoa," *Asia Pacific Viewpoint*, Vol. 58, No. 1, 2017, pp.86-98.
⑩ Sala Seutatia,Telesia Mata 'utia, Pene Solomona, Dan Bendrups, "Exploring Samoan Brass Bands Notes on Their Development and Performance Practices after Independence," *The World of Music*, Vol. 8, No. 2, 2019, pp. 27-38.
⑪ Margaret Mead, "The Role of the Individual in Samoan Culture," *The Journal of the Royal Anthropological Institute of Great Britain and Ireland*, Vol. 58, 1928, pp. 481-495.
⑫ Serge Tcherkezoff, "The Samoan Village, the Brother-Sister Relationship and the Rule of Exogamy," *The Journal of Samoan Studies*. Vol.7, No.2, Special Issue, 2017, pp.6-36.
⑬ Tagataese Tupu Tuia and Penelope Schoeffel, "Education and Culture in Post-colonial Samoa," *The Journal of Samoan Studies*, Vol. 6, 2016, pp.41-51.

当代萨摩亚国内外的权威》[①] 等。

2. 以去殖民化、全球化为主题

在南太平洋 27 个国家和地区中，萨摩亚之所以成为众多学者的研究重镇，原因大致在于其在传统与现代之间体现的对抗和融合、两者之间表现出的极大的张力。萨摩亚地理位置偏远，但其从不封闭，萨摩亚也是 14 个太平洋岛国中政治局势最为稳定的国家之一，在太平洋岛国论坛具有举足轻重的地位。同时，萨摩亚所具有的生态系统、人口、社会、经济状况与其他岛国相类似，而萨摩亚所面临的国际关系、国际援助、外籍人士等问题也是太平洋诸岛国同样面临的问题，因此，研究萨摩亚具有代表性和普遍性。萨摩亚殖民主义历史、去殖民化过程一直是学界研究重点。而去殖民化过程本身与全球化影响紧密联系，故在近年出版的有关著述中，亦有把二者结合起来的趋势。

1997 年西萨摩亚通过议会法案宣布更名为萨摩亚独立国，标志着萨摩亚去殖民化运动的结束，萨摩亚正式步入国际舞台，学术界对于萨摩亚的研究也逐渐转变，但对于萨摩亚去殖民化的研究早在之前就开始了。

1987 年，玛拉玛·梅里西亚（Malama Meieisea）出版了《现代萨摩亚的形成：西萨摩亚传统权威与殖民统治的历史》一书。作者敏锐地抓住了萨摩亚历来争议最严重的土地问题，查阅了 1930 年以后多次向土地与产权法庭提交的 200 多个案例，试图揭示出萨摩亚在走向西方民主化的道路上所遇到的阻碍，产生这一问题的直接原因是殖民主义时期德国、新西兰带有怀柔色彩的土地管理制度。成立于 1903 年的土地与产权法庭表面上允许萨摩亚人根据萨摩亚原则和平解决土地和酋长所有权争端，实际上当时的新西兰行政长官索尔夫打算逐步建立合法化的土地管理体制，但是萨摩亚人片面地理解了这一措施，并且坚持传统和习俗是政府合法化的唯一基础。萨摩亚人和他们的殖民行政人员在理解和接受彼此的权威观念方面所遇到的困难和挫折，根本上是由于两种制度的长期影响所呈现的现实之间的冲突，而且这种

[①] Meleisea Leasiolagi Malama Meleisea, "Authority of the Matai Sa'o in Contemporary Samoa: At Home and Abroad," *The Journal of Samoan Studies*, Vol. 8, 2018, pp.60-63.

冲突一直影响着萨摩亚的社会生活。①

2005年，科尔夫·克里格（Coerw Krugr）出版了《太平洋岛国世界民主转型：对基里巴斯、巴布亚新几内亚和萨摩亚政治制度变迁的比较研究》一书。作者选择了西萨摩亚、基里巴斯和巴布亚新几内亚三个岛国，详细地描述了太平洋地区的民主化进程，并根据具体情况提出了太平洋岛国民主化的类型、年轻的太平洋岛屿民主国家在民主化进程中面临的问题与压力以及西方民主模式在太平洋岛国社会传统背景下的文化嵌入等问题。在作者看来，萨摩亚的大家庭生活传统、等级中心主义社会结构和酋长制度在波利尼西亚群岛中很具有代表性。而且，由于这一群体在外貌、语言和等级崇拜上具有广泛的相似之处，波利尼西亚可以被看作一个同质的太平洋地区。这也可能是欧洲征服者看好太平洋地区的主要原因之一。需要指出的是，作者在全球民主化兴起的大背景下探讨太平洋岛国的殖民历史及去殖民化过程，提出了后殖民民主、本土民主的概念，指出了太平洋岛国民主转型道路上的问题与阻碍。②

2007年，密歇根大学教授乔治·斯坦梅茨（George Steinmetz）出版了专著《魔鬼的手迹：德国在青岛、萨摩亚和西南非洲的殖民统治》。作者试图通过对1870~1914年德国在上述三个地方的殖民统治，揭示殖民统治社会的复杂性和社会权力的重要性。作者打破了长期以来的传统看法，即1914年之后萨摩亚处于新西兰的托管之下，而非殖民统治。德国撤离萨摩亚后，其殖民主义余孽长期存在并且呈现恶化态势。另外，作者提出了一个反思性问题，即抛开自治、托管这样的符号性话语，殖民政府实际上也是一种国家类型，殖民地民众跨越种族文化边界所形成的身份认同和文化认同，同样适用于美、英、法等现代殖民帝国。③

① Malama Meieisea, *The Making of Modern Samoa, Traditional Authority and Colonial Administration in the History of Western Samoa*, Institute of Pacific Studies of the University of the South Paciic, Suva, Fiji, 1987.
② Coerw Krugr, *Transformation zur Demokratie in der paziischen Inselwelt, Eine Vergleicnsstudie des politischen Systemwechsels in Kiribati, Papua-Neuguinea und Samoa*, Marburg: Thctum Verlag, 2005.
③ George Steinmetz, *The Deil's Handwriting, Precoloniality and the German Colonial State in Qingdao, Samoa, and Southwest Africa*, Chicago and London: The University of Chicago Press, 2007.

2008 年，中国社会科学院王华教授出版了其博士学位论文《萨摩亚争端与大国外交：1871–1900》，这是国内较早对太平洋岛国进行专题研究的著作，也是迄今国内研究萨摩亚的高水平学术著作。作者以 19 世纪后半期美、英、德大国对外政策和殖民关系的演进为背景，以萨摩亚问题上的大国外交和萨摩亚的殖民化为双主线，勾勒了萨摩亚争端的完整历史过程，探讨了围绕此问题大国间关系发展演变的原因、特点以及国际政治总体发展态势的影响。尤其是作者提出了近代殖民扩张具有双重外交作用，并就殖民文化等问题做了理论阐释。①

2009 年，奥克兰大学的克拉尼（Cluny）和拉瓦莎·麦克弗森（La'avasa Macpherson）出版了《变革的暖风：当代萨摩亚的全球化》一书。书中陈述了萨摩亚独立 40 余年来在生活方式和世界观方面的改变，讨论了产生这些变化的力量。作者认为，全球经济对萨摩亚主要经济作物市场、萨摩亚经济作物对劳动力的需求、海外亲属的经济资助水平等有直接影响，而这背后的推手则是萨摩亚人意识形态、思想观念和人员流动的变革。但是，萨摩亚现状并非太平洋岛国所独有的。那么，与其他国家相比，萨摩亚独特的转型动态因素究竟是什么，作者并没有明确回答出来。对于萨摩亚社会中固守的传统文化习俗与变革之间的抑制与退让，作者亦没有明确地阐释。②

2012 年，伊拉娜·格森（Ilana Gershon）在康奈尔大学出版了《没有一个家庭是一座孤岛：海外萨摩亚人的文化专长》一书。作者研究了与美国和新西兰的萨摩亚移民相关的文化和非文化概念。作者认为，海外萨摩亚人在经年累月地与所在国社区、政府机关等打交道过程中，对于萨摩亚文化形成了一种自我认识，他们在宗教仪式、各种聚会、申请社会福利中会遇到他们所定义的文化分歧。作者在田野调查中重点考察了三个方面的问题：萨摩亚仪式交流、基督教教派之间的皈依问题以及萨摩亚移民与政府官员之间的互动，进而追溯了文化和非文化之间的互动为海外萨摩亚人带来的困境。③该

---

① 王华：《萨摩亚争端与大国外交：1871–1900》，北京：中国社会科学出版社，2008 年。
② Cluny, La'avasa Macpherson, *The Warm Winds of Change: Globalisation and Contemporary*, Auckland: Auckland University Press, 2009.
③ Ilana Gershon, *No Family Is an Island, Cultural Expertise among Samoans in Diaspora*, Ithaca and London: Cornell University Press, 2012.

著作在研究方法、研究问题上采用了大量文献资料，尤其是当地萨摩亚社会组织提交的福利申报书等，其在研究时间、资料运用方面均达到了惊人的程度。

2020年，马特·汤姆林森（Matt Tomlinson）出版了《上帝是萨摩亚人，太平洋地区文化与宗教的对话》一书。作者认为，虽然基督教是西方殖民统治的主要精神力量，对太平洋岛屿社会和文化也确实产生了一些不利影响，但基督教已经在大洋洲扎根，并成为许多岛屿居民生活的重要组成部分。它表明了太平洋岛民在这一进程中具有能动作用，而不仅仅是全球基督教化计划的被动受害者。岛民们也通过挪用基督教及其神学和机构来达到他们自己的目的。在这个过程中，基督教逐渐本地化，并与太平洋岛屿的文化和世界观融合在一起。因此，作者认为，神学也可以同人类学、历史学、政治学、经济学以及其他此类学科一样成为太平洋岛屿研究的核心。①

同年，美国加州大学职业心理学院博士法阿法菲塔伊·法阿林瓦（Faafetai Faaleava）以《在美萨摩亚人的殖民心态》一文完成了毕业论文答辩。作者选取了10位年龄在18~60岁的在美萨摩亚人样本，包括高中生、酋长、萨摩亚部长、美属萨摩亚人、萨摩亚人以及跨性别者（fafafafine）、混血儿（afatasi）等。通过向被采访者发放问卷、谈话等半结构化访谈，相继讨论了萨摩亚文化定义、萨摩亚人在美国的文化参与、萨摩亚人的身份认同、萨摩亚人对殖民主义的态度等问题。作者认为，殖民主义心态已经影响到在美萨摩亚人的身份认同，让萨摩亚人产生自卑心理。同时，不可否认的是，"传教士的到来对萨摩亚和美属萨摩亚大有裨益，为萨摩亚打开了通往西方文明的大门"。② 与伊拉娜·格森的著作相似，法阿林瓦博士采用了心理学试验方式，但其样本纳不够广泛，而且受访者多有文化背景，相应地也就降低了其结论的可靠性。

另外，关于这一研究问题的相关论文主要有：《帝国中的公民身份：美属

---

① Matt Tomlinson, *God Is Samoan, Dialogues between Culture and Theology in the Pacific*, Honolulu: University of Hawai'i Press, 2020.
② Faafetai Faaleava, "Identifying Colonial Mentality among Samoans in America," California School of Professional Psychology Alliant International University, San Francisco in Partial Fulfillment of the Requirements for the Degree of Doctor of Psychology, 2020.

萨摩亚美国公民身份的法律史，1899~1960年》①《萨摩亚妇女的反抗：德国－萨摩亚人的种族、异族婚姻和帝国等级制度》②《跨国萨摩亚酋长：关于萨摩亚式酋长体系的观点》③。需要指出的是，上述论述对于萨摩亚种族、文化、婚姻等研究本身带有明显的他者眼光。④

3. 以暴力、冲突为主题，关注女性权利问题

萨摩亚是一个男性主导的社会，女性、儿童遭受家庭暴力的情况时常发生。这些研究有的从直接暴力、结构性暴力、文化暴力等角度进行分层，有的主要关注家庭暴力问题。而在所有的研究成果中，普遍涉及女性遭受暴力问题。

2018年，英国帕尔格雷夫·麦克米伦出版社（Palgrave Macmillan）出版了由卡罗琳·布里斯（Caroline Blyth）、艾米丽·科尔根（Emily Colgan）、凯蒂·B.爱德华兹（Katie B. Edwards）编辑的论文集《从跨学科视角看强奸文化、性别暴力与宗教》。全书共收入了11篇文章，多篇为综论性文章，其中位于全书之首的《一切源于夏娃：萨摩亚妇女对性别暴力的态度》一文尤为显眼。作者认为，正是基督教教义中把女性塑造为男性的帮手，居于从属地位，才导致萨摩亚女性遭受家庭欺凌、承担过多家庭劳动，基督教为男性暴力、强奸提供了借口。⑤

《从暴力中获得自由：一个萨摩亚人解决国内或家庭暴力的视角》⑥系新西兰奥塔哥大学太平洋和土著研究院迈克尔·福西·利加利加（Michael Fusi

---

① Ross Dardani, "Citizenship in Empire:The Legal History of U.S. Citizenship in American Samoa, 1899-1960," *American Journal of Legal History*, Vol.60, 2020, pp.311-356.
② "The Samoan Women's Revolt:Race, Intermarriage and Imperial Hierarchy in German Samoa," *German History*, Vol.35, 2017, pp.206-228.
③ Melani Anae, FalanikoTominiko,Vavao Fetui, IetiLima, "Transnational Samoan Chiefs: Views of the Fa'amatai (Chiefly System)," *The Journal of Samoan Studies*, Vol.7, No.1, 2017, pp.38-50.
④ Milford Galleries, Dunedin, Yuki Kihara, "A Study of a Samoan Savage," New Zealand, 29August-23 September, 2015.
⑤ Caroline Blyth, Emily Colgan, Katie B. Edwards, eds., *Rape Culture, Gender Violence, and Religion: Interdisciplinary Perspectives*, London: Palgrave Macmillan,2018.
⑥ Michael Fusi Ligaliga, "Freedom from Violence: A Samoan Perspective on Addressing Domestic or Family Violence," The Palgrave Handbook of Positive Peace, 2021, https://doi.org/10.1007/978-981-15-3877-3_31-1.

Ligaliga）的博士学位论文。文中揭示了暴力的不同面貌，从最脆弱个体的"无形"苦难到冲突中显而易见的悲剧等都充斥着暴力的影子。作者主要借用了暴力存在的三种类型即直接暴力、文化暴力、结构性暴力来折射出暴力背后的制度和文化问题。

2006年，世界卫生组织在包括萨摩亚在内的10个国家15个地点做了一项调研，并且形成《亲密伴侣暴力的流行性：世卫组织关于妇女健康和家庭暴力的多国研究调查结果》，其中在萨摩亚抽取了1204名妇女，调查显示，曾经遭遇身体暴力的达40.5%，遭遇性暴力的达19.5%，两者都遭遇者达到46.1%。[1]

另外，涉及暴力行为的论文还有《被殴：西萨摩亚和新西兰-西萨摩亚妇女对家庭暴力的反应》[2]《研究简报：萨摩亚对妇女的暴力行为》[3]《萨摩亚公共神学对家庭暴力的回应》[4]《萨摩亚的妇女、文化和政治参与》[5]《萨摩亚妇女领导的未来》[6] 等。《美属萨摩亚与夏威夷的萨摩亚青少年：青年暴力和青年发展指标的比较研究》[7] 一文，比较了两组青少年在暴力、药物使用、平均绩点、学业抱负等方面的自我报告，结果表明，夏威夷萨摩亚青少年与药物使用指标（酒精和大麻）有关，美属萨摩亚青少年与宗教（特别是对女孩）、种族认同和家庭支持有关。

---

[1] Claudia Garcia-Moreno, Henrica AFM Jansen, Mary Ellsberg, Lori Heise, Charlotte H. Watts, "Prevalence of Intimate Partner Violence:Findings from the WHO Multi-country Study on Women's Health and Domestic Violence," *Lancet*, Vol.368, 2006, pp.1260-1269.

[2] Jo Cribb, "Being Bashed: Western Samoan Women's Responses to Domestic Violence in Western Samoa and New Zealand, Gender," *Place and Culture*, Vol. 6, No. 1,1999, pp. 49–65.

[3] Ramona Boodoosingh, Melanie Beres, David Tombs, "Research Briefing:Violence against Women in Samoa," *Women's Studies Journal*, Vol.321/2, 2018, pp.33-56.

[4] Mercy Ah Siu-Maliko, "A Public Theology Response to Domestic Violence in Samoa," *International Journal of Public Theology*, Vol. 10, 2016, pp.54-67.

[5] Penelope Schoeffel, Measina Meredith, Ruta Fiti-Sinclair, "Women, Culture and Political Participation in Sāmoa," *The Journal of Samoan Studies*, Vol.7, No. 3, 2017, pp.5-19.

[6] Silia Pa'usisi Finau, "The Future of Women's Leadership in Samoa," *The Journal of Samoan Studies*, Vol.11, No. 2, 2021,pp.96-109.

[7] Pavela A. Fiaui, Earl S. Hishinuma, "Samoan Adolescents in American Samoa and Hawai'i: Comparison of Youth Violence an Youth Development Indicators," *Aggression and Violent Behavior*, Vol.14, 2009, pp.478-487.

4. 以医学、体育运动学、地理环境等为视角的跨学科研究

自 1830 年基督教进入萨摩亚，萨摩亚经历了 100 余年的殖民统治。英、德、新先后在萨摩亚留下殖民烙印。随着学术界对萨摩亚研究的不断深入，专题性研究也逐渐丰富起来。需要特别指出的是，殖民主义不仅表现在政治秩序、经济掠夺方面，还表现在文化渗透和民族认同上。近年来，欧美学者就把疾病、体育运动、犯罪、暴力等现状与殖民主义结合起来，诞生了一些有影响力的作品。

杰西卡·哈丁（Jessica Hardin）是一位医学人类学家。她是太平洋大学的助理教授，还曾在萨摩亚国立大学任教。2018 年，她出版了《信仰与健康追求：萨摩亚的心脏代谢疾病》一书。作者认为，从 20 世纪中叶始，太平洋大部分地区的雇佣劳动和城市化促使饮食发生变化，传统的岛屿食品，如新鲜鱼肉和当地水果、蔬菜逐渐被大米、糖、面粉、罐头、肉类等更便宜的进口食品取代，由此引发的后果是肥胖率提升及相关代谢疾病（2 型糖尿病、高血压和心脏病）的发病率不断上升。针对萨摩亚人的身体健康状况，作者走访萨摩亚教会，试图将医学人类学和宗教人类学领域结合起来，通过宗教信仰改善健康状况。[1]

2019 年，本杰明·萨克斯（Benjamin Sacks）在帕尔格雷夫·麦克米伦出版社出版了《板球，Kirikiti 与帝国主义在萨摩亚，1879~1939》一书。该书作者对板球运动随着帝国主义势力进入萨摩亚后及其在萨摩亚的传播、规则改变的过程进行了详细考述，进而追踪岛屿殖民权力性质的历史变化和不平衡点，试图说明板球实际上成了帝国主义削弱萨摩亚民族性的工具，同时萨摩亚人民也利用这项体育运动达成群体认同和民族认同，并且在英国、美国、德国、新西兰几个殖民国家之间聪明地运用这一殖民工具进行抗争。为了突出表达这种抗争意识，作者有意在题目中运用了萨摩亚语 Kirikiti（板球）。尤其需要指出的是，作者并未把美属萨摩亚和萨摩亚区分开来，而是把它们作为一个整体进行叙述。[2]

---

[1] Jessica Hardin, *Faith and the Pursuit of Health: Cardiometabolic Disorders in Samoa*, New Brunswick, Camden, Newark, New Jersey, and London: Rutgers University Press, 2018.

[2] Benjamin Sacks, *Cricket, Kirikiti and Imperialism in Samoa, 1879-1939*, London：Palgrave Macmillan, 2019.

另外，关于这一研究问题的相关论文主要有：《体育史注脚：萨摩亚 20 年的板球、冲突与竞赛（1880~1900）》①《精神女孩和海军陆战队：萨摩亚的附身与民族精神病学》②《萨摩亚的肥胖症：文化、历史与饮食习惯》③。

5. 带有工具书特点的著述

受一些旅游集团委托或出于个人爱好，把萨摩亚自然地理、风土人情、饮食文化、交通状况事无巨细地描述出来是这类出版物的共同特点。无心插柳柳成荫，作者在撰写旅游指南的同时，将萨摩亚风俗、文化融入其中，使得这类工具书无形中带上了民族志的影子，也更具吸引力。

1990 年，孤独星球杂志社推出了由三位热爱旅游的人士共同撰写完成的《萨摩亚群岛》一书，作者中有一位为旅游开发专业硕士。该书并非单纯的旅游指南，而是率先介绍了萨摩亚的历史、欧洲殖民者的到来、基督教的传播以及美德分治过程。另外，该书的吸引力不仅在于其对萨摩亚自然风光的细致讲述，还在于其对萨摩亚人文环境的介绍，例如对家庭结构、宗教信仰、丧葬特点、文身艺术、卡瓦酒的制作与仪式等的描述。作为一本旅游指南，该书对于上述内容只是点到为止。或者说，对于游客来讲，其旅游攻略足够丰富，但对于爱好萨摩亚历史文化的人士来讲，他们对其内容并不满足。另外值得一提的是，该书抛开政治界域，从历史、地理与文化视角出发，把美属萨摩亚和萨摩亚放在一起，保证了萨摩亚群岛的完整性。④

同样讲解南太平洋群岛旅游指南的还有 1997 年在德国出版的《实用旅行指南，南海：塔希提岛、汤加岛、库克群岛、萨摩亚岛、斐济、纽埃岛》一书。该书按照从东至西的地理位置和历史、文化、经济、政治、社会五个方面对上述岛国逐一介绍。同样，该书亦将美属萨摩亚和萨摩亚作为一个整

---

① Benjamin Sacks, "A Footnote to Sport History: Twenty Years of Cricket, Conflict and Contestation in Samoa, 1880-1900," *The International Journal of the History Sport*, Vol.34, Iss. 14, 2017.
② Jeannette Marie Mageo, "Spirit Girls and Marines:Possession and Ethnopsychiatry as Historical Discourse in Samoa," *American Ethnologist*, Vol.23,No. 1, 1996, pp.61-82.
③ Viali Lameko, "Obesity in Samoa: Culture, History and Dietary Practices," *The Journal of Samoan Studies*, Vol.10, 2010, pp.25-39.
④ Michelle Bennett, Dorinda Talbot, Deanna Swaney, *Samoan Islands*, Melbourne, Oakland, London, Paris: Lonely Pannet Publications, 1990.

体进行介绍，满足了读者需求。但限于篇幅，对于历史文化方面的介绍仍有蜻蜓点水之感。①

二 萨摩亚民族志撰写的主要特点

人类学是西方学术分科中诞生相对较晚的一个分支学科。确切地说，这一学科的诞生与地理大发现、殖民主义兴起、工业文明的到来以及欧洲中心论有密切关系。其将关注焦点定为遥远的异邦这一理念基础就决定了萨摩亚成为欧美人类学家的研究重点。因此，百余年来，从民族志撰写视角对萨摩亚进行研究的成果颇为丰富。而这些成果也从侧面反映了民族志的撰写经过了由业余向专业、由游记体验向理论突破的进步过程。在此，萨摩亚的民族志撰写大致可以概括为如下几个特点。

（一）从时序性、综合叙述向专题研究过渡

百余年来，关于萨摩亚的研究可谓丰富而全面，在研究体例上也逐渐由以时间为轴的纵向时序性评述转向以专题为主的纵深研究。早期研究多以萨摩亚历史沿革为轴，通过对酋长制运作模式、文化风俗、生活习惯等的描述，揭示出萨摩亚保持传统文化、维护社会长治久安的原因。近年来，学术界通过对萨摩亚深层次的观察，逐渐意识到萨摩亚社会的内部变化，并将研究主题更加细化，例如宗教信仰与女性地位、体育运动与殖民主义统治以及海外萨摩亚人的心理特点等。这些研究仿佛将平静的萨摩亚撕开了一道口子，让人们看到了萨摩亚社会中存在的问题。

众多作者中，不乏文学家、历史学家。出于兴趣爱好或者职业训练，他们的著述带有明显的学科特点。历史学工作者习惯于追述萨摩亚历史，从神话传说到欧洲传教士的到来，从美德分治到新西兰托管，从去殖民化到融入全球一体化，历史学家们对萨摩亚大约3000年的历史进行了较为详细的叙

---

① Marianne, Ulrich Weissbach, *Sudee:Das Praktische Reisehandbuch mit Insider-Tips Fur Tahiti, Tonga, DPie Cook-Inseln, Samoa, Fidschi und Niue*, Uber 240 Seiten Service-Teil, Munchen: Pacifica-Verl, 1997.

述。但由于萨摩亚有文字记载的历史不足 200 年，因此关于欧洲传教士抵达之前的历史，大多较为简略。对于异族文化的喜爱、描述不仅是人类学家的专利，一些传教士、公派职员等也出版了有关萨摩亚传统文化、风土人情方面的著述，这些著作大都限于描述事实，缺乏人类学田野考察的理论基础，没有得出具有普遍性的结论，但这些著作给远离萨摩亚的人们提供了丰富的异国体验，是萨摩亚著述和研究中趣味性最强的内容。

（二）从注重个体体验到对整个社会结构的探察

萨摩亚是一个微型欠发达国家，但也是一个高度国际化的国家，这个国家虽然深处太平洋中心，但从未真正离开美澳等大国视线，也从未将自己封闭起来。百余年来，许多人通过殖民统治、传教士活动、跨国婚姻、雇佣劳动力、经贸往来、学术研究等渠道，在萨摩亚定居。这些人中不乏萨摩亚文化的热爱者，他们将自身经历叙述出来，构成了早期萨摩亚民族志的部分内容。随着人类学家的不断介入，学界对于萨摩亚的研究也逐渐向纵深发展。一些人类学家进入萨摩亚，从事长达半年以上的田野调查，他们深入村庄、教堂、家庭、学校等，与当地人同吃同住，参加酋长会议、教堂聚会、婚丧嫁娶等活动，通过对上述事实事无巨细的描述，揭示出萨摩亚基层社会运作的普遍模式，对萨摩亚的研究更加深入。

（三）脱离政治语境，把美属萨摩亚与萨摩亚合并论述

1899 年，英、德、美三国签订协议，美德双方以西经 171°为分界线，美国占领西经 171°以东（美属萨摩亚，习惯上称为东萨），德国占领西经 171°以西（西萨摩亚），双方以承认英国在太平洋上的其他岛屿的权力作为补偿而将萨摩亚分割成两部分。1900 年 3 月 1 日，德国在穆里努乌（Mulinuu）升起了国旗，美国则大张旗鼓地建设帕果帕果港。自此，美属萨摩亚并入美国领土，成为美国在太平洋上的军事基地之一，岛上居民享有美国国民待遇。①

---

① 美属萨摩亚人民可以享受美国居民待遇，但没有选举权。美国政府同时规定，服兵役 6 个月以上或者在美国本土生活三年以上可以获得美国公民资格。为此，服兵役或者到美国本土就业的美属萨摩亚人数较多。

西萨摩亚经历了德国统治和新西兰托管之后，于 1962 年宣布独立，定名为西萨摩亚独立国，1997 年更名为萨摩亚独立国。如今，美属萨摩亚与萨摩亚已经分离 100 余年，一个属于当今最为先进的经济和军事大国，一个刚刚从联合国贫困国家行列"毕业"，但在涉及萨摩亚基层治理、传统文化、宗教信仰、风俗习惯等问题探讨时，学界总是习惯于将两者合在一起论述。这并非出于朴素的民族感情，而是出于民族志撰写需求。在学者们看来，两者同祖同源，有着共同的历史、文化、语言和风俗习惯。抛开政治原因，二者还有割舍不断的相似之处。而且，将两者放在一起论述，可较容易寻求双方的细微差别，使研究保持一体性、全面性和专业性。

（四）研究领域逐渐拓宽，弱势群体受到重视

百余年来萨摩亚研究大概经历了三个阶段。第一个阶段是 1870 年至 1962 年，这一时期主要关注萨摩亚整体社会运行、萨摩亚酋长式管理与西方殖民统治之间的对抗与融合、基督教在萨摩亚的传播过程等；第二个阶段自 1962 年萨摩亚独立至 1997 年易名，这一阶段主要探讨萨摩亚去殖民化过程、宗教在萨摩亚社会结构中的地位与作用；第三个阶段自 1997 年至今，这一时期除了关注受全球经济一体化影响的萨摩亚社会内部的潜在变化，还关注萨摩亚在区域政治及国际舞台中的作用。受社会学碎片化现象影响，萨摩亚研究选题逐渐向纵深发展，研究者们开始关注弱势群体，疾病、暴力、贫困群体进入研究者视野，尤其是涉及女性社会地位与家庭暴力问题的成果较多。

三 对目前我国学界关于太平洋岛国研究的若干建议

萨摩亚是神秘的，关于萨摩亚历史文化、风土人情的探寻和民族志撰写，百余年来从未停止过。研究成果丰富多样，研究内容深入细致。只是非常遗憾的是，迄今为止，中国尚未有一本真正意义上的萨摩亚民族志著述，也鲜有专题性强的经典著述，这不仅是中国学界的萨摩亚研究之痛，也是整个太平洋岛国研究之痛。对于中国学者来讲，短时期内很难超越国外学者。在太平洋岛国民族志撰写与研究方面，中国学者可做如下工作。

(一）翻译工作

尽管本文对萨摩亚研究做了一些综述工作，但萨摩亚并非太平洋岛国个例，南太平洋现有 27 个国家和地区，均曾在美、英、法、澳、新等国控制之下，迄今仍有美、法等自由联系国或者托管地。对于这些国家和地区，国外研究成果十分丰富，在目前国内研究刚刚起步、尚缺乏系列权威性著述之际，可以进行系列翻译工作，可分为政治体制、宗教信仰、文化习俗等系列。

（二）国别与专题相结合，撰写一批著作

目前，国内成系列的著述仅有聊城大学太平洋岛国研究中心出版的新版"列国志"太平洋岛国系列以及《太平洋岛国邮票钱币史》、《太平洋岛国旅游史》、《太平洋岛国研究》辑刊，另有中山大学《大洋洲研究通讯》、安徽大学《大洋洲文学研究》等，结构尚不完整成体系。接下来可对各国政治形态、宗教信仰、乡村治理、民风民俗、女性权益等问题进行研究。

（三）把太平洋岛国作为一个整体进行研究

太平洋地区有 1 万多个岛屿，岛众人稀，但现存国家和地区绝不是孤立的。它们在政治历史、文化教育、宗教信仰、风俗习惯等方面有诸多相似之处。接下来可把太平洋地区作为一个整体开展系列研究，可选取太平洋岛国政治史、文化史、环境史、宗教史、体育史、医疗卫生史等为主要内容。

（四）开展实地调研，撰写当代太平洋岛国系列民族志著作

相较于澳、新、美等国学界，中国学界人类学研究尚属于起步阶段，太平洋岛国又距中国万里之遥，尚没有完全被纳入中国学者的学术视野中。而且，尽管各岛国通用语言为英语，但均有其本民族语言，如要切实进入田野，做出像样的民族志，可以说困难重重。但"一带一路"倡议提出以来，太平洋岛国已经成为南线重要地区，从服务国家战略出发，亟须对该地区进行扎实有效的田野调查，力争撰写出当代太平洋岛国系列民族志著述。

（五）太平洋岛国与区域政治一体化、全球一体化之关系研究

随着太平洋岛国去殖民化的初步完成，该地区越来越联结为一个整体。各国通过环境问题、海洋治理等敏感问题抱团取暖，在国际舞台上争取更多话语权。同时，它们又十分娴熟地在大国之间的掣肘中为自己发声，博得国际社会的同情与支持，并且寻找发展机会。把太平洋岛国纳入国际研究视野是现实问题，也是未来需要。值得高兴的是，与其他领域的太平洋岛国研究相比，国内学术界在气候变化、海洋治理、大国争端等方面的论述已有部分成果，但仍需加大研究力度，与国际学术界接轨，产生在国际上有影响力的作品。

结 语

百余年来，萨摩亚的民族志撰写概况可以折射出整个太平洋岛国的民族志撰写甚至研究情况。与美、澳、新等国对太平洋岛国的研究相比，中国学界尚处于起步阶段。人类学研究视角所推崇的扎根理论和实地调研，也考验着每一位从事太平洋岛国研究的中国学者。相较于其他太平洋岛国，目前中国学界对萨摩亚的撰述较为丰富，但仍不足，缺乏长期实践和细致观察，语言屏障更加大了这一研究的难度。现阶段，萨摩亚语仍是萨摩亚民众的主要交流语言。文中提及的部分美、澳、新作者有在萨摩亚生活的经历，这在日后的民族志调研与撰写方面就具有了得天独厚的条件。然而，目前中国学者参阅的萨摩亚资料均为英文资料。这些资料中有的为一手资料，有的则是从萨摩亚语翻译而来的二手资料。摒弃宏大叙事，扎根萨摩亚民间生活，撰写出萨摩亚民族志是一条遥远的艰难之路，但也是中国学者撰写萨摩亚民族志的必经之路。

萨摩亚人的毛发文化与现代性变革*
——基于文化隐喻的阐释

倪 凯 齐 逸**

摘 要： 萨摩亚人是波利尼西亚人的一个分支，特殊的地理位置和环境造就了萨摩亚人独特的毛发文化。毛发作为人身体的重要组成部分在很多文化中都具有性和生殖力的隐喻意义，仪式性理发往往表达为性压抑，由此毛发文化往往隐喻文化中的伦理和权力秩序。萨摩亚人的毛发文化也具有性与伦理秩序的隐喻意义。随着基督教的传入，萨摩亚人的毛发文化逐渐失去了原有的隐喻意义，研究萨摩亚的毛发文化，能够从一个小的方面折射出萨摩亚人的现代性变革。

关键词： 萨摩亚人 毛发文化 文化隐喻 法力 图塔吉塔

萨摩亚人分布在南太平洋地区，主要居住在西萨摩亚、东萨摩亚、新西兰以及斐济等国。萨摩亚人拥有悠久的历史，早在约 3000 年前就有人在萨摩亚群岛定居。萨摩亚的历史时期可分为前接触时期（pre-contact）与西方殖民化时期两个时间段。由于地处南太平洋的小岛屿上，萨摩亚与大陆文明接触较少。直到 19 世纪，萨摩亚的社会形态依然是较为原始的以血缘和家族为纽带的村社土地所有制社会。19 世纪欧洲人开始大批登陆萨摩亚，并对萨摩亚进行了殖民和传教活动。基督教传入萨摩亚后深刻改变了萨摩亚人

---

* 本文系国家社科基金一般项目"太平洋岛国非殖民化研究"（19BSS044）的阶段性成果、山东省高等学校"青年团队计划"——太平洋岛国青年创新研究团队（"一带一路"倡议与太平洋岛国气候外交研究）的阶段性成果。

** 倪凯，聊城大学太平洋岛国研究中心研究员、副教授，主要研究方向为太平洋岛国文化史、世界城市史、史学史与史学理论；齐逸，鲁东大学历史文化学院硕士研究生，主要研究方向为太平洋岛国文化史、世界古代中世纪史。

的原始信仰，并影响了以原始信仰为基础的宗教礼仪与社会风俗。① 在萨摩亚的传统文化中，发型、发饰具有明显的象征意义与文化内涵。萨摩亚人的毛发往往被染成鲜艳的红色，这在现代萨摩亚人的生活中依然是最具民族特色的文化符号。在萨摩亚传统文化中，毛发作为一种身份地位与性别区分的外显，具有很强的规则性与特定的文化意义。与西方文明接触后，那种神秘的禁忌的力量表现逐渐转向审美与生活。研究萨摩亚人的发型、发饰变化能够看到萨摩亚由传统走向现代过程中的权力关系与生活习惯的转变。

一 毛发文化的象征意义概览

服饰与发饰是文化中最鲜明的外在表现，人们很容易通过服饰与发饰分辨出不同的文化群体。在等级社会，不同文化群体的服饰和发饰除了具有一定的审美功能外，还往往体现人的身份与地位，具有很强的隐喻意义。乔治·莱考夫与马克·约翰逊在《我们赖以生存的隐喻》中指出，日常生活中隐喻无所不在，我们的思想和行为所依据的概念系统本身是以隐喻为基础的。隐喻的本质就是通过另一种事物来体验和理解当前的事物。② 隐喻是人类通过意义理解世界的机制，人类社会发展过程中产生的任何文化现象都有其深刻的隐喻意义，最简单的隐喻关系是通过物与物的比较关系实现的，历史现象中的很多隐喻关系是通过意义以及故事的关联性实现的。E. R. 利奇（E. R. Leach）认为人类公共行为（礼仪）也是一种符号，有其内在的隐喻（象征）意义，例如两个人见面握手，其内在隐含着尊重与平等的意义。③ 当

---

① Robert Mackenzie Watson, *History of Samoa*, London: Whitcombe and Tombs, Ltd., 1918, pp.17-38; Ian C. Campbell, *Worlds Apart: A History of the Pacific Island*, Canterbury: Canterbury University Press, 2011, pp.13-28;〔英〕爱德华·泰勒:《原始文化》，连树生译，上海：上海文艺出版社，1992 年，第 78 页；倪学德编著《萨摩亚》，北京：社会科学文献出版社，2015 年，第 24 页；石莹丽:《萨摩亚的历史与现实》，北京：中国社会科学出版社，2019 年，第 15~35 页。
②〔美〕乔治·莱考夫、〔美〕马克·约翰逊:《我们赖以生存的隐喻》，何文忠译，杭州：浙江大学出版社，2015 年，第 1~4 页。
③ E. R. Leach, "Magical Hair," *The Journal of the Royal Anthropological Institute of Great Britain and Ireland*, Vol. 88, No. 2, 1958, pp.147-164.

然私人的语言与行为习惯也具有隐喻意义，它不具有社会普遍性，但这种独特性受到社会意义系统的制约。弗洛伊德的《达·芬奇及其童年的回忆》开创了心理史学研究，在这本书中弗洛伊德分析了达·芬奇童年的秃鹫幻想，将秃鹫与母亲联系起来，并且联想到古埃及人将秃鹫作为母亲的象征，以及希腊罗马文化中雌雄同体的母神形象，探讨了达·芬奇产生这种隐含的性幻想的原因。① 这实际上采用了文化隐喻的方式建立了一种历史叙事。

毛发作为人身体的重要组成部分，在很多文化中都有象征意义。精神分析学家查尔斯·伯格（Charles Berg）博士根据临床资料得出结论，头发普遍是生殖器官的象征，剪发和剃须可以理解为"阉割"。② 根据人类学家的研究，在大多数社会中毛发文化总是跟仪式有关。仪式中存在大量的符号和象征行为，虽然每个社会的参与者对所涉及的符号无法给出明确的解释，但是符号的象征意义具有共通性。例如，黑色、白色、红色是仪式中最常用的颜色，黑色通常象征着泥土或雨云，白色代表牛奶或精液，红色代表血。符号象征意义的产生有两种深层次的路径，首先符号所隐含的意义与潜意识的运作机制有关，潜意识的运作机制被假定为在每种文化中，潜意识的运作被认为是相似的，更确切地说，与性冲动的压抑与升华（高尚化）有关；其次，鉴于所有社会对生存、物质环境的性质、生育、性别的社会作用、青春与年龄、秩序与无序等相似的基本概念的共同关注，会出现能够确切地表达这些基本概念的特定符号和象征行为。③ 由于自然环境与社会传统的差异，每种文化都有自己的意义系统，生活在共同文化中的人能够互相理解。相同的符号和象征行为在不同的文化中会表现出差异性。

毛发文化的外显主要通过发型与发饰展现出来，理发是仪式行为中极为普遍的特征。哀悼是头发最常见的仪式隐喻之一。泰勒将仪式性剪发同放血和切断手指关节一起归为仪式性切割，他避免提及割礼，因为后者是一种仪式性残割。这种仪式性残割广泛分布于世界各地的原始文化中，这种行为是

---

① 〔奥〕弗洛伊德：《达·芬奇及其童年的回忆》，张杰等译，上海：上海文化出版社，2006年，第27~97页。
② E. R. Leach, "Magical Hair," *The Journal of the Royal Anthropological Institute of Great Britain and Ireland*, Vol. 88, No. 2, 1958, pp.147-164.
③ C. R. Hallpike, "Social Hair," *Man*, New Series, Vol. 4, No. 2, 1969, pp. 256-264.

悲伤的间接象征，意在用个人牺牲强调一种更大的损失，表达失去亲人的痛苦情感。① 在原始思维中，头发经常被视为整个人的象征，这是因为他们认为头发与灵魂有关，是人精力的来源。威尔肯（Wilken）博士指出毛发文化存在两种明显对立的仪式性行为。一种是剪掉头发并且剃光头，另一种是在习俗上忽略日常生活中的头发修剪，允许头发凌乱，让胡须生长。威尔肯博士认为按仪式剪发是人类祭祀的一种替代方式，因为头部是灵魂的所在地。J. H. 赫顿在讨论那迦（Naga）部落的猎头（head-hunting）实践时，指出头发与其他阳具崇拜象征符号之间存在明确但间接的联系。他认为取头仪式、竖立的石头、木制的阴茎象征物具有共同的魔法目的，那就是确保作物的丰产与孕育。这种生育力来源于死者的灵魂。②

人类学家讨论的灵魂实质与精神分析学家所讲的"力比多"都指向人的头发跟性欲之间存在象征关系。根据民族志，在仪式中长发通常等于无拘无束的性欲，短发或部分剃光头或紧束头发象征着限制性行为，而剃光头则意味着独身。头发象征着人的性欲与精力，理发则象征着人本身欲望的阉割与约束，留长发则表明自己不受这种约束。C. R. 霍尔皮克（C. R. Hallpike）认为长发与脱离社会有关，剪头发象征着重新进入社会，或生活在社会内部的特定纪律制度下。吉本在《罗马帝国衰亡史》中论及禁欲主义与留长发之间的关联。他写道"僧侣分为两类，住院修士（Coenobites）生活在共同和规范的纪律下；隐修士（Anachorets）执着于非社会性的自主盲信，最虔诚最热情的弟兄放弃了修道院生活……他们身披长发、衣不蔽体，过着粗鲁野蛮的生活……"③

世界各地的文化中都有关于留长发与剃光头的隐喻，在佛教文化中，僧侣会剃光头发来表明自己已了断七情六欲。古埃及第 18 王朝、第 19 王朝的

---

① Lewis Mumford, "Speculations on Prehistory," *The American Scholar*, Vol. 36, No. 1 Winter, 1966-1967, pp.43-53; C. R. Hallpike, "Social Hair," *Man*, New Series, Vol. 4, No. 2, 1969, pp. 256-264.

② E. R. Leach, "Magical Hair," *The Journal of the Royal Anthropological Institute of Great Britain and Ireland*, Vol. 88, No. 2, 1958, pp.147-164; C. Ernest, *Revival: The Mystic Rose (1960): A Study of Primative Marriage and of Primitive Thought in Its Bearing on Marriage*, London: Taylor and Francis, 1927, p.275.

③ C. R. Hallpike, "Social Hair," *Man*, New Series, Vol. 4, No. 2, 1969, pp. 256-264.

壁画有"儿童的头被剃得光秃秃的,除了右边的一缕头发"①的场景。这是在表达儿童因为生殖器官尚未发育成熟,没有性欲。17世纪早期骑士和圆头人之间的斗争是"性欲和超我之间冲突的有趣表现",留着长发的骑士们沉迷于女人和酒,这无疑是在表达他们在放纵自己的欲望。圆头的基督教徒们剪短了头发,他们是清教徒——象征性地和精神上——他们砍掉了阴茎,将头发剪短来表明自己恪守教规教义。在特罗布里安岛居民中,哀悼的基本特征是"完全剃光头皮上的头发"。②这很有趣,因为这在某种意义上也是一种阉割——他们对死者的爱和感情在无形之中随着对方的死亡一并被阉割了。

世界上许多地区的文化主张禁欲同时又提倡生育,这在农耕社会较成熟的文明中较为明显。例如,在中国古代,儒家强调纲常伦理,主张存天理灭人欲,这无疑是在压制人的个性与欲望,但儒家经典又强调"身体发肤受之父母,不敢毁伤,孝之始也"。灭人欲与发肤受之父母之间看似矛盾,实则体现了中国古代农耕社会讲究秩序与鼓励生育之间的统一。在中国古代,儒家纲常构建了严苛的社会伦理秩序,这种伦理秩序服务于中国父系家长制和封建君主专制的社会权力体系。灭人欲意在使民众顺从,留长发则展示了古代中国浓郁的血缘观念(生育)。此外,在佛教中,普通的佛教门外汉留着长发;独身的佛教僧侣剃光头;而佛像"在着装和姿势上都像独身的僧侣,但头上覆盖着紧凑的卷发,后面有一个火焰状的圆盘。这些毛发显然是为了表示佛祖至高无上的繁殖力"。③由此可见短发与禁欲有关,而长发除了表达性自由的观念外,更重要的是象征着生育。

在一些地区头发还象征着力量,比如"现代加里曼丹岛猎人在砍下敌人的头后,会用这些头发来装饰他们的战争盾牌和他们的剑鞘。那迦猎头族同样用人类的头发装饰他们的长矛和盾牌。显然,头发本身就是一种强大的东

---

① G. Robins, "Hair and the Construction of Identity in Ancient Egypt, c. 1480-1350 B. C. ," *Journal of the American Research Center in Egypt*, Vol. 36, 1999, pp.55-69.

② C. Berg, "The Unconscious Significance of Hair," *Mental Health*, Vol. 11, No. 2, 1952, pp.21-22; E. R. Leach, "Magical Hair," *The Journal of the Royal Anthropological Institute of Great Britain and Ireland*, Vol. 88, No. 2, 1958, p.153; Robert Bartlett, "Symbolic Meanings of Hair in the Middle Ages," *Transactions of the Royal Historical Society*, Vol. 4, 1994, pp. 43-60.

③ E. R. Leach, "Magical Hair," *The Journal of the Royal Anthropological Institute of Great Britain and Ireland*, Vol. 88, No. 2, 1958, p. 159.

西"。① 同时它也是自我的有力象征，纳尔逊在胜利号上死去时，请求道："让我亲爱的汉密尔顿夫人拥有我的头发，以及所有其他属于我的东西。"② 因为它来自人的身体；此外，它是"不朽的"，因为它在人死后会依旧存在。正是头发的这种个人意志和自然物理特性赋予了它如此丰富的文化含义和强大的力量。毛发不仅具有高度的象征意义，而且在表达政治色彩方面也极其微妙：多毛的腿、未拔的眉毛和腋毛成为女权主义和平等主义思想的象征，也是反对传统和刻板印象的象征。因此，同样的生理"物品"可能象征着完全不同的东西：长腋毛既象征性别（男性），也象征意识形态（女权主义者）。③

由此可见，世界各地毛发文化的外显不尽相同，但毛发所展现的隐喻意义具有共通性。毛发文化首先通过仪式性切割隐喻性压抑与性解放，这是最深层的隐喻意义，由性压抑与性解放引申到社会权力关系与伦理秩序的建构，这是较为外显的意义。同时，头发作为人身体较为明显的标志，往往能够作为人情感表达的一种媒介，表达人们的哀伤情感。

二 前接触时期萨摩亚人毛发文化中的隐喻

通过上文的探讨，我们发现毛发文化的隐喻跟性与生殖崇拜有关，这种象征性语言同样适用于萨摩亚的毛发文化，尤其是对于萨摩亚女性的发饰来讲。在前接触时期，萨摩亚年轻女性的发型变化规则与性行为变化规则具有一致性。前接触时期萨摩亚人的发型呈现一定的规则性，据一些早期的传教士和政府官员的记载，萨摩亚的男性会留长发，而女性则以短发为主，并且发型本身能够体现出长幼与礼仪规范。1838~1845年牧师约翰·斯特尔（John Stair）居住在萨摩亚，他描述萨摩亚人的头发样式为："他们尚未皈依时，萨摩亚男性总是留着长头发，而女性则留着短头发。这些男人留着长发，要么

---

① E. R. Leach, "Magical Hair," *The Journal of the Royal Anthropological Institute of Great Britain and Ireland*, Vol. 88, No. 2, 1958, p.158.
② H. David, *The Nelson Touch*, London: Collins/Fontana, 1972, p.191.
③ A. Synnott, "Shame and Glory: A Sociology of Hair," *The British Journal of Sociology*, Vol. 38, No. 3, 1987, pp.381-413.

松散地垂在肩上，要么打成一个结，这个结被称为Fonga，按照当地的风尚，这种发结要么扎在前面，要么扎在后面，要么扎在头顶或脑袋两侧；实际上，他们有12种不同的发型，每种发型都有一个单独的名字来表示Fonga的位置。在他们看来，在长者和具有较高地位的人面前把头发扎起来会被认为是一种极大的侮辱，因此在这种情况下，扎头发的带子会被摘掉，头发可以松散地披在肩上。同辈之间也要遵守这条规矩，除非他们亲密无间。不然，忽视这一规则会被视为一种让人愤怒的挑衅行为。除了这些不同的发型，萨摩亚人还会在战场和舞会上将用真人的头发编织而成的三种假发作为额头前饰佩戴。女性有七种不同的发型，每一种都有一个名字，表示她们所戴的前饰或打理头发所用的准备材料。"①

萨摩亚毛发文化的隐喻首先是一种力量的隐喻，这种力量掺杂着原始民族的巫神信仰，萨摩亚人称这种力量为玛纳（mana），是法力的意思。法力与自然界的生命能量有关，是生殖力的代名词。法力是一种条件而不是事物，在法力用作实体的地方，似乎总是与极端政治等级制度、酋长的神圣性（东波利尼西亚）以及秘密的宗教崇拜有关。②法力在前接触时期的萨摩亚社会是一种权力构建的手段，萨摩亚人以此为基础构建了一套社会权力系统。在萨摩亚头发作为一种符号形式，总是与头混合在一起。萨摩亚语用来表示头部的词语为ulu，既可以表示头部也可以表示头发。萨摩亚人的头发被视为法力的象征。萨摩亚酋长的头发由专业的人来打理。在传教士与官员留存下来的文献记载中，可以发现萨摩亚酋长的发型总是茂盛的长发。1881~1884年在萨摩亚居住的英国领事威廉·B.丘奇沃德（William B. Churchward）在著作《我在萨摩亚担任领事》中这样描述萨摩亚酋长的头发："酋长们盛装出席，他的战斗头饰，竖立起来有2英尺（1英尺=0.3048米）高……在紧邻束发带上方的头发中插有类似船长的那样的红色鸟羽。"③

萨摩亚人的头发一般会被染成红色，因为红色是法力的体现。萨摩亚人

---

① J. B. Stair, *Old Samoa: Flotsam and Jetsam from the Pacific Ocean*, London: The Religious Tract Society, 1897, pp.120-121.
② Roger M. Keesing, "Rethinking 'Mana'," *Journal of Anthropological Research*, Vol. 40, No. 1, Spring, 1984, pp. 137-156.
③ W. B. Churchward, *My Consulate in Samoa*, London: Richard Bentley & Son, 1887, p.97.

借助于一种黏土，把头发染成深红色，如果没有弄错的话，这种颜色在古代的影响力也很大。① 事实上，在基督教传入之前的萨摩亚，红色"象征着神力与魔法，典型的波利尼西亚酋长的皮肤和头发就被认为是红色的"。② 此外，从语言的角度看，在萨摩亚所有的金发都被认为是"ena'ena"，这个词通常被翻译成棕色，虽然讲英语的萨摩亚人用这个词来指头发时，通常会把它解释为"blond"（金发的）。这是有道理的，因为在漂白波利尼西亚人的头发时，头发要经过一系列的红棕色，然后才会变成金色，即使这样，头发还是会保留红色的特征。在描述头发时，萨摩亚人会用"ena' ena"来修饰"金发"的实际颜色，比如"ena'ena manaia"，字面意思是"非常漂亮的棕色头发"，但它指的是一种非常浅的红色。③ 在前接触时期的萨摩亚，这种红色的头发标志着身份，"在礼仪场合，最高身份人士主要装饰着由它制作的头饰。它的中心元素是一簇人类头发，这些头发是一个女孩的头发，在六个月到一年的时间里，用阳光、石灰和野生橘子修剪和漂白"。④ 很明显，在萨摩亚人眼里，将头发染成红色无疑代表着对法力的崇拜，因此拥有浅红色头发对萨摩亚人来说必然有着重要意义。

因为萨摩亚的头发是法力的体现，所以它也是繁殖力（fecundity）的象征。当一位年老酋长将法力传给一位年轻的酋长时，他说："这是你的法力……没有人看到玛纳。他只观察到……芋头、山药、椰子，所有食物都结出了果实。"在前接触时期，萨摩亚的妇女在怀孕期间会留长发，以此证明她们的状况，长发暗示了怀孕或多胎的状态。⑤ 法力也与性有关，因而头发与性的隐喻关系在萨摩亚的毛发文化中也有体现。在整个波利尼西亚，灵体（Spirit）都是法力的化身，其行为被视为法力的表达。在萨摩亚，据说男性

---

① W. B. Churchward, *My Consulate in Samoa*, London: Richard Bentley & Son, 1887, p.399.
② K. Luomala, *Voices on the Wind*, Honolulu: Bishop Museum Press, 1986, pp.139-140.
③ J. M. Mageo, "Hairdos and Dont' s: Hair Symbolism and Sexual History in Samoa," *A Journal of Women Studies*, Vol. 17, No. 2, 1996, pp. 138-167.
④ A. Kraemer, "The Samoan Islands: The Outline of a Monograph Giving Special Consideration to German Samoa," trans. by E. Schweizebartische Verlagsbuchhandlung E. Naegele, *American Samoa: Department of Education*, Vol. 2, 1978, p.349.
⑤ J. M. Mageo, "Hairdos and Dont's: Hair Symbolism and Sexual History in Samoa, " *A Journal of Women Studies*, Vol. 17, No. 2, 1996, pp. 138-167.

和女性的灵体都会引诱异性年轻人。与这种象征意义一致，在波利尼西亚具有法力的其他身体部位是生殖器本身。夏威夷早期的歌曲中会赞美贵族成员的生殖器，在整个波利尼西亚的文化中，酋长的生殖器被视为他们法力的象征，并且生殖器大会获得赞美。相比之下，萨摩亚20世纪关于女性灵体的故事则以另一个身体部位为特征，那就是她们长长的、松散的、飘逸的头发。LeTelesa和Sauma'iafe灵体是当今萨摩亚最著名的两种女性灵体，她们给人的形象都是长发垂绦。像人类一样，萨摩亚的灵体有一个与之联系的村庄，在有女性灵体居住的村庄中，据说灵体会定期在夜间将头发拖到马垒（malae）周围，村民只能看到她的头发。① 这些故事表明，女性灵体的长发类似于酋长的阴茎。酋长有显著的生殖器，女性灵体有显著的头发。女性灵体的主要视觉特征长发同酋长的阴茎一样，是法力的象征。

　　在古萨摩亚人的传统文化中头发象征着生育和繁衍。但这又会引出另一个问题：这种生育的法力到底代表着何种性观念呢？事实上萨摩亚传统文化中，也存在着像仪式性理发那样的阉割隐喻。"萨摩亚年轻的处女们会留一种叫图塔吉塔（tutagita）的发型，而这种发型的风格是由剃光的头和一绺下垂到左太阳穴的簇毛组成，而这绺簇毛是系在一绺垂下脸颊长尾辫上的，这些奇怪的簇毛和长尾辫通常被石灰漂白成浅红褐色。"② 制作这种发型时剃光头正是一种性压抑的隐喻行为，留下的那一绺涂成红色的头发又透露出女孩的生育力。对于这个问题，米德与弗里曼提出了完全相反的结论。米德认为青春期的萨摩亚孩童是有性自由的。上文也提到，基督教传入前，萨摩亚女孩大部分时候剃光头，在传统眼光看来，这应该意味着性节制，就像红色的头发本身就带有一种不可侵犯的神圣感一样。比如"在缅甸和阿萨姆邦的大多数山地部落中，未婚女孩都留着短发。相比之下，已婚女性留着长发"。③ 它的象征意义很明显：短发女性是那些性欲受到约束的女性；长发女性则恰

---

① J. M. Mageo, "Hairdos and Dont's: Hair Symbolism and Sexual History in Samoa," *A Journal of Women Studies*, Vol. 17, No. 2, 1996, pp. 138-167.
② J. Williams, *The Samoan Journals of John Williams (ed.) R.M. Moyle*, Canberra: Australian National University Press, 1984, p.117.
③ J. H. Hutton, "The Angami Nagas," *The Journal of the Royal Anthropological Institute of Great Britain and Ireland*, Vol. 95, No. 1, 1965, pp. 16-43.

好相反。在中国，"剃发为僧""削发为尼"等佛教习俗早已家喻户晓，这同时也是对僧侣的一种性约束。但是传教士威廉姆斯记载了两个萨摩亚人性观念的故事。当传教士的妻子们劝告这些萨摩亚女孩隐藏自己时，她们是如何回应的："这些剃发女孩让妻子们把传教服放下，在腰上缠上一个蓬松的垫子，这样左大腿就露出来了，然后用油脂擦皮肤，在乳房上涂姜黄粉，用珠子装饰自己。然后她们走来走去，展示自己以便激发酋长儿子们的渴望。"① "一群萨摩亚妇女和女孩在一个害羞的年轻英国人面前裸体跳舞，挑逗他，一直告诉他不要介意，因为这是萨摩亚的时尚。"② 性自由的主导地位令他们如此震惊，以至于传教士们制定了专门根除萨摩亚文化这一方面的社会政策。③

这样看来，基督教化之前的萨摩亚女孩在性方面似乎不受约束，至少剃掉女性的头发不一定意味着性约束。但弗里曼举出了陶泊（taupou）的例子，在基督教传入之前的萨摩亚，"一个村庄的地位取决于该村主要成员所持头衔的级别"。④ 为了提高他们的地位，村庄赞助了一系列的陶泊，"陶泊是一个高地位的女孩，她被任命的目的是让她嫁给一个拥有高级头衔的人。她被呵护和打扮，为了增强她的性吸引力，甚至她的阴毛也会被抹油和梳理"。⑤ 而陶泊这个词在英语里面被翻译成 virgin，即处女。很明显，这种女性是必须确保自己贞操的。相反，"如果一个女孩仅仅因为个人爱好而私奔，她很可能会被她的父母抓住并被惩罚"。⑥ 而弗里曼正是基于这一点

---

① J. Williams, *The Samoan Journals of John Williams* (ed.) *R.M. Moyle*, Canberra: Australian National University Press, 1984, p.117.

② J. Williams, *The Samoan Journals of John Williams* (ed.) *R.M. Moyle*, Canberra: Australian National University Press, 1984, p.232.

③ James E. Cote, *Adolescent Storm and Stress: An Evaluation of the Mead-Freeman Controversy*, Hillsdale, N. J.: Lawrence Erlbaum Associates, 1994, pp.83-99.

④ A. Schlegel, "Status, Property, and the Value on Virginity," *American Ethnologist*, Vol. 18, No. 4, 1991, pp.719-734.

⑤ D. Freeman, *Margaret Mead and Samoa: The Making and Unmaking of an Anthropological Myth*, Cambridge, MA: Harvard University Press, 1992, p.229.

⑥ Dr E. Schultz, *Samoan Laws Concerning the Family Real Estate and Succession*, trans. by Rev. E. Bellward and R. C. Hisaioa, Housed in the University of Hawaii Pacific Collection, 1911, p.23.

认为萨摩亚存在童贞崇拜，来驳斥米德提出的萨摩亚人存在婚前性自由的观点。这看起来有点自相矛盾，尼克给出的解释是："在前基督教时代，女孩的发型代表了一系列关于她的性别角色的文化设定，萨摩亚的年轻女孩享有性自由，因为童贞只是对一群渴望获得陶泊头衔的被选中的年轻女性的要求。米德声称，一个村庄通常不会超过六个这样的女性，有时甚至更少。"[1]因此，不是所有女性都会经历这种事情。相反，"私奔是萨摩亚流行的婚姻形式"。[2]而漂白的红色头发到底代表性开放还是性压抑取决于萨摩亚女孩所扮演的社会角色。

三 基督教传入和萨摩亚人毛发文化的转变

对于传教士的到来，萨摩亚居民都表现出了极为热烈的欢迎态度，改信基督教的浪潮居然在伦敦传教会到达萨摩亚之后的很短时间内就迅速流行开来，日本学者认为这是因为"萨摩亚的居民和波利尼西亚的其他居民一样，对宗教采取的是功利主义态度"。[3]实际上，在基督教传入萨摩亚之前，萨摩亚人就有这种功利主义的宗教习惯。萨摩亚人会放弃他们认为不能满足他们需求和力量不足的神，重新崇拜一个在他们看来比较有力的、能让他们耳目一新的神。随便改换信仰在萨摩亚早已司空见惯。而基督教的传入正好满足了萨摩亚人的这种功利主义心理，在萨摩亚人看来，信仰基督教的欧洲人居然可以造出能够远洋航行、经得住风暴和海啸折腾的大船，那么上帝一定有着强大的神力。欧洲人还带来了许多他们从未见过的物品，这让他们对基督教有着极大的兴趣。此外，时常变化的宗教信仰使得萨摩亚并没有明确的教义教规和宗教团体，一些重要的酋长也利用新宗教提高自己的地位，扩大

---

[1] Nicole J. Grant, "From Margaret Mead's Field Notes: What Counted as 'Sex' in Samoa?" *American Anthropologist*, New Series, Vol. 97, No. 4, 1995, pp. 678-682.
[2] Sherry B. Ortner, *Gender and Sexuality in Hierarchical Societies: The Case of Polynesia and Some Comparative Implications. In Sexual Meanings: The Cultural Construction of Gender and Sexuality*, Cambridge: Cambridge University Press, 1981, p.374.
[3] 〔日〕岩佐嘉亲：《萨摩亚史》（上），马采译，广州：广东人民出版社，1974年，第52页。

自己的影响力。① 而近代历史上曾经遭受西方殖民者统治的国家和地区的本土文化大多缺乏历史根基，因而容易受到外来文化的改造，尤其是受到强势文明的影响。② 萨摩亚正是这句话最好的写照。因此，对于基督教传入萨摩亚这一事件，岩佐嘉亲才会说道："当萨摩亚一旦接触到进步的19世纪欧洲文明和被这文明所腐蚀的人们，命运便注定了他们被迫放弃古来伟大而又足以引以为豪的传统和习惯，走上所谓近代化的污脏险阻道路。"③

将萨摩亚基督教化的英国新教教派成员更加强调个人的内心情感。因此，他们鼓励萨摩亚人普遍改变他们原有的价值观，更加强调自我，特别是他们自己的身份、良知以及个人意志。在这种背景下，萨摩亚人的价值观和生活的方方面面都发生了改变，萨摩亚人毛发文化的隐喻意义也发生了转变，传统文化中那种法力崇拜与性约束，随着新信仰的传入与新的社会权力结构的诞生，失去了其原有的意义。

随着萨摩亚人改信基督教，成为基督徒，在萨摩亚人的认知中，长发女孩被认为是非常漂亮的。④ 萨摩亚女孩劳里·威利在回忆录中曾写道，在她结婚之前，当另一个英国人狂热地坚持追求她时，一个萨摩亚人把这归因于她的长发。⑤ 玛格欧也写道："今天在萨摩亚，当一个女孩剪掉她沉重的长头发时，别人会说，她是一个浪费自己美色的女孩。"⑥ 由上可见，这段时间，女孩子们不再留那种把一部分头发剃掉、一部分披下来的处女发型了。而在丘奇沃德笔下，基督教传入了半个世纪后萨摩亚人的发型更是发生了巨大的变化："我无法描述萨摩亚人的无数种不同的发型……另一个人会剪短头发，但会留像中国人那样的辫子在身后，是否染色取决于他自己。然后，我又看到一个欢快的年轻人，他的头顶上有一个纵向佩戴的羽冠，而第三个欢快的

---

① 倪学德编著《萨摩亚》，北京：社会科学文献出版社，2015年，第6页。
② 司佳：《近代中英语言接触与文化交涉》，上海：上海三联书店，2016年，第3页。
③ 〔日〕岩佐嘉亲：《萨摩亚史》（上），马采译，广州：广东人民出版社，1974年，第51页。
④ J. M. Mageo, "Hairdos and Dont's: Hair Symbolism and Sexual History in Samoa," *A Journal of Women Studies*, Vol. 17, No. 2, 1996, pp. 138-167.
⑤ L. Willis, *The story of Laulii: A Daughter of Samoa*, San Francisco: Jos. Winterburn, 1889, p.17.
⑥ J. M. Mageo, "Hairdos and Dont's: Hair Symbolism and Sexual History in Samoa," *A Journal of Women Studies*, Vol. 17, No. 2, 1996, pp. 138-167.

人则戴着横向的羽冠。事实上，今天的萨摩亚人想要通过给自己设计一种新的发型来成为时尚达人的话，他会在发明任何尚未被人采用的发型方面面临巨大的困难。在年轻的男孩和女孩中，时尚更加丰富多样。慈爱的母亲们总是不厌其烦地用各种奇特的工具给孩子梳理头发。他们在生活中的主要目标之一似乎是为后代的脑袋发明新的图案，将长发、短发、辫子、不规则的簇毛、漂白的天然色同时放在一张头皮上，进而产生最巧妙和奇妙的效果。任何对理发感兴趣的人都会在萨摩亚获得取之不尽的灵感；如果他能在一周内将他遇到的所有新奇的发型申请专利，并将它们引入欧洲的话，他马上就可以从忙碌的生活中退休了。"①

萨摩亚毛发文化在吸收基督教教义后呈现了一种新的特征。基督教传入萨摩亚后，女孩们开始留长发。但是当萨摩亚女孩年龄尚小时，她们的父母会让她们把头发扎起来。然而，虽然在自己家里的时候她们会让自己美丽的黑色直发披在背后，但当她离开家，到村子里去时，没有人会这样放肆。因为人们可能仍然会说一个在村里散着头发的女孩可能是一个水性杨花的女人。②1928年，米德也指出"严重的殴打和侮辱性的剃光头，这是一种对性滥交的惩罚"。③玛格欧也有类似记载："那些性行为轻率的女孩不再留下一绺或两绺头发——就像图塔吉塔风格一样——而是剃光了整个头发。"④由上可见，如果说对于性滥交的惩罚是剃光头发，而长发又象征着美丽，那么剃掉一个萨摩亚女孩的头发无疑是在剥夺她的美貌，阻止她继续性滥交。那就意味着剃光头发等同于压制女孩的性欲望，这种要求已经与基督教反对婚前性行为的教规高度重合。

萨摩亚人文化的转变同样涉及另一个与发型高度相关的话题——婚姻。在基督教传入之前的萨摩亚，只留着一绺头发的处女会被选为陶泊去嫁给高地位的人。基督教传入后人们开始强调完全的自由恋爱，陶泊的数量越来越

---

① W. B. Churchward, *My Consulate in Samoa*, London: Richard Bentley & Son, 1887, pp.400-401.
② J. M. Mageo, "Hairdos and Dont's: Hair Symbolism and Sexual History in Samoa," *A Journal of Women Studies*, Vol. 17, No. 2, 1996, pp. 138-167.
③ M. Mead, *Coming of Age in Samoa*, New York: Morro, 1961, p. 273.
④ J. M. Mageo, "Hairdos and Dont's: Hair Symbolism and Sexual History in Samoa," *A Journal of Women Studies*, Vol. 17, No. 2, 1996, pp. 138-167.

少。米德指出:"到20世纪20年代,越来越多的欧化萨摩亚人拒绝让他们的女儿成为陶泊,因为传教士说女孩应该自己做出选择,一旦她成为陶泊,她将被视为夺去自我。"① 此外,上文提到私奔在萨摩亚非常流行。当女孩和父母解释私奔原因时,"她们援引了一种在前基督教时代的萨摩亚很常见的解释,人们把过失归因于神灵,以此来掩盖过失,使自己免于惩罚。同样,在信仰基督教的萨摩亚,一个女孩和一个男孩私奔了,她可以说服她的父母说她被鬼魂绑架了,从而逃脱谴责"。②

随着基督教化的逐渐完成,萨摩亚人的生活发生了方方面面的变化,其中就包括萨摩亚人发型的变化。在基督教传入之前的发型中,萨摩亚人对发型有着较多较为严格的规定,大部分萨摩亚人的头发都被剃光了,只留下一点头发;基督教化后,萨摩亚人的发型出现了多样化,女孩所有的头发都可以留长,但要完全束住。这种新发型变化背后的社会文化却有些矛盾:一方面是萨摩亚人开始强调个人情感,另一方面萨摩亚人包括发型在内的方方面面依旧会受到某种约束,只不过这些约束是来自以基督教为代表的西方现代文明而不是他们以前的传统民族文化了。

结　语

萨摩亚文化作为人类文化宝库的一部分,其毛发文化既有世界毛发文化的共性,又有其自身的民族文化特性。萨摩亚毛发文化随着基督教传播发生了改变,这反映出萨摩亚人权力结构的变化与宗教信仰的转变。前接触时期,萨摩亚人处于部落酋长制阶段,虽然存在相关的性伦理规范,但这种规范并不十分严格。萨摩亚人的性观念整体上比较开放,前基督教时代萨摩亚女性的短发与处女的图塔吉塔发型反映出节制性交的隐喻意义,同时萨摩亚怀孕女性的红色长发也反映出头发与生育力之间的隐喻关系。基督教传入萨摩亚后,萨摩亚人毛发文化的转变反映出西方文明影响下的萨摩亚人的近代

---

① M. Mead, *Coming of Age in Samoa*, New York: Morro, 1961, p.101.
② J. M. Mageo, "Hairdos and Dont's: Hair Symbolism and Sexual History in Samoa," *A Journal of Women Studies*, Vol. 17, No. 2, 1996, pp. 138-167.

化转型。尽管在这一过程中,当地的土著文明遭到改造甚至被替代,但西方文明将近代的理性与民主观念传播到了萨摩亚。西方的殖民统治开启了萨摩亚人的现代化进程,使其从原始部落酋长制阶段发展到近代资本主义代议制民主阶段,并且融入了世界发展的全球化浪潮。

保罗·高更作品中的波利尼西亚文化符号

张 彬*

摘 要：文化符号是文化的载体与典型体现，法国后印象主义艺术家保罗·高更的作品以综合性象征闻名于世，其中文化符号起到了举足轻重的作用。高更晚年生活在南太平洋群岛的法属波利尼西亚地区，作品以波利尼西亚风土人情为题材，充满深具象征意义的文化符号。本文分析文化符号在高更作品中的意义，辨析其作品中的波利尼西亚文化符号，探讨波利尼西亚文化符号在其作品中的整体统合作用。

关键词：保罗·高更 波利尼西亚 文化符号

引 言

文化符号是文化的抽象性体现，体现出某一种文化的独特性，是文化内涵的重要载体和表现形式。波利尼西亚群岛位于南回归线附近的太平洋东南部，自古以来便是波利尼西亚人的栖居地，岁月的积淀使得波利尼西亚文化独具特色，提基神像、希娜女神像、塔帕、文身以及波利尼西亚女性形象都是典型的波利尼西亚文化符号。

保罗·高更（Paul Gauguin，1848–1903）是法国后印象主义[①]艺术

---

* 张彬，博士，毕业于中央民族大学，聊城大学美术与设计学院副教授，聊城大学太平洋岛国研究中心兼职研究员，主要研究方向为艺术理论及现当代艺术创作。

[①] 后印象主义（Post-impressionism），又称后印象派，是继印象主义之后存在于19世纪80~90年代的美术现象，以保罗·塞尚（Paul Cézanne）、文森特·凡·高（Vincent van Gogh）、保罗·高更为代表，他们认为绘画不应仅仅像印象主义那样去模仿客观世界，而应该更多地表现画家的主观感受。后印象主义背离了西方传统绘画再现客观物象的传统，启迪了抽象艺术、表现主义两大现代主义艺术潮流。

家,对西方现代主义艺术产生了重大影响。高更的晚年作品以波利尼西亚风土人情为题材,充满具有象征意义的文化符号,散发着原始与神秘的气息。

高更的外曾祖父是秘鲁人,高更童年时期在秘鲁首都利马生活了6年,这些先天及后天的因素共同作用在高更身上,成为他毕生逃离现代文明,对原始文化情有独钟的诱因。高更自称"幼稚而粗鲁的野蛮人",一生有近半的时间生活在远离现代文明的土地上。他认为现代文明是人类精神的枷锁,与自然的分离使得人类过度依赖科学而失去了与天地万物的联结。

与印象主义[①]记录光线的瞬息万变不同,高更的作品表现的不是目之所见,而是将自身所见、所闻、所感翻译成独具一格的色彩、造型和构图,转化成艺术语言流淌到画面中。他认为艺术家所从事的应该是一种翻译工作,能够把最精微、最微妙而目力不可及的感受翻译出来,这句话为他的作品做了最好的注解。

1889年的巴黎世界博览会[②]使得高更初识波利尼西亚。自此,波利尼西亚原始的土地与文化就像磁铁一样吸引着高更。他将其视为远离尘嚣的天堂乐园、最接近理想国的存在、毕生皈依的精神家园。此后余生,高更的心便驻留在了南太平洋岛,他将关于岛国的一切美好融入其灵魂,倾吐于作品中。1891~1893年、1895~1903年,高更先后居住在南太平洋法属波利尼西亚地区的塔希提岛和马克萨斯岛,创作出了其最具代表性的作品,直至病逝。

---

① 印象主义(Impressionism),又称印象派,产生于19世纪60年代的法国,代表人物有克劳德·莫奈(Claude Monet)、奥古斯特·雷诺阿(Auguste Renoir)、卡米耶·毕沙罗(Camille Pissarro)等。受19世纪光学和色彩学理论成果的启发,他们认为一切色彩皆产生于光,在作品中依据光谱的赤橙黄绿青蓝紫七色来调配颜色。由于光是瞬息万变的,他们认为只有捕捉瞬息间的光才能揭示自然界的奥妙,因此在绘画中注重对外光的研究和表现,主张到户外去在阳光下依据眼睛的观察和现场的直接感受作画,表现物象在光的照射下色彩的微妙变化。印象主义解放了色彩,对法国乃至整个世界都产生了重要影响。

② 1889年,为纪念法国大革命100周年,巴黎举办世界博览会(Exposition Universally de Paris, 1889),会期为1889年5月5日至10月31日,有35国参加,3200万多人次参观,诸多展馆展示了世界各地的本土文化。

一 文化符号：高更作品象征性的核心要素

高更是后印象主义艺术的代表人物，后印象主义不是对印象主义的传承，而是对印象主义的反叛。早年的高更曾是印象主义的忠实追随者，但随着对印象主义艺术理念的深入理解以及对印象主义画法的逐步探索，他敏锐地察觉到了这一创作方式的局限性——画家对自然光色效应的过分关注使得他们受缚于自然因素，从而忽视了思想和观念在创作中的作用，因此本质上仍然只是西方传统写实主义艺术的发展和延续。高更认为印象主义者一味地研究色彩，他们只关注眼睛，对思想的神秘内核则漠不关心。而对思想神秘内核的表达，正是高更的目标所在。他的作品不受限于视觉，而是直抵人类灵魂的深处，使画面成为心灵的外化，从而显现出一种晦涩甚至是怪诞的和谐。

事实上，高更早年的作品便呈现现实与梦幻、表象与内在的综合性交融。在《雅各与天使的搏斗》中，他将听完布道后的布列塔尼女人及其脑海中雅各与天使搏斗的场景并置于同一画面，在对角线位置出现的树干横亘在画面中央，将现实与幻象隔离，同时又连接了二者，这一手法启迪了后来的超现实主义艺术；《美丽的安琪儿》是一幅女性肖像画，但不同于一般的肖像画，画面右下角的半圆圈将作品分割成两个不相关却同时存在的平行时空，左侧的佛像为作品平添了东方神秘主义色彩，作品同样呈现超现实的意味；同样的手法还表现在《戏笔的自画像》中，高更在自己头顶添加了代表神性的光圈，同时出现的还有伊甸园里的智慧果与"撒旦"蛇，其宗教意味可见一斑。

高更的早期作品显示，从印象派出走后，他初步摆脱了自然物象的束缚，在画面中通过文化符号为作品注入了思想与灵魂，以独特的艺术语言将自我与作品进行了深度联结。这种联结在高更到达波利尼西亚之后表现得更为明显，成为其作品的显著特征之一。德国新康德主义马堡学派的最后一位代表人物恩斯特·卡西尔（Ernst Cassirer）认为："人不再生活在一个单纯的物理世界中，而是生活在一个符号世界里。语言、神话、艺术和宗教组成了这个世界，它们共同编织了人类经验的符号之网。"① 高更作品中的文化符号如一叶扁舟，引领观者从作品的视觉语言抵达精神的彼岸，那里生长着的，正是人类思想的神秘内核。

二 高更作品中的波利尼西亚文化符号

1889年的巴黎世界博览会为高更提供了了解世界各地原始文化的契机，他心中蛰伏着的"野蛮人"再度复活，决定自此离开巴黎。马达加斯加一度是他的目的地，但1890年9月写给雷东的信显示他改变了主意，"马达加斯加岛仍然太接近文明世界，我将要去塔希提岛，在那儿我希望可以待到终老。"②

1891年6月9日，在海上漂流数月的高更抵达法属波利尼西亚。法属波利尼西亚西与库克群岛隔海相望，西北毗邻莱恩群岛，由118个岛屿组成，陆地面积4167平方公里，首府为帕皮提。1595年，西班牙探险家蒙达那首先登陆马克萨斯群岛。此后的300年间，葡萄牙、英国、法国的航海者先后发现波利尼西亚诸岛，并竞相争夺其所有权。从1843年开始，塔希提岛成为法国的保护领地，1880年成为法国殖民地。到19世纪末，整个波利尼西亚群岛都被法国占领。

在法属波利尼西亚诸岛屿中，塔希提岛面积最大、人口最多。彼时的塔希提岛已成为法国保护领地近半个世纪，欧洲文化也浸染到了岛屿的各个角落。初抵塔希提岛的高更对于扑面而来的欧洲气息大失所望，他看到的是作为法国殖民地的塔希提，无处不在的法国文化已经破坏了此处的宁静，许多古老的文明正在消失。于是他搬到距离首府帕皮提20公里处的玛泰亚村栖居。定居塔希提岛后，高更在写给妻子梅特的信中感慨："最让我惊讶的还是塔希提岛静谧的夜，连划破长空的鸟鸣都不来干扰这份安宁。有时候在这儿，有时候在那儿，一片枯干的叶子落下，听不到一点声响，但那是抚摸灵

---

① 〔德〕恩斯特·卡西尔:《人论》，李琛译，北京：光明日报出版社，2009年，第24页。
② 〔法〕高更:《高更艺术书简》，张恒、林瑜译，北京：金城出版社，2011年，第156页。

魂的轻击。"①

在13岁的塔希提岛女友特芙拉的陪伴下，高更虔诚记录下了当地逐渐遗失的神话传说。同时，作为波利尼西亚文化的载体，神像雕塑、塔帕、文身等诸多元素陆续出现在这一时期高更的作品中，成为极具特色的象征性文化符号。

（一）《诺阿诺阿》中的波利尼西亚文化符号

初到塔希提岛的高更惊叹于大洋洲古老的宗教信仰，在阅读法国领事雅克-安托万·穆伦豪特的著作《太平洋岛屿纪行》的同时，他也从特芙拉的讲述中一窥波利尼西亚原住民祖先与神灵的谱系，这成为其撰写《诺阿诺阿》的缘起。

1892年起，高更着手写作《诺阿诺阿》并配以插图。《诺阿诺阿》叙述了高更在塔希提岛的自身经历以及波利尼西亚关于创世、英雄等的民间传说。波利尼西亚原住民文身的传统源远流长，但自1884年起传教士禁止当地居民文身，不过这一传统仍在私下传承。高更的绘画、雕塑作品中极少见到文身，但在《诺阿诺阿》中则保留了包括文身在内的大量波利尼西文化符号。此外，插图部分还记录了诸如塔希提岛风光、波利尼西亚原住民、提基神像、希娜女神像、塔帕、服饰等元素。可以说，《诺阿诺阿》是波利尼西亚文化的集中体现。

（二）高更作品中的提基神像符号

波利尼西亚文化中存在对诸多事物的广泛信仰，其中包括对祖先的崇拜。提基神像象征被奉为神明的祖先，也可以理解为波利尼西亚原始宗教中人类的先祖。提基像有单体、双体之分，一般身体蜷缩，双膝弯曲，双手放在腹部，大眼圆睁，目光炯炯有神，波利尼西亚人称这种极具洞察力的凝视为"马塔霍阿塔"。

高更作品中的单体提基像一般作为背景出现，多为女性形象，体量巨

---

① 〔法〕高更：《高更艺术书简》，张恒、林瑜译，北京：金城出版社，2011年，第166页。

大。提基像周围围绕着举行祭祀活动的当地居民,神像的色彩根据画面色调的改变而各不相同。

除了单体提基像外,波利尼西亚还存在双体提基像。双体提基像有的两相背向,有的则二者同向。马克萨斯地区扇柄上的双体提基像由上下两部分组成,上半部分两尊提基像背向,而下半部分的提基像则同向。

除《诺阿诺阿》之外,高更还撰写了《毛利人古老的宗教信仰》,其中记载了波利尼西亚最初的神灵泰弗罗、他的儿子奥罗以及怀露马蒂的传说。泰弗罗决定在人间为奥罗找一位妻子繁衍后代,建立优秀的族群。怀露马蒂便是泰弗罗为奥罗觅得的人间妻子,他们的儿子后来果然成了伟大的首领。在其作品《她的名字叫怀露马蒂》中,怀露马蒂"金黄色的肌肤仿佛闪烁着绚烂的阳光,而她的秀发里蕴藏着夜神无限的神秘"。① 她端坐在一张摆放着水果的供桌旁,其身后站立的是奥罗。远处有两座合为一体的双体提基像,两座提基像分别代表月亮女神希娜和大地之神特法图,象征着奥罗和怀露马蒂的结合。怀露马蒂左手拿着卷烟,一缕青烟正徐徐飘散,预示着结合完成后,奥罗将化为烟柱直入云霄,消失在人类视野之外。

(三)高更作品中的希娜女神像符号

在波利尼西亚岛民的传统认知中,世界由两项基本要素组成,这两项要素又是合二为一的。其中一个要素是阳性的、精神的,另一个要素则是阴性的、物质的,这种阴性物质"在某种意义上构成了造物主自身的身体,它就是希娜女神,希娜并不仅仅是月亮的名称,还有'空气女神'希娜、'海洋女神'希娜和'内部女神'希娜"。② 女神希娜被尊为万物之母,是波利尼西亚传统文化中最主要的女性神灵。事实上仅仅是作为"月亮女神",希娜在波利尼西亚文化中的地位也是无可取代的——月亮的月相为人类提

---

① 外文出版社编辑部、(台北)光复书局编辑部:《高更》,北京:外文出版社、(台北)光复书局,1997年,第118页。
② 〔法〕保罗·高更:《诺阿诺阿:芳香的土地》,郭安定译,北京:中国人民大学出版社,2004年,第88页。

供了最早的时间坐标；同时月亮决定着海洋的潮汐，这与海洋民族的生活休戚相关；而月亮周而复始的循环变化则启示着人类对生命、死亡与重生的思考。

高更的诸多作品中都有希娜的形象，希娜的造型与动态借鉴了南亚佛教中的形象，面部线条秀美，表情平和，体形修长，两手臂微屈并向身体两侧张开，整体呈现慈悲祥和、福泽人间的神祇形象。而有希娜女神在场的作品也的确基本呈现一派安宁的气氛。

1897年，高更在痛失爱女、贫病交加的多重打击下开始创作艺术史上的哲学巨著《我们从哪里来？我们是谁？我们往哪里去？》。作品色彩单纯而富神秘气息，隐喻着画家对生命意义的追问。画面右侧的婴儿象征新生命的诞生，中间摘取果实的人暗示亚当采摘智慧果，象征人的生存发展，左侧的老人则指向生命的终结。在该作品中，高更借由波利尼西亚当地环境及原住民形象，结合波利尼西亚神话传说、佛教造像表达自己对生命的认识与反思。远处的希娜女神散发着静谧的青绿色光芒，双臂轻举，姿态静谧，似乎在告慰世间倏忽而来又悄然逝去的一切生命。

（四）高更作品中典型的波利尼西亚女性符号

太平洋岛国女性擅长用构树皮制作柔软而又有韧性的天然布料，她们用祖传的方法对树皮进行捶打和装饰，制成塔帕。塔帕不但可以应用于日常穿着、仪式礼服，在葬礼上用以包裹逝者的身体，还是馈赠贵宾的国礼。此外，在一些宗教仪式上，塔帕还是维系人类与神灵、祖先之间的桥梁和纽带。

南太平洋波利尼西亚、密克罗尼西亚、美拉尼西亚三大岛群的原住民各有特色。波利尼西亚原住民五官立体，身材高大壮硕，皮肤呈金棕色，头发乌黑蓬松，女性身穿塔帕裙，鬓边装饰花朵，能歌善舞，散发着浓郁的热带气息，这是该地区标志性文化符号。

高更的波利尼西亚题材作品大部分以人物为主，而且其中又以女性居多。其画作中的波利尼西亚女性造型简练朴拙，身躯健硕，肤色暗金，五官饱满，发色黑亮，手脚粗大，身着塔帕裙装，耳鬓装饰鲜花，仿佛从波利尼西亚土地中生长出的热带植物般自然、坚实、沉静,散发着浓郁而纯粹的岛国意蕴,是西方艺术史中独具特色的女性形象。

三 波利尼西亚文化符号在高更作品中的统合作用

高更作品以原始的神秘著称于后世,画布上的诸多象征性文化符号起到了举足轻重的作用。但分析高更晚年作品后,我们发现其作品并不是波利尼西亚文化的真实记载与图像化表达,而是南亚佛教文化、古埃及文化、基督教文化以及波利尼西亚文化的综合呈现。换言之,高更所表达的并非真实的波利尼西亚世界,而是他心中的世界——那个原始、自然、亘古恒在的彼岸家园。

高更一生向往原始文化,但其根基在欧洲,基督教文化深入其骨血,因此在他的作品中出现基督教文化符号的影子也就不足为奇了。在《致敬玛利亚》中,高更聚合了不同宗教的文化符号,用塔希提岛风光和原住民构建了圣经《新约》中的一幕:近景中的塔希提岛母子幻化为基督教中的圣母子,头顶着象征神圣性的光圈;远处树丛中隐藏着黑发的双翼天使;中景处两名女子双掌合十致敬的佛教手势明显借鉴自爪哇婆罗浮屠佛寺的横楣浮雕;而画面中的所有人物从形象、神态到服饰都呈现典型的波利尼西亚特色。在作品中,高更将神圣与世俗、现代文明与原始文化、现实与想象完美地融合在一起,多种文化元素并存于同一时空。这种情境在现实生活中不可能存在,却和谐共存于画面当中,合力营造出安静、神秘的宗教气氛。

《拜神的日子》同样充满了象征性文化符号。波利尼西亚的希娜女神像立于远方,高更从印度尼西亚爪哇岛马吉冷村婆罗浮屠佛寺的浮雕中获取灵感,赋予了女神像一种安宁的佛教造像姿态;神像右侧的女人正跳着塔希提岛当地舞蹈举行祭祀活动;左侧的两个女人头顶祭品,姿态呈现古埃及壁画的典型风格;近景处的人物或全裸或半裸,肤色、发色显示出波利尼西亚人种特征。画面中不同文化的典型符号皆统合于波利尼西亚海边,所有人物及其服饰也呈现了土生土长的原住民形象。

同样,《大神》里也融合了不同的宗教信仰。前景中的巨大雕像借鉴自新西兰祖门图中的普卡基,雕像怀抱两个幼儿,还有一个婴儿正在出生,与画面最下方正在哺乳的狗共同组成生的意象;最后的晚餐出现在画面远方,耶稣在晚餐中宣告了被门徒出卖的事实,这最终导致耶稣被钉上十字架的命运,高更以此喻示生命的终结。不同的信仰、世俗与神圣、凡人与神灵交集于波利尼西亚原住民出入的空间中,彼此之间界限变得模糊,不同文化符号共同构建了对于生死的叩问。

《我们今天不去市场》借鉴了古埃及艺术的正面律法则[①],在长椅上一字排开的五位波利尼西亚女性中有四位的头是正侧面,所有女性皆身体正面,腿、脚则为侧面。除了借鉴古埃及的正面律法则,画面右方还有一位身着塔帕裙、双掌合十的女性。高更把埃及壁画样式和佛教雕像造型并置于同一时空,在波利尼西亚女性的演绎下呈现一种奇怪的和谐。

综上分析,我们发现在高更的作品中,所有原本不相干的文化符号全部统合到波利尼西亚地区的热带场景及当地原住民的举手投足间,彼此之间跨越了尘世间时空的鸿沟和谐共处,共同构建起了高更心中的乌托邦。

结　语

与欧洲现代文明社会迥然不同的波利尼西亚文化激发了高更的创作力,助力高更脱离自然主义创作手法的桎梏,旗帜鲜明地站在了印象主义的对立面。他反对客观模仿,从波利尼西亚文化的纯粹质朴中提炼出属于自己的艺术语言,作品呈现了强烈的主观性与象征性,表达了其内心的真实而非客观的真实。

高更倡导的艺术理念挑战了西方传统艺术的写实主义理念,对表现主义、野兽派和纳比派画家产生了重要影响,也启迪了超现实主义。纳比派画家莫里斯·德尼（Maurice Denis）曾说,必须临摹自然的观点一直是禁锢他

---

① 正面律指在表现人物时,头侧面,眼睛、肩及身体正面,腰部、腿部、脚部又为侧面,是古埃及人物造型的程式化法则。这种表现人物的固定模式源于其宗教信仰,古埃及人相信人死以后要想复活需要灵魂与身体重新结合,为达到这一目的,法老及王族成员的造像都遵守正面律。

绘画的锁链，是高更解放了他的思想和画笔。

恩斯特·卡西尔认为艺术是艺术家在创造一个自己的世界；而奥地利心理学家卡尔·古斯塔夫·荣格（Carl Gustav Jung）认为，这个世界虽然是个人的创造，却承载着人类的"集体无意识"。① 高更的作品彰显了他对于艺术世界的自我构建，这个自我构建却呈现了人类对于过往的共同记忆与梦想。

---

① 奥地利心理学家西格蒙德·弗洛伊德（Sigmund Freud）将人的精神分为意识和无意识两大领域。著名的"冰山理论"诠释了意识与无意识的关系：如果将人的精神比作一座漂浮在海面上的冰山，那么意识仅为冰山一角，潜藏在海平面以下的90%属于无意识领域。无意识形成于受精卵，始终伴随着人的成长，是过往生活的印记，因为某种障碍不能表达，潜存于人的精神世界，时时影响着人的心理及人对于事物的感受与判断。弗洛伊德的无意识理论指向每一个个体的人，属于"个体无意识"；瑞士心理学家卡尔·荣格在弗洛伊德"个体无意识"的基础上进一步提出了"集体无意识"。还是以"冰山理论"为例，他进一步认为潜藏在表象之下的不仅仅是冰山，而是整个海洋，冰山也属于海洋，海水承载着人类自古至今共同的意识，这种人类共有的意识就是"集体无意识"。集体无意识是人类共同的精神遗传，没有种族、民族、国家、族群、个人的分别，是人类关于成长的共同记忆，因此是一种普世性的存在。荣格认为人不是生而空白的，而是自诞生之时起就携带着人类世代积累的共同记忆。通过一座座冰山，人类的"集体无意识"在某一个个人或群体中有着具体的显化。集体无意识具体表现为散布于全球各地的人类早期文明中共同存在的图腾、文身、万物有灵等文化现象，荣格在他的著作中提到的衔尾蛇、曼陀罗等皆为人类集体无意识的"原型"。简单来说，如果个体无意识是位于水面之下90%的冰山的话，那集体无意识可以说就是全部的水域。

·旅游·

让旅游外交走向深蓝：中国山东省与太平洋岛国海洋旅游业合作路径研究[*]

孙晓燕 蒋秋燕[**]

摘 要：旅游外交是推进经济文化交流的新时代中国特色大国外交形式。在"21世纪海上丝绸之路"建设背景之下，推进中国山东省与太平洋岛国的海洋旅游业合作，是山东省发展海洋经济的新机遇和推进旅游外交走向深蓝的重要担当。山东省与太平洋岛国海洋旅游业合作面临国际政治带来的外部环境挑战、交通不便等基础设施挑战、气候生态变化等自然环境挑战。立足山东海洋旅游业发展现实，总结借鉴先进国家和地区的海洋旅游业发展经验，可从深化旅游外交内涵、开展沿海城市的点对点精准合作、进行基础设施建设援助、推进海洋生态环境保护互助等方面设计山东省与太平洋岛国海洋旅游业合作路径，推进我国旅游外交走向深蓝。

关键词 山东省 太平洋岛国 旅游外交 海洋旅游业

引 言

太平洋岛国和地区地处太平洋中心，毗邻对中国具有重要战略意义的亚太地区，不仅是包括亚洲、美洲等多个地区在内的交通要塞，[①]也是中国、美国、日本、印度、澳大利亚等世界大国的地缘交界之处。[②]凭借重要的地

---

[*] 本文为"山东社科论坛 2022——山东与太平洋岛国海洋合作路径研讨会暨第五届太平洋岛国研究高层论坛"征文成果。

[**] 孙晓燕，管理学硕士，山东商业职业技术学院教授，主要研究方向为旅游经济、旅游营销策划；蒋秋燕，工学博士，山东商业职业技术学院教授，主要研究方向为创新创业管理。

[①] 梁甲瑞：《试析大国何以对南太平洋地区的海上战略通道展开争夺》，《理论月刊》2016 年第 5 期。

[②] 于镭、赵少峰：《"21 世纪海上丝绸之路"开启中国同太平洋岛国关系新时代》，《当代世界》2019 年第 2 期。

理位置与战略意义，太平洋岛国成了多个国家战略博弈的重要阵地。① 例如，日本自二战以来对太平洋岛国和地区就有了众多战略意图，将对南太平洋地区的外交纳入其大国化战略中，并开展了环境外交、② 海洋外交等一系列外交攻势。③ 太平洋岛国和地区作为一条重要的蓝色经济通道，对中国的国家安全、海洋权益和经济发展都有重要意义。随着我国海洋强国战略的提出与发展，加强与太平洋岛国和地区的合作交流，已成为拓展南南合作的重要内容。

2013年，习近平主席提出"丝绸之路经济带"和"21世纪海上丝绸之路"的"一带一路"伟大构想，加强与海上丝绸之路共建国家和岛屿国家的交流合作已成为推进"一带一路"倡议的重要内容。2014年，习近平主席访问斐济，与众多太平洋岛国领导人集体会晤，确立了中国与太平洋岛国之间的战略伙伴关系，加强了贸易往来、技术推广、旅游发展等多方面的合作交流。2018年，习近平主席访问巴布亚新几内亚，与建交太平洋岛国领导人进行了第二次集体会晤，中国与太平洋岛国的合作关系不断深化。随着中国与太平洋岛国的合作不断推进，旅游作为经济、文化交流的新型外交形式，已成为"21世纪海上丝绸之路"建设的重要内容。

旅游是国家和地区间文化交流的重要途径。随着国际旅游活动的日益增加，旅游活动兼具了文化传播、文化交流、区域经济合作等内容。国际旅游作为一种文化交流形式，在促进世界和平、发展国际关系和增进国际理解方面具有重要的现实意义，可以在国家之间架起沟通的桥梁。④ 因此，在现代国际社会中，国际旅游具有一定的政治性意图，被赋予了外交属性，形成了旅游外交发展模式。⑤ 旅游外交是国家间加强交流合作、促进文化传播和维护公民境外权益的旅游合作行为。⑥ 旅游外交可通过制定宏观政策和推动国

---

① 徐秀军：《中国的南太平洋周边外交：进展、机遇与挑战》，《太平洋学报》2016年第10期。
② 陈祥：《日本的南太平洋外交战略演变与太平洋岛国峰会——从环境外交到海洋外交》，《太平洋学报》2019年第5期。
③ 梁甲瑞：《日本南太地区战略调整及对中国的影响》，《国际关系研究》2015年第5期。
④ 杨安华、梁宏志：《旅游研究的政治学维度》，《旅游学刊》2008年第1期。
⑤ 梅毅：《旅游外交：我国旅游产业发展新取向》，《南昌大学学报》（人文社会科学版）2006年第5期。
⑥ 王鹏飞、魏翔：《旅游外交与构建我国新型国家关系问题探析》，《现代管理科学》2017年第12期。

家的国际旅游，落实国家的对外政策，从而实现国家利益。① 同时，旅游外交不仅在主体上具有互利共赢的优势，在形式上还具备多样性和灵活性。② 太平洋岛国多以海洋旅游业为支柱产业，发展多样灵活的旅游外交可为推进中国与太平洋岛国合作做出重要贡献。

因此，在"21世纪海上丝绸之路"建设的背景之下，加强与太平洋岛国的海洋旅游业合作，让旅游外交走向深蓝，已成为海洋强国战略的题中应有之义。山东省作为我国重要的海洋大省，应积极探索与太平洋岛国海洋旅游业的合作路径，展现山东省在海洋强国战略实施中的重要担当，促进"21世纪海上丝绸之路"的建设。基于以上考虑，本文以山东省与太平洋岛国海洋旅游业合作的必要性为出发点，分析其面临的现实挑战，总结借鉴海洋旅游业先进发展经验，立足山东省发展现实，探索山东省与太平洋岛国海洋旅游业的合作路径。

一 山东省与太平洋岛国海洋旅游业合作的必要性

太平洋岛国是"21世纪海上丝绸之路"的重要延伸，加强山东省与太平洋岛国海洋旅游业合作，是山东省参与"一带一路"倡议的重要贡献，是推进海洋强省建设的现实举措，是促进旅游外交走向深蓝的具体实践。

（一）体现山东海洋大省的作为担当

山东省是我国重要的海洋大省，海岸线漫长，沿海城市众多，拥有丰厚的海洋旅游资源。自改革开放以来，山东省依托资源禀赋，在政策的大力支持下，形成了青岛、烟台、威海等众多国内外知名海洋旅游城市，在海洋旅游业发展方面积累了丰富经验。在山东省的海洋旅游业发展实践中，形成了以海滨风光为依托、以海洋文化为内涵的海滨观光度假、沿海民俗旅游、海洋疗养旅游等旅游形式，开展了青岛国际啤酒节、青岛国际海洋节等相关海

---

① 王桂玉：《中国与太平洋岛国旅游外交：历史基础、现实动力与路径选择》，《太平洋学报》2021年第2期。
② 张瑛、刘建峰：《新时代大国特色外交视野下旅游外交研究》，《思想战线》2018年第4期。

洋特色文化活动。山东省的海洋旅游业在全国居于领先地位，作为拥有丰富发展经验的海洋大省，加强与太平洋岛国的海洋旅游业发展经验交流、推进与太平洋岛国的海洋旅游业合作，是山东省积极响应"一带一路"倡议的重要途径，同时是山东省在推进"21世纪海上丝绸之路"高质量发展的重要担当。因此，立足于山东省自身滨海旅游业发展禀赋，以发展深蓝旅游的旅游外交为重要抓手，推进山东省与太平洋岛国的海洋旅游业合作发展，引领旅游外交的新格局，是山东省海洋强省战略的重要内容与必然要求。

（二）满足山东省滨海旅游业发展的现实需求

海洋旅游业是我国重要的海洋支柱产业，是我国海洋经济的重要组成部分。自然资源部统计资料显示，海洋旅游业的产业增加值在我国海洋产业总增加值中占比接近50%，对我国海洋经济和国民经济发展均有着重大导向性作用。然而，随着我国海洋旅游业的快速扩张，现有的滨海旅游资源难以满足人们对于海洋旅游业多样化、高端化、特色化等多种形式的需求。海洋旅游产业正在由高速扩张的高增速阶段转向高质量发展阶段。作为海洋大省，发展高质量的滨海旅游业是山东省海洋经济高质量发展的重要内容。解决产业扩张带来的资源拥挤、旅游产品单一、生态环境破坏严重等问题刻不容缓。在此背景之下，加强山东省与太平洋岛国海洋旅游业合作，不仅可以促进海洋经济的国内、国外双循环发展，也可以解决省内海洋旅游资源拥挤等问题，更好地满足人民对于特色海洋旅游的现实需求。

（三）推进山东省与太平洋岛国滨海旅游业的共同发展

太平洋岛国及地区滨海旅游资源丰富，风景迷人，在发展海洋旅游业方面具有得天独厚的物质基础。在滨海旅游资源方面，太平洋岛国和地区岛屿星罗棋布，拥有迷人的海滨风光，独具特色的热带气候为其海洋旅游业发展提供了良好的气候环境。① 海洋生物、热带雨林、珊瑚礁和滨海生态可为游客提供多样化、特色化的滨海旅游体验。同时，太平洋岛国还拥

---

① 刘建峰、王桂玉：《中国与太平洋岛国旅游合作研究》，《太平洋学报》2014年第11期。

有独特的海洋文化和风俗民情，为海洋特色的旅游业提供了丰富的民族风情和文化内涵。然而，在拥有优越资源的同时，太平洋岛国的海洋旅游业也受到了经济发展水平落后、基础设施建设不足、旅游模式单一和客源来源不足等问题的限制。例如，太平洋岛国中以海洋旅游业闻名世界的斐济，拥有海滨沙滩、珊瑚礁、海洋生物等丰富的滨海旅游资源，在发展海洋旅游业和休闲渔业方面具有得天独厚的优势。然而，由于旅游接待能力不足等，当地旅游业发展已经出现瓶颈。山东省作为拥有丰富海洋旅游业发展经验的海洋大省，可通过人才支持、技术援助和模式推广等形式促进太平洋岛国和地区的海洋旅游业发展。同时，山东省经济发展水平较高、人口规模较大，可在太平洋岛国的海洋旅游业建设中提供资金支持、技术支持等帮助，并为其海洋旅游业发展提供稳定、高质量的游客来源。

二 山东省与太平洋岛国海洋旅游合作面临的挑战

自2014年习近平主席访问斐济，确立了我国与太平洋岛国之间的战略伙伴关系以来，我国与太平洋岛国间的旅游合作不断深化，在维护中太关系、促进双方经济和文化交流等方面做出了重要贡献。2019年落地的"中太旅游年"成为中国与太平洋岛国旅游外交的里程碑事件，为我国的旅游外交贡献了重要的实践参考。然而，多变的国际局势等为我国旅游外交的进一步开展带来了挑战。立足山东省发展现实，分析山东与太平洋岛国海洋旅游合作面临的挑战，有利于进一步推动我国旅游外交的高质量发展，推动旅游外交走向深蓝。

（一）国际政治带来的外部环境挑战

太平洋岛国和地区独特的地理位置与重要的战略地位使其在国际政治中受到多方关注。中国、美国、日本、澳大利亚等多个国家都关注到其重要地位，并展开了一系列的战略博弈。美国从太平洋战争到"亚太再平衡战略"再到"美国优先"政策，始终将太平洋地区作为其国际战略的重要内容。①澳大利亚则依靠其地理和文化优势，积极推动与太平洋岛国经济文化的区域化。日本也一直以经济援助等方式与太平洋岛国地区保持密切交流，并持续加强与太平洋岛国的关系。②因此，复杂的国际局势与大国之间的政治博弈为山东推进与太平洋岛国的海洋旅游业合作带来了严峻的外部环境挑战。

（二）交通不便等基础设施挑战

近年来，随着太平洋岛国的基础设施建设与国际航班的开通，中国与太平洋岛国的交通便利水平已经得到较好的提升。然而，交通不便仍是阻碍山东与太平洋岛国海洋旅游业合作的主要问题。一方面，中国与太平洋岛国之间的直飞航班班次较少，并且仍有很多太平洋岛国的海洋旅游城市未开通与中国的直飞航班。另一方面，虽然中国已经与斐济、巴布亚新几内亚等国家开通了直飞航班，但山东地区并没有相应的直飞航班，山东游客仍需前往上海、北京、香港等地换乘。山东地区的游客仍然面临多次转机带来的不便。因此，交通的通达性与便利性仍是山东省与太平洋岛国海洋旅游业合作的重要阻碍。

（三）气候生态变化等自然环境挑战

海洋旅游业是依托海滨风光和海洋生物资源的旅游形式，对于季节和气候的依赖程度较高。太平洋岛国地区地处大洋中心，位于环太平洋地震带的活跃地区，海啸、地震、飓风等不可抗的自然灾害对太平洋岛国地区的海洋旅游业发展提出了巨大挑战。③同时，随着山东省与太平洋岛国地区海洋旅游业的合作深入，前往太平洋岛国地区的旅游人数在短期内可能会有提升。然而，由于太平洋岛国的基础设施建设较为滞后，同时接待能力难以在短期内有大幅提升，可能会造成旅游目的地的游客拥挤，超出其海洋生态环境的

---

① 赵业新：《论海上丝绸之路背景下中国与太平洋岛国深海采矿合作》，《太平洋学报》2019年第10期。
② 宋秀琚、叶圣萱：《日本-南太岛国关系发展及中国的应对》，《国际观察》2016年第3期。
③ 刘建峰、陈德正：《中国与南太平洋岛国旅游合作形势与对策研究》，《中国市场》2014年第45期。

承载能力,并最终对其生态环境造成不可逆的破坏。因此,如果仅仅采取增加游客数量的简单合作方式,不仅会造成旅游目的地的粗放发展,也将增加其海洋旅游业发展的代价,制约当地海洋旅游业的健康可持续发展。因此,考虑生态环境的承载能力,发展可持续、高质量的海洋旅游业,对山东省与太平洋岛国的海洋旅游业合作方式提出了巨大挑战。

三 海洋旅游业合作与发展的经验借鉴

参考借鉴国际海洋旅游业合作与发展经验,不仅有助于应对山东省与太平洋岛国海洋旅游业合作面临的挑战,对推进山东省海洋旅游业发展、海洋经济建设也具有重要参考意义。

(一)意大利——文化旅游宣传

意大利是文艺复兴的发源地,丰富的文化遗产为其奠定了深厚的文化旅游基础,在全球跨国文化旅游线路推广中扮演着重要角色。[1]2010年,意大利与法国签署谅解备忘录,打造意大利文化旅游线路,同时对英国和瑞士开放。2011年,意大利与法国、西班牙签署议定书,共同开展对中国、印度、巴西等新兴市场的旅游营销,并签署了促进亚得里亚海与伊奥尼亚海盆旅游发展的议定书。2019年,意大利多个大区与中国中旅集团就意大利超级目的地计划签署文化、旅游和商业合作备忘录,进一步加深了中意旅游合作。通过广泛开展国际文化旅游合作,意大利打造了特色旅游品牌,提升了国际文化影响力。

(二)马来西亚——海洋旅游合作

自20世纪90年代开始,马来西亚政府大力发展海洋旅游业,形成了一系列有效的国际推介机制。1990年,马来西亚启动"参观马来西亚年",当

---

[1] 秦艳培:《非物质文化遗产旅游商品性的开发》,《郑州大学学报》(哲学社会科学版)2012年第4期。

年这一推介机制吸引了全球约 740 万名游客。①2003 年，马来西亚在东盟会议中提出《旅游安全宣言》，呼吁成员国合作应对恐怖主义，保证游客的旅游安全，重建游客对东盟国家旅游的信心。②2017 年，马来西亚、印度尼西亚以及泰国共同签署了《海洋旅游三角合作谅解备忘录》，在马来西亚的兰卡威群岛、泰国的普吉岛和印度尼西亚亚齐省的沙邦之间开发一条邮轮航线，促进马来西亚与东盟国家的海洋旅游合作。2019 年 7 月，马来西亚宣布为来自中国、印度尼西亚、泰国、新加坡的游客办理落地签证，开通直飞马来西亚的航线。③马来西亚通过国际宣传、旅游合作、政策免签等手段，有效提升了其滨海旅游业的国际竞争力。

（三）中泰旅游合作——开放免签政策

泰国作为全球旅游热点国家，其旅游业受疫情冲击严重。为此，泰国政府有关部门与中国、日本、韩国、新加坡等国家合作，打造包括疫情防控在内的旅游安全监控平台及数据共享平台，尝试基于此推动双边和地区层面更多领域的数字经济合作。2024 年 3 月 1 日，中国与泰国互免持普通护照人员签证协定正式生效，中国已成为泰国入境游第一大客源国。同时，中泰旅游合作也促进了中国旅游业发展。携程数据显示，3 月 1 日当天，泰国游客赴华旅游订单比上年增长 3 倍，较 2019 年增长超 160%。开放普通护照互免签证，增强了国际旅游交流的便捷性，有效促进了两地保持友好关系和旅游业的发展。④

（四）中国海南与法国——跨境旅游交流

欧洲是海南重要的海外客源市场，2024 年正值中法建交 60 周年，海南省积极推进与法国文化旅游的交流合作。双方通过旅游推介会、展览和节庆活动等方式，提升旅游市场的国际知名度。2024 年 3 月，海南文旅推介活

---

① 潘一宁：《马来西亚旅游业投资》，《东南亚研究》1993 年第 Z1 期。
② 范丽萍：《浅议东南亚国家旅游业跨国合作》，《东南亚纵横》2004 年第 7 期。
③ 邹新梅：《马来西亚海洋经济发展：国家策略与制度建构》，《东南亚研究》2020 年第 3 期。
④ 白佳飞、胡科翔：《美国"印太战略"对中国与南亚国家旅游产业链的影响》，《南亚研究季刊》2024 年第 1 期。

动以国际影像展的形式在法国巴黎举行,交流法国的烹饪艺术和海南黎锦传统手工艺等。同时,双方结合海南热带海滨风光和法国浪漫乡村风光,开发特色联合旅游线路;通过促成直飞航班等措施,促进双向旅游的发展,海南现已开通47条境外航线。

四 山东省与太平洋岛国海洋旅游业合作的路径设计

立足山东省海洋旅游业发展现状,结合先进地区的海洋旅游业发展经验,本文从以下角度提出山东省与太平洋岛国海洋旅游业的合作路径。

(一)深化旅游外交内涵

面对复杂的国际形势与外部环境考验,中国与太平洋岛国的海洋旅游业合作需要被赋予维系国家关系、促进文化交流等深刻内涵。山东应充分发挥海洋大省优势,积极探索旅游外交路径,为我国的旅游外交走向深蓝从实践和理论上提供参考。第一,应把握顶层设计。积极响应国家外交政策,参与旅游外交实践,加强政府高层交流,促进旅游文化融合,积极推进我国与太平洋岛国建立战略合作伙伴关系。第二,要坚持旅游文化交流的求同存异。山东省地处温带地区,与太平洋岛国有着差异较大的地理位置和气候环境,这也导致双方有着不同的风俗文化。对双方优秀文化的欣赏是推进旅游合作的重要动力,因此,要在旅游外交中做到文化尊重、文化共存、文化欣赏,深化旅游合作的精神内核。第三,要落实全方位、多角度的旅游合作。山东省是海洋大省,也是工业大省,应充分发挥产业优势,以旅游合作为媒介,推动山东省对太平洋岛国欠发达地区的战略援助,提供人才培养、技术引进、产业扶持等多方位的合作支持,彰显山东省的担当作为。

(二)开展沿海城市的点对点精准合作

由于经济发展水平、地理位置等差异,太平洋岛国海洋旅游业也存在非均衡发展的格局。① 因此,针对发展水平较为落后的旅游目的地,应发挥山东省海洋旅游业的先进优势,挑选重点先进城市对其进行精准帮扶。通过推广先进海洋旅游业发展理念,引进专业化旅游人才,分享现代化海洋旅游业发展经验等方式,推进与太平洋岛国地区的海洋旅游业协同发展。对于斐济等较为成熟的旅游目的地,应利用好自媒体宣传、平台宣传、直播宣传、VR 体验等新兴宣传方式,以旅游文化推广、海洋文化节等形式,开展旅游文化路演活动、举办民俗风情博览会等特色活动,推进与太平洋岛国地区的海洋旅游业精准合作。同时,建立点对点的精品旅游线路,开通快捷便利的直达国际航班,在太平洋岛国旅游目的地建立完备的点对点旅游接待体系,实现两地旅游发展的精准对接。

(三)进行基础设施建设援助

太平洋岛国多数为发展中国家,总体经济发展水平较为落后。因此,多数旅游地都面临基础设施落后、服务水平较低、接待能力不足与旅游产品单一等问题。② 因此,山东应积极推动开通与太平洋岛国的国际航班,借助青岛胶东国际机场建设等契机,助力提升太平洋岛国的旅游便利性。在旅游目的地基础设施方面,太平洋岛国面临路况较差、旅游设施陈旧,甚至部分地区缺少水、电等基本保障的问题。山东省作为工业大省与工业强省,拥有完备的工业体系与先进的基础设施建设经验,应充分发挥山东的工业优势,通过技术扶持、人才支持等方式,支援太平洋岛国建设基础设施,提高旅游目的地的现代化建设水平,提升其对国际游客的吸引力。

(四)推进海洋生态环境保护互助

在沿海旅游开发和滨海旅游业发展的过程中,应重视对滨海生态环境的保护,发挥滨海旅游在环境保护和滨海生态修复中的作用。山东省应在此

---

① 吴高峰、叶芳:《南太平洋岛国经济差异的时空变化分析》,《海洋开发与管理》2017 年第 5 期。
② 苏义媛:《加强中斐旅游交流,探索合作共赢之路》,陈德正主编《太平洋岛国研究》(第五辑),北京:社会科学文献出版社,2020 年。

方面加强与太平洋岛国地区的合作交流，坚持合理规划、高效开发、主动修复，通过提高管理水平和资源利用效率，实现对滨海生态的保护与修复。同时，守住滨海生态开发红线，引进生态修复技术，通过生态旅游、文化宣传、实地介绍等方式，增强国际社会对海洋生态环境的保护意识。

山东省地处温带地区，有着较为鲜明的季节划分，其滨海旅游业对季节有着较强的依赖性，旺季和淡季之间界限分明，呈现旺季人数过于集中的特点。短时间内大量游客的聚集为其海洋生态环境带来巨大压力。因此，加强旺季时的国际旅游合作，将部分游客向太平洋岛国地区疏散分流，可有效缓解山东省滨海旅游业接待压力，促进山东省海洋旅游业的可持续发展。同时，加大山东旅游淡季的宣传力度，适时推出淡季旅游的优惠政策，开发淡季特色旅游产品，从而增强山东省的海洋旅游业在国际市场的竞争力。

结　语

海洋旅游业是太平洋岛国的重要支柱产业。推进我国与太平洋岛国的海洋旅游业合作，不仅是"21世纪海上丝绸之路"建设的关键抓手，也是海洋强国战略实施的重要内容。加强山东省与太平洋岛国海洋旅游业的合作交流，让旅游外交走向深蓝，是山东省作为海洋大省的担当使命。本文基于山东省与太平洋岛国的发展现实，分析了双方加强海洋旅游业合作的必要性，总结了在国际形势、外部环境、基础设施建设和生态环境等方面的挑战，参考借鉴国际旅游外交的先进经验，立足山东省发展现实，从深化旅游外交内涵、开展沿海城市点对点精准合作、进行基础设施建设援助和推进海洋生态环境保护互助等方面研究了山东省与太平洋岛国海洋旅游业的合作路径。

萨摩亚民俗旅游资源及其开发*

张剑锋　李　玉**

摘　要：萨摩亚拥有太平洋岛国特色的餐饮美食、裙装服饰、文身文化、树皮画、法雷建筑和火刀舞等丰富多彩的民俗旅游资源，开发民俗旅游让国际游客欣赏、参与和体验萨摩亚人的传统民俗文化，加深对当地民族生活习性、民俗风情的认识和了解，对提升萨摩亚整体的旅游知名度、旅游吸引力和旅游品位等具有十分重要的意义。本文在深入调查分析和系统归类的基础上，对萨摩亚民俗旅游资源开发的措施和策略提出了一些可行性建议：针对不同类型的民俗旅游资源，采取展示、表演、购物、体验和参与等不同的开发措施；制定依托热带海滨国际度假旅游、开发体验式民俗旅游、利用互联网新媒体宣传推广、打造萨摩亚民俗文化品牌、加强专业人才队伍建设等开发策略，以实现萨摩亚民俗旅游的蓬勃发展。

关键词：萨摩亚　卡瓦酒　树皮画　文身　法雷建筑

民俗是一个国家、民族、地区集聚的广大劳动人民所创造和传承的民间风俗习惯，包括传统的饮食、服饰、礼仪、节庆、演艺、建筑、歌舞、宗教、工艺等。民俗旅游是借助民俗文化，通过对特定地域族群的生活方式、意识形态、风俗习惯、传统文化的观察和感悟，让游客积极参与、现场代入和真实体验当地民俗活动，满足他们对文化审美享受、文化差异追求、异质文化体验等高层次需求的旅游形式。

萨摩亚开发民俗旅游活动，让国际游客欣赏、参与和体验萨摩亚人的

---

* 本文系山东省社会科学规划项目"'一带一路'倡议下的萨摩亚民族问题与发展研究"（20CMZJ01）的阶段性成果。
** 张剑锋，硕士，聊城大学历史文化与旅游学院讲师，太平洋岛国研究中心研究员，主要研究方向为国际旅游开发、海滨度假旅游、旅游经济、旅游管理等；李玉，硕士，潍坊科技学院专职辅导员，主要研究方向为太平洋岛国史等。

传统民俗文化，加深对当地民族生活习性、民俗风情的认识和了解，对提升萨摩亚整体的旅游知名度、旅游吸引力和旅游品位具有十分重要的意义。民俗旅游开发的基础是民俗旅游资源调查分析，本文在对萨摩亚民俗旅游资源深入调查分析和系统归类的基础上，针对不同类型的资源提出不同的开发措施，从旅游体验、民俗文化品牌塑造、新媒体宣传促销和专业人才队伍建设等方面提出一些开发策略，以期为中萨两国相关政府部门、企事业单位提供理论支持和参考意见，进而有效促进萨摩亚民俗旅游业的发展。

一　萨摩亚民俗旅游资源概况

民俗旅游资源是民俗旅游发展的载体，是指在特定地域范围内，对游客具有吸引力且具有开发的可行性，并能带来一系列经济效益、社会效益和环境效益的民俗文化。萨摩亚的民俗旅游资源主要包括美食类、服饰类、风俗类、工艺品类、人文建筑类、民俗体育类和娱乐节庆类七大类内容。

（一）美食类旅游资源

1. 面包果、芋头、香蕉等特色主食

面包果是萨摩亚人的传统主食，产自面包树①，这种树是萨摩亚普遍种植的高产木本粮食作物，当地居民家的房前屋后都会栽种一两棵。芋头和生香蕉也是萨摩亚人的重要主食，人们多食用椰奶（或水）煮的芋头和生香蕉，把焖熟的芋头放进椰奶中炖煮，或把煮熟的生香蕉放进椰奶中腌制，为其增添椰奶芳香，食用起来更加美味。

2. 帕卢萨米、欧咖、木瓜等特色菜品

帕卢萨米（Palusami）是一道具有萨摩亚特色的热菜，是一种将椰奶、鸡肉、猪肉、鱼肉、香蕉、洋葱等多种食材和食盐包裹在芋头叶子里，再经

---

① 面包树是高产的热带木本粮食作物，在太平洋群岛地区普遍种植，树高10~15米，生长迅速，一年结果三次，每棵年产200多个果实，果实内部富含淀粉的"白肉"是由花被片（花被片是植物学的专有名词，是指无法分辨的萼片和花瓣的合称）演化而成，经过人工选择所以没有种子，而且营养更全面。面包果是面包树的果实，果实呈圆形或椭圆形，果肉富含淀粉、蛋白质、维生素和膳食纤维，以及钙、铁、磷等矿物质，营养价值很高。

烘烤制作而成的糊状肉酱。帕卢萨米味道偏咸，是一种佐餐。

欧咖（Oka）是一道具有萨摩亚特色的凉菜，是一种把椰奶、金枪鱼、黄瓜、洋葱、熟花生米等混合搅拌，再根据个人口味的不同加入盐、糖或胡椒粉等调制而成的蔬菜沙拉。

萨摩亚常年盛产木瓜、香蕉和椰子等热带水果，还有少量的杧果、菠萝和杨桃等时令水果。其中，木瓜香甜个大，常用作"萨摩亚餐"中的甜菜，既可以佐餐，又可以当甜点，还可以当主食。

此外，由木瓜、椰浆、西米露焖煮而成的木瓜甜汤还是具有萨摩亚特色的重要汤食。

3.椰汁、诺丽果汁、黑可可等特色饮料

萨摩亚岛内椰林遍布，椰子是当地盛产的重要水果和经济作物。[①] 椰子未成熟时椰汁盈满、口味香甜，劈开或钻开后就可以直接饮用椰汁，椰汁富含人体所需要的多种氨基酸、维生素和微量元素，是大自然恩赐的天然饮料。

萨摩亚盛产诺丽果（Noni）[②]，因具有浓烈的奶酪气味，又名为奶酪果，形状大小如长了许多"粉刺"的土豆（未成熟时呈草绿色，成熟后呈乳白色），成熟后放入密封的容器内发酵，3~6个月变成酵素液体，再经过滤和消毒就得到了诺丽果汁，其具有助消化以及治疗皮肤损伤、关节炎和肺炎等多种保健功效。

萨摩亚黑可可（black koko samoa）是当地的传统饮料，是由当地黑可可碎末焖煮而成的"萨摩亚黑咖啡"[③]。

[①] 椰子是重要的经济作物，椰汁可以饮用；椰子壳内胆的椰肉多用来做椰奶、椰蓉、椰子酱和椰子油；椰肉挤出来的椰奶，可以用来制作帕卢萨米、欧咖或炖煮腌制芋头和香蕉；椰肉磨成细粉可以用来加工椰蓉、椰子酱或榨油；椰子壳可以制作日常用品和装饰品等；椰壳纤维可做成绳索、渔网、门垫和床垫等；椰树干可以制成椰木椅、床，甚至可以造船。

[②] 诺丽果是海巴戟（Morinda Citrifolia）的俗称，为茜草科、巴戟天属、常绿小型阔叶灌木，主要生长在斐济、瓦努阿图、萨摩亚、库克群岛等南太平洋岛国。诺丽果营养成分丰富，富含人体所需的多种维生素、矿物质、微量元素、氨基酸、生物碱、多糖体、酵素和抗氧化物质等，有"超级水果"之美誉。

[③] 当地居民把黑可可研磨成碎末，放入沸水中，小火焖煮 10~15 分钟以充分释放出可可油和香精，关火加入糖、牛奶或奶油（根据口味需要），再将其倒入杯子，就得到了甘甜奶香的"萨摩亚黑咖啡"。

4. 啤酒、卡瓦酒等特色酒水

萨摩亚拥有 Vallima 和 Taula 两家本地品牌啤酒企业，其中 Vallima 啤酒在萨摩亚居于垄断地位，采用德国啤酒酿造工艺，加上采用萨摩亚富含矿物质的优质地下水，生产出来的啤酒清新爽口，备受当地人和外来游客的青睐。Taula 啤酒口味厚重，酒精度数稍高，多为部分饮酒爱好者所欢迎。

卡瓦酒（Kava）是用晒干的卡瓦胡椒根茎研磨成粉，用棉布包裹放入水中揉搓、挤压而成的灰白色粥状液体，带有淡淡的薄荷与草木的味道，其制作过程没有经过发酵因而不含酒精，所以它是饮料而不是酒。卡瓦酒通常是萨摩亚人在迎接贵宾、重大庆典、欢庆节日、婚礼等重大场合举行卡瓦酒仪式时敬赠酋长和招待贵宾的专用饮品和传统医药用品。①

5. 金枪鱼、海参、龙虾等特色海鲜

萨摩亚海域的海产品种类繁多、产量富足，主要盛产金枪鱼、石斑鱼、苏眉鱼、螃蟹、大龙虾、琵琶虾、生蚝、海胆、肉蟹、梭子蟹、椰子蟹、海参、海螺等。萨摩亚人只喜欢食用金枪鱼和海胆，虽然大龙虾、螃蟹和海参等海产品营养丰富、口味鲜嫩，但是他们嫌螃蟹和龙虾食用费劲，更视海参为不可食用的"黏虫"。

（二）服饰类旅游资源

在萨摩亚人的日常生活和节庆活动中，拉瓦拉瓦（Lavalava，类似围裙）裙装是当地男女老少的民族服装和正式礼服。男女拉瓦拉瓦裙都是由一块长方形的布围裹下身，再用一根带子系住上围的筒裙。不同之处在于裙摆长度和裙缝位置，男士裙摆只要求过膝即可，而女士裙摆要求到达脚踝；男士裙缝要系在身前以彰显粗犷和野性，而女士裙缝要留在左腿外侧以显婀娜和柔美。②

---

① 卡瓦含有某些草本药用成分，具有清热解毒、镇静麻醉、降血压、抗焦虑、防止肌肉痉挛等功效，在一定程度上可以辅助治疗风湿、气喘、痛风、腹泻和更年期情绪失调等疾病。卡瓦酒的药用成分会作用于饮用者的神经中枢系统，不会像酒精、咖啡、烟草和大麻等物品那样，让人产生依赖性，所以没有副作用，但是大量饮用卡瓦酒后会使人精神亢奋。

② 石莹丽：《萨摩亚的历史与现实》，北京：中国社会科学出版社，2019年，第127页。

1. 男士拉瓦拉瓦裙装

萨摩亚男士民族服装的标配是上身穿衬衫（或 T 恤）、下身着拉瓦拉瓦、光脚蹬人字拖鞋，这种男士裙装体现了浓厚的太平洋波利尼西亚民族文化色彩。在庄重或正式场合，国家首领、酋长和上流社会等男士的着装会"洋土结合"，上身穿西装、衬衫，系领带或领结，而下身着素色裙子，光脚穿人字拖鞋。

在日常生活中，男士上身的衬衫色彩浓重、风格多样，多印有萨摩亚传统风格的几何花纹、文身图案或图腾；下身的拉瓦拉瓦裙是由一块长方形的布围起来的过膝筒裙，颜色多为深蓝色、灰色、棕色、绿色和黑色等素色；脚蹬人字拖而无须穿袜子，甚至可以把鞋拿在手里或放在背包里，光着脚走在大街上。

2. 女士普利塔斯套裙

萨摩亚女士民族服装是一种两件套的套裙，名叫普利塔斯（Puletasi）。其中，上身叫托普（Top），是按照女性形体设计且长至臀部以下的紧身短袖上装，领口为圆形（或方形），袖长五分（或七分），领口、裙边饰蕾丝花边，腰部收紧并提高；下身穿拉瓦拉瓦，是由一块长方形的布围裹起来的到达脚踝的筒裙。此外，萨摩亚女性也喜欢穿各色花样的连衣裙。

（三）风俗类旅游资源

1. 文身文化

文身文化盛行于波利尼西亚群岛，不同岛屿国家的文身名称也不尽相同，塔希提人称其为 tautau，萨摩亚人称其为 Tatau，汤加人称其为 Tatatau，夏威夷人称其为 Uhi，毛利人称其为 Moko。[①]19 世纪至 20 世纪中期，波利尼西亚地区被欧美殖民化，基督教文化禁止当地人文身，很多岛屿上的文身文化遭到了毁灭性的打击，但萨摩亚的文身文化得以相对较好地保留了下

---

① 根据考古知识，波利尼西亚地区居民的先祖约在 4000 年前从东南亚等地迁移到此，并带来了文身文化。1769 年，英国詹姆斯·库克船长及其探险队造访了塔希提群岛并绕行新西兰岛一周，随船的博物学家约瑟夫·班克斯和插画家悉尼·帕金森对当地的塔希提人和毛利人的文身文化进行了文字记述和素描，这也是最早详细记载波利尼西亚文身文化的记录。同一时期，荷兰和法国的航海家也留下了关于萨摩亚人文身的记录。

来。① 20世纪八九十年代，波利尼西亚人认识到了寻回自己文化身份的重要性，波利尼西亚"文艺复兴"蔚然兴起，文身文化在波利尼西亚各族群和群岛间重新流行起来。

萨摩亚是人类古老文身文化发源地之一，文身的萨摩亚语是 Tatau，意为"刻下印记"。文身现象在萨摩亚人群中十分普遍，文身文化代表着萨摩亚精神和传统艺术文化，② 萨摩亚人希望通过文身符号获取神的庇佑和力量，或表述自己和家族的故事，或表达对亲人的思念和家庭的热爱。文身图案多来源于大自然和日常生活，常常与个人性格和喜好、家族历史和责任、财富和社会地位等相关联，除了菱形图案是女性专属外，大多数线条、几何图形、动植物图形、海洋图案等男女通用。③ 在身体不同位置上的文身图案的含义也不同，头上的图案常与灵魂、知识和直觉有关，小臂和手上的图案则与创造力和创新性有关。

男性文身（Pe'a）是萨摩亚男孩的成人礼，标志着男孩在身体和精神上已经成为男人；文身范围从肩膀、背部、腰部到膝盖，线条粗壮、面积较大、图案色深，可以彰显男人的阳刚、勇气、荣誉、责任和力量。而女性文身（Malu）的范围主要是在后肩、上臂、大腿、腰部、下腹或者手背、脚踝等处，线条纤细秀美，图案小巧清晰。

2. 婚恋习俗

萨摩亚婚姻自由，年轻情侣趋向于自由恋爱，但结婚必须得到双方父母的许可，私奔或强行结婚都得不到家族的认可。如果女方未婚怀孕也不允许堕胎，家庭不同意或者自己不愿意结婚的，孩子出生后归女方家庭抚养。情侣关系发展到可以结婚的时候，男方家庭要到女方家提亲，而女方家庭要核实双方是否具有近亲关系，并考察男方的家庭、人品、经济实力等因素。萨

---

① 比如，在法国人统治下的塔希提和马克萨斯群岛，文身一度达到几近灭绝的地步。在新西兰，文面的毛利人头成为欧洲人奇货可居的收藏品，还催生了令人恐怖的"人头交易市场"，引发了毛利各部落之间非常残酷的战争。
② 吴平、岳晶晶、孙昊宇主编《太平洋岛国国情研究》，北京：时事出版社，2019年，第157页。
③ 刘建峰、王桂玉编著《太平洋岛国旅游之波利尼西亚》，北京：社会科学文献出版社，2018年，第158页。

摩亚不存在订婚聘礼的问题，婚前女方家庭通常会给男方一些钱，而男方只需回赠精美的席子而已；婚后双方可根据实际情况选择居住在男方家庭或是女方家庭。

（四）工艺品类旅游资源

萨摩亚人身居太平洋中心深处，拥有浓厚的波利尼西亚文化传统，他们因地制宜利用当地材料制作了许多独具民族特色的生活工艺品。

1. 编织品

草席是萨摩亚最常见、多用途的编织物品，一般分为粗糙的地席和精美的睡席。地席是比较粗糙的厚硬草席，是由露兜树（pandanus）的长条细纤维叶片（宽约 1 厘米）进行纵横编织或 45 度斜线编织而成的，制作简单，耗时约为 1 周，通常直接铺在地上充当座椅（席地而坐）。睡席是精美的细软草席，由露兜树叶的细纤维紧紧编织而成，材质细腻、图案精美，多有花边和羽毛装饰，制作考究、编织要求高，耗时 3~5 个月（甚至更长时间），通常铺在地席上面充当床铺（席地而睡）。精美的睡席多作为婚礼、葬礼、家族成员荣升马他伊等特殊日子里敬献的精美礼物。

此外，萨摩亚人还用棕榈树叶编织日常生活中的实用物件，如篮子、地垫、碗垫、杯垫等。

2. 树皮布和树皮画

树皮布的萨摩亚语为"塔帕"[①]（tapa），是用构树（楮树）的内层树皮通过特殊工艺制作而成的纤维布。这种布起源于萨摩亚、汤加和斐济等地，是当地居民最早的服装原料，它的出现改变了当地人以往全身赤裸或穿草裙的习惯，是太平洋岛国服饰文明发展史上的重要里程碑。在萨摩亚早期历史上，树皮布长期被用来作为服装的材料，甚至作为当地的一种货币。[②] 现在的萨摩亚人都穿化纤布或棉布制成的衣服，基本上不再使用树皮布

[①] 塔帕是太平洋诸岛屿树皮所制纤维布的统称，可能在不同的国家会用不同的材料制作，萨摩亚人用嫩构树皮（楮树皮），汤加人用嫩桑树皮，其他国家的人们用木槿或无花果的嫩树皮，这些树都属于桑科树种。

[②] Lay, Graeme, Tony Murrow & Malama Meleisea, *Samoa: Pacific Pride*, Auckland：Pasifika Press Ltd., 2000.

（大都用来制作树皮画），而塔帕布就变成了地位和身份的象征，只允许身份高、拥有特权的少数人在传统重大仪式上穿用（女性将塔帕围身穿戴，男性则用作头巾或者缠腰布）。此外，树皮布作为一个重要的传统文化元素，现在主要用于婚礼、葬礼等传统仪式的室内外装饰或礼物赠送。

树皮画是在树皮布上作画（印染图案）的艺术品，是萨摩亚最古老的传统工艺，也是当地最具历史感和岛国特色的工艺品。树皮画受限于模板大小，多为30厘米见方或者60厘米×30厘米的长方形。2平方米及以上的巨幅树皮画制作繁杂、价格昂贵，通常只在新马他伊当选或贵宾迎送仪式等大型聚会活动中，马他伊的女儿将树皮画裹在身上，向客人敬献卡瓦酒或者表演舞蹈时展现出来。

3. 木雕

萨摩亚的木雕主要分为大型根雕和精细雕刻，大型根雕是采用榕树的树根雕刻而成的工艺品，这种巨型装饰品多放在当地酒店、政府机构的大厅；精细雕刻是选用当地生长缓慢、质地坚硬、密度大、造型简单、不易腐烂的树干雕刻而成的各种工艺品，其中卡瓦酒盆[①]最具萨摩亚特色，是大型聚会上制作卡瓦酒的重要容器。萨摩亚木器都是手工制作而成的，利用锤子、钻头、刻刀等工具从一整块硬木上精细雕刻出各种工艺品，再用贝壳或椰壳等物品进行点缀。

（五）人文建筑类旅游资源

1. 传统房屋——法雷

萨摩亚的传统房屋叫"法雷"[②]，按照规模大小可以分为大型的"法雷特雷"（fale tele）、中型的"法雷阿侯劳"（fale afolau）和小型的"法雷欧欧"（faleo'o）三种类型，"法雷特雷"是一个大屋子（接近圆形），是家人集体

---

① 卡瓦酒盆是选用马胡列（maholiant）或柑橘（tanberine）树的一块木材精细雕刻而成的木盆，上下通体圆柱形，圆形盆口的直径为12~30英寸（1英寸=0.0254米），盆身内外雕刻有传统图案，盆底有4~24个支撑腿均匀分布。

② 斐济和汤加也有类似建筑，但萨摩亚人对法雷的需求和使用更加重视，法雷也更具太平洋岛国特色。

开会、会客、就餐、娱乐、休息等各项日常活动的主要场所，超大的"法雷特雷"（大礼堂）可以供整个家族举行集体活动时使用；"法雷阿侯劳"多是住宅卧室（长椭圆形），约长4米、宽3米、高2.5米；"法雷欧欧"是小屋子（椭圆形），作为主屋的附加建筑，常用作厨房或临时的休憩屋（海边的茅草屋）。

萨摩亚的法雷按照建筑材料和简易程度可以分成简易法雷、传统法雷、封闭式法雷和现代法雷四种类型。

其一，简易法雷是开放式建筑，底部架空，四周用几根柱子支撑房顶，屋顶上覆盖着编织好的棕榈树叶，没有门窗，没有墙壁，没有桌椅板凳，直接在木质地板上席地而坐或席地而睡；这种简易法雷其实就是茅草亭，在萨摩亚的海滩随处可见，多用于游客休憩和就餐使用。

其二，传统法雷是半开放式建筑，大多建在珊瑚岩地基上，四周木柱支撑着茅草顶，再用椰树叶编织成的卷帘悬挂在法雷四周，下雨时放下来挡雨，没有雨时卷起来方便通风。屋内摆设极简（少有家具），往往只有一个放衣服的木箱和睡觉用的露兜树叶草席。这种传统法雷主要存在于偏远农村和偏僻小岛上的贫穷地区。

其三，封闭式法雷是在传统法雷基础上改良的建筑，用高一米的长凳连接并加固支柱，用铁皮（或彩钢瓦）加盖屋顶，用木板、石棉瓦片或化纤板材拼接成墙壁，室内有一些简易家具和简单家电。现在很多萨摩亚人的住房都是改良法雷。

其四，现代法雷对传统法雷的用材进行了彻底改造，大量使用现代建筑材料，用水泥砂石浇灌成地基，用混凝土建造支柱，用钢构框架支起房顶，用铁皮（或彩钢瓦）加盖屋顶，用空心砖垒砌墙壁和隔断等，用塑钢（或铝合金）材料制作门窗等，这种现代法雷往往是政府、学校、度假村建造的巨型法雷，供人们集会时使用。

2. 宗教建筑

萨摩亚是一个全民信仰宗教的国家，宗教思想深深地根植在萨摩亚人心中，已经成为人们日常生活中不可或缺的精神支柱。萨摩亚最精美的建筑物是教堂，大街小巷、城镇乡村随处可见各式教堂，主要有伦敦公理会教堂、天主教堂、摩门教堂等，其中旅游美学价值较高的有圣母玛利亚大教堂、耶稣基督后期圣徒教会教堂和巴哈伊教堂等。圣母玛利亚大教堂具有波利尼西亚风格，是萨摩亚最美的天主教堂；耶稣基督后期圣徒教会教堂高大宏伟，是萨摩亚的第一个摩门教堂；虽然在萨摩亚信奉巴哈伊教①的人数很少，但是萨摩亚巴哈伊教堂是世界上八大巴哈伊教堂中的一个，也是当地一个非常著名的宗教建筑。

（六）民俗体育类旅游资源

民俗体育旅游是旅游目的地依托自身特色的民俗体育资源，向旅游者提供观赏、参与、体验民俗体育项目的旅游活动，这是一种深体验、高参与、高品位、高层次的旅游活动。萨摩亚的民俗体育旅游活动主要有冲浪和海钓、浮潜和水肺潜水，以及橄榄球赛事和龙舟赛等。

1. 海上冲浪与海钓运动

萨摩亚的冲浪地点多位于南海岸的东部和中部，那里海浪平稳有力，暗礁较少，符合开展冲浪运动的环境和专业要求。当地有多家专业冲浪公司（度假村）为游客提供冲浪设施、教练员和专业看护，以及住宿和餐饮等旅游服务，可以满足冲浪爱好者的各种需求。

萨摩亚海洋鱼类繁多，周围很多海域都适合开展海钓娱乐消遣活动。喜爱钓鱼的游客可以向专门的服务商购买（或租借）海钓设备，如可以向当地游艇出租公司（或渔民）租借游艇（或渔船）出海海钓，一边听风看海，一边体验海钓乐趣，一边享受丰富的海钓成果。

2. 水下浮潜与水肺潜水运动

萨摩亚海域水温终年保持在26℃～29℃，海水年日照时间长，很多地方海水清澈，能见度高，适合浮潜运动。②水肺潜水运动环境要求苛刻，经

---

① 巴哈伊教是全世界最年轻的宗教，信徒不超过800万人，该教不接受馈赠，所有经费依靠教徒捐赠，信徒主要在家里举行聚会。
② 萨摩亚乌波卢岛的帕鲁鲁深海保护区、萨瓦伊岛的萨瓦伊潜水中心具有很好的浮潜条件，海水清澈，能见度高，海底美丽的鱼儿和悠闲的海龟都能一览无余。萨瓦伊潜水中心还为游客提供专业的浮潜技术指导和浮潜设备，定期推出特别的夜间潜水体验项目。

常受地域、气候、技术等条件的限制，萨摩亚的南海岸有很多僻静海域，海水清澈、风浪较小、安全系数高，加上当地的水肺潜水活动中心为游客提供专业的潜水设备租赁、技术指导及培训服务，非常适合游客携带潜水设备潜入水下，体验和探索海底世界的魅力与神秘。

3. 橄榄球运动和龙舟赛

萨摩亚气候适宜，随处可见大片大片的草坪，适合用作橄榄球场地，几乎村村、校校都有橄榄球场。橄榄球运动①在萨摩亚十分流行，萨摩亚人已经把橄榄球视为国球，几乎人人都爱玩橄榄球、爱看橄榄球赛事，每年都会举办各种橄榄球俱乐部赛、校际橄榄球赛等。萨摩亚人号称"世界上最强壮的民族"，身体强壮、爆发力强，也非常适合橄榄球运动。萨摩亚组建的萨摩亚橄榄球队是 7 人制国家橄榄球队，属于世界强队，多次在世界范围内获得 7 人制橄榄球赛冠军。

萨摩亚的国庆日（独立日）和国际旅游节期间会有长舟大赛，每条龙舟长达 30 米（可乘坐 46 位参赛者），参赛者手执长桨，两人并排坐在长舟两侧，鼓手坐在船头给参赛者加油助威，掌舵者坐于船尾负责控制长舟的方向。②

（七）娱乐节庆类旅游资源

1. 传统舞蹈

萨摩亚素有歌舞之邦的美誉，传统舞蹈主要有火刀舞、拍打舞、希瓦舞和草裙舞等多种类型，其中火刀舞和希瓦舞最具萨摩亚特色。

火刀舞是萨摩亚男人的专属舞蹈。传说古代萨摩亚人用装上锋利刀钩的坚硬棍棒抵御外敌侵袭胜利后，人们就在棍棒两头蘸上松脂、燃起火焰、尽情歌舞以示庆祝。火刀舞的参与者都是强壮的小伙子，上身赤裸、下身着草

---

① 橄榄球运动起源于 1823 年英国格拉比城市的格拉比学校，是由足球运动衍生而来的。在 1900 年，国际奥委会主席顾拜旦将英式橄榄球正式引入奥运会，随后橄榄球运动传播到太平洋岛国地区。
② 刘建峰、王桂玉编著《太平洋岛国旅游之波利尼西亚》，北京：社会科学文献出版社，2018 年，第 159 页。

裙，手舞火刀、辗转腾挪，充分体现了舞者的勇敢和刚强。①

拍打舞（Fa'ataupati）也是萨摩亚男人的专属舞蹈（或偶有女人在后面助音），男性团体跟随鼓点节奏猛烈拍打身体（快速拍击胸部、手臂和腿）、配以叫嚷和吼哼之声。拍打舞是从古代战舞演变来的，类似新西兰毛利人的哈卡（Haka）舞②，是古代勇士们出征之前献给神灵、祈祷战斗胜利的舞蹈，后来被广泛地用在欢迎来宾、部落聚会等仪式活动中，现在变成了纯粹消遣娱乐的表演。

希瓦舞（Siva）是萨摩亚女人的专属舞蹈，是每一个女性必须会跳的舞蹈，她们头饰贝壳和羽毛，用草席或树皮布裹住上身成为抹胸筒裙（或身穿传统的普利塔斯套裙），手指轻柔地屈伸，腰肢灵活扭动，脚下轻微地挪动，和着音乐翩翩起舞，尽情地展现萨摩亚女性的慈爱、温柔和甜美。

草裙舞③又叫呼啦舞（Hula），在萨摩亚也非常流行。跳草裙舞时，年轻女性上身穿着抹胸内衣（或上衣），下身穿着用稻草编织的草裙，而男性上身赤裸，腰部围裹草裙，小腿扎着草束，男女随着鼓点声快速扭动腰部、抖动臀部，动作激烈、狂野、豪放，尽情展现萨摩亚年轻人的青春、活力、奔放与热情。

2. 音乐和乐器

萨摩亚音乐主要有教会音乐、欧美流行音乐、传统音乐等类型。教会音乐影响甚广，萨摩亚人从小在教堂和学校学习教会音乐，家庭聚会也要演唱教会歌曲。除了教会音乐外，欧美流行歌曲和摇滚乐在萨摩亚广受欢迎，一些当地乐队放弃了萨摩亚传统音乐而改为演奏此类音乐。传统音乐的节奏和

---

① 参与火刀舞的萨摩亚男人们上身赤裸，露出宽厚的臂膀和野性十足的文身，粗壮的胳膊上扎着几束细条树叶，脖子上挂一串贝壳（棕榈叶）项链；下身围着树叶，树叶垂至膝盖，小腿上绑着彩带插上树枝。跳火刀舞时，这些小伙子都赤膀光脚，手中挥动着火刀，左旋右转、前俯后仰，舞姿矫健，火焰飘忽，或扔或抛或旋转，动作瞬息万变，表现出了他们的勇敢和刚强。
② 哈卡舞源于夏威夷和波利尼西亚，是居住在新西兰的毛利人的传统舞蹈，是一种动作、拍打配以叫嚷和哼声的团体舞蹈，在汤加、塔希提岛、萨摩亚等各太平洋岛国和地区都有略异的哈卡舞（拍打舞）。
③ 太平洋岛国和地区的土著穿着草裙跳的舞蹈皆可称为草裙舞，例如塔希提岛、夏威夷、斐济、汤加、萨摩亚以及新西兰等地，都流行这种具有波利尼西亚文化特色的舞蹈。

曲调较为简单，多使用简陋的传统打击乐器（或弦乐器）为传统民族舞蹈伴奏。

传统的萨摩亚乐器有打击乐器和弦乐器，打击乐器有 Pate 木鼓和 Fala 草垫鼓，弦乐器有 Selo 琴和 Ukulele 琴。Pate 木鼓是中空的原木裂隙鼓乐器，由镂空的米罗木制成，能发出独特而响亮的声音。Fala 草垫鼓是把露兜树叶草垫卷起来，里面塞入竹筒或空瓶，然后用两根木棒击奏发声的乐器。Selo 是一种类似扫帚的弦乐器，拨弄琴弦可以拉出类似贝斯的声音。Ukulele（乌克丽丽）则是一种像小吉他的乐器，只有四根琴弦。①

3. 旅游节庆活动

萨摩亚独立日（国庆日）是 6 月 1 日，每年都要举行独立日盛大游行庆祝活动，国家元首、总理、全体内阁部长、驻萨外交使节及国际组织代表都会受邀参加庆祝活动。独立日庆祝活动贯穿一整天，黎明举行升旗仪式，国家元首亲自升旗；上午数万全国民众齐聚首都广场，观看社会各界游行方队接受国家元首检阅；下午由各村分别组队表演民族传统节目；等等。

萨摩亚的国花是红花月桃（Teuila），也叫红姜花，是姜目姜科山姜属中最著名的观赏花卉之一，多年生草本常绿植物，生长于热带和亚热带地区，花朵色彩艳丽，在萨摩亚广泛用于室内插花、花环制作、家庭装饰和节日活动点缀等。萨摩亚在每年的 9 月初举办为期 1 周的国花节庆活动，节日期间有多种娱乐节庆活动，包括国花节游行、国花小姐选拔和传统歌舞比赛，以及乌木美食制作展示、编织品展销、手工艺品展销等活动。

二 关于萨摩亚民俗旅游资源开发措施的建议

民俗旅游能为游客带来全方位感官体验，能够满足旅游者"求新、求异、求乐、求知"的心理需求，是一种高层次的文化体验活动。民俗旅游资源开发应大力提升民俗旅游项目的欣赏性、参与性、体验性等，满足游客高层次的文化体验需求。

---

① 付超、张剑锋编著《太平洋岛国社会文化概论》，济南：山东大学出版社，2018 年，第 155 页。

（一）美食类旅游资源开发措施

1. 多种烹饪方式开发面包果美食

萨摩亚食用面包果的传统烹饪方式是烧石煨烤，但这种制作方法很费体力，常由男性负责，多在招待贵宾或重要节日时才使用这种方法。现在当地人多采用水煮或烧烤的方式，大块煮或大块烤面包果，这两种烹饪方式的优点是技术简单、容易操作；缺点是直接架火烤的面包果的外表糊焦和干硬，焖煮的面包果会因吸收水分太多而清脆易嚼，失去其原本味道。当然，萨摩亚人无论是烧石煨烤，还是水煮或烧烤，面包果加工后的味道都相对单一，不能满足国际游客口味的多样化需求。

面包果自身的味道像面包又像白薯，烤、煮、炸等各种加工方式皆可，建议使用蒸、煮、烤、炸、炖、炒等各种烹饪方法，开发出各种面包果美食。比如，通过油炸、裹糖等步骤制作的拔丝面包果，应该会像拔丝地瓜或拔丝山药一样香甜美味；用笼屉蒸的面包果，应该会像南瓜一样柔软甜美；未成熟的面包果切片后烘烤，吃起来松软香甜，味道如面包或熟马铃薯；也可以用面包果炖肉或进行麻辣小炒；等等。

2. 传统饮食制作过程展示

（1）烧石煨烤食物展示

烧石煨烤食物是一种原始的烹饪方式，游客可以尝试和体验天然环境下的烹饪劳苦和乐趣，同时也学习了野外生存的基本技能。烧石煨烤叫"乌木"（Umu），是萨摩亚人的传统烹饪方式，包括地坑煨烤（挖坑烧石焖烤）和地上垒石煨烤两种方式，烹制过程基本一样，都是先用火烧石头，放置食物，再覆盖湿树叶，最后焖熟后食用。①

---

① 其一，地坑煨烤时，要先挖一个长方形的地坑加入木头燃烧，再覆盖一层鹅卵石预热，然后把面包果、芋头、香蕉和肉类等食物分别包裹在树叶中，一包一包地放在预热好的鹅卵石上，盖上多层打湿的椰树叶（香蕉树叶、面包树叶）等，焖煨约45分钟后取出食用。其二，地上垒石煨烤时，在沙地上铺上石头（不用挖坑），边缘用较大的石头垒起来，然后中间用火将石头烧热，剩余步骤与地坑煨烤基本一样，把食物包裹在树叶里放在滚烫的石头上，上面盖满多层打湿的椰树叶（香蕉树叶、面包树叶），也是焖煨约45分钟后取出食用。

(2) 烤全猪展示

烤全猪（乳猪）是萨摩亚马他伊会议、婚丧嫁娶、老人寿辰等重要宴席上的重头菜，烤制好的乳猪通体金黄色，油光发亮、外焦里嫩，外皮焦脆犹如北京烤鸭的脆皮，内肉鲜嫩爽口。

(3) 卡瓦酒仪式展示

卡瓦酒仪式是萨摩亚礼仪活动中最高礼节的象征，是生死、婚嫁、迎送宾客、祭祀等重大场合不可缺少的重要活动，是展现萨摩亚传统社会文化的重要民俗活动，主要包括制酒、献酒、饮酒等一整套复杂而又精致的程序。① 国际游客受邀参加当地卡瓦酒仪式活动，可以欣赏和体验萨摩亚特色的卡瓦酒文化，深入感受萨摩亚传统社会礼仪习俗。

(4) 尝试制作帕卢萨米和木瓜甜汤

帕卢萨米和木瓜甜汤的制作较为简单，可以让游客亲身体验其制作过程。②

3. 饮食类旅游商品开发

(1) 面包果、诺丽果等果品类旅游商品

面包果和诺丽果可以通过深加工开发出果干、果粉等类型的旅游商品，以方便游客选购、携带和保存。把面包果和诺丽果切片晒干（风干或烘烤）后，可以加工成干果类食品，封装入袋后出售；把面包果磨制成粉，当作饼干、干酪、果酱或酿酒等食品的制作原料；把诺丽果加工成果干、果粉和果汁，可以分别用来煮汤、泡水和饮用等。

---

① 制酒过程必须由地位较高的女性负责，把事先已经捣成糊状的卡瓦根放进卡瓦酒盆里，倒入椰汁，用手揉搓，用纤维布过滤，甩掉木质颗粒，反复多次，直到细小的颗粒全部清除为止，留下灰白色的粥状液，即卡瓦酒。宾客在受邀参加卡瓦酒仪式饮用卡瓦酒的时候，主人先把卡瓦酒盛在椰子壳中，客人接卡瓦酒之前，要以双手击掌三下，随之一饮而尽，然后将空壳递还给主人，再击掌三下以示程序结束。

② 其一，制作帕卢萨米时，先把食材、椰浆和盐混在一起，再用新鲜的芋头叶包裹，然后在芋头叶的外面包裹上厚实的锡箔纸和香蕉叶，最后用热水煮或大火烤约30分钟就制作好了，去掉锡箔纸和香蕉叶之后，芋头叶和椰奶已经完全融合，食用非常美味。其二，制作木瓜甜汤时，先把木瓜放入热水中煮约5分钟，捞出木瓜并挤压成泥糊状；再把糊状木瓜、西米露放入锅中，加水并以中火煮约10分钟，要时时搅拌以避免粘锅；再加入椰浆，继续以微火煮约5分钟，至西米露呈现半透明、中间有白芯的状态时即可熄火；上盖焖5~10分钟，将西米露焖熟即可，食用时可按个人喜好加入椰糖。

（2）卡瓦粉和黑可可粉等饮品类旅游商品

日常饮用的卡瓦酒制作过程相对于卡瓦酒仪式过程要简单得多，人们直接将卡瓦树根茎洗净晒干、研磨成粉、藏入罐中，需要饮用时拿出粉末、倒入纱袋、筛出细小粉末、浸泡在冷水中，几日后卡瓦酒就酿成了。当然，卡瓦酒也可以"鲜榨鲜饮"，直接用新鲜的卡瓦树根茎榨出卡瓦汁，经过调制后再饮用，这种饮用方式最大程度地保持了卡瓦酒的原汁原味。

为了便利游客购买、携带和饮用，卡瓦粉和黑可可粉可以开发出冲剂型饮品，把卡瓦树根茎（黑可可）洗净晒干后、研磨成粉末、真空包装，需要饮用时拿出来用冷水浸泡（沸水冲泡）即可饮用。

4. 体验海鲜美食大餐

萨摩亚海产品口味鲜嫩、营养丰富。其中，金枪鱼、石斑鱼和苏眉鱼的肉质细腻鲜嫩，富含高蛋白，低脂肪、低胆固醇，富含人体所需要的多种维生素、氨基酸、矿物质和微量元素等；螃蟹、龙虾和九齿扇虾的个头大且味道鲜美，肉质细嫩而富含高蛋白，膏体厚实而脂肪含量低；海参营养高，种类繁多，个头硕大或小如手指，形似长茄或状如皮鞋，颜白如玉或墨如黑炭。

民以食为天，饮食是人们最基本的需求，美食能带给人们极大的物质享受和精神满足，是游客在旅游活动中的重要旅游体验内容，是旅游目的地（城市）标识、形象和品牌的重要构成要素。萨摩亚海产品的价格相对便宜，[①] 能极大满足游客对海鲜美食的需求。如果开展海鲜美食大餐活动，一定会深受国际游客的欢迎，极大提升他们的旅游体验。

（二）服饰类旅游资源开发措施

萨摩亚的民族服装能大大激发外国游客的购买欲望。外国男性游客来到萨摩亚后，亲眼见到"男人光明正大地穿裙子走大街"，就会非常期望亲

[①] 萨摩亚的海鲜交易不称重量，只看大小，看好了论条或论堆交易：大鱼论条卖，小鱼论堆卖，龙虾和螃蟹论只卖。比如，按照人民币价格核算，一只手掌大的龙虾售价仅 40 元，两只烤好的大龙虾约 100 元；一条半米长的金枪鱼 300~400 元，大金枪鱼切成块卖，一块 30~50 元；色彩斑斓的热带小鱼是最便宜的鱼，10 元左右一条。

身体验穿裙子（拉瓦拉瓦裙）的乐趣，满足自己穿裙子的好奇心，大大地刺激他们的购买欲望，不仅自己穿，甚至当作礼品买走送给亲朋好友。萨摩亚女性普利塔斯套裙是按照每一个女性的不同形体特点量身裁制的，能完美体现每一个人的形体美，也能极大激发女性游客对精美服装、特色服装的购买欲望。

对于萨摩亚的传统民族服装，应开发出多种材质、色彩、风格、图案、款式的拉瓦拉瓦裙装，满足不同游客对服饰类旅游商品的不同购买需求。游客可以根据自身的不同审美喜好，亲自选择布料、式样、图案和颜色，自行设计染料和印染部位，做出独属于游客本人的萨摩亚风格裙装。

（三）工艺品类旅游资源开发措施

1. 草席、树皮布（画）等工艺品制作演示

草席编织过程一般包括叶片剪条、海水软化、晒干、卷曲、切丝和编织等工序。① 游客在欣赏草席编织技艺的同时，也可以参与部分编织环节，亲身学习编织技能、体验编织乐趣。

树皮布工艺是典型的萨摩亚非物质文化遗产，其工艺制作流程具有很强的知识性、艺术性，通过放置少量素材、分步骤展示相关操作等，让游客欣赏树皮布制作的简化程序。②

树皮画是印有萨摩亚传统花纹的树皮布，制作多采用固定的图案模板印染，印染过程是模式化的，类似于中国的木版年画，进行简单的复制印染。印染图案大都是椰树、香蕉树、面包树叶子、露兜树根叶、木槿花，以及渔网、海鸟、鱼、海龟、贝壳等与萨摩亚人生活息息相关的素材。印染颜料都

---

① 要先把露兜树长长的叶子割下并剪成条状，再放进海水里清洗和浸泡进行软化处理，然后捞出洗净、晒干，再把卷曲的叶子切成细丝，最后再进行"十字交叉编织"或者"斜线×编织"。

② 树皮布多取材于1年左右的构树（楮树或木槿）幼苗，制作过程包括内层树皮剥离、反复刮洗、反复捶打、延展、黏合成布（纸）状等工序，要先剥离树皮并去除绿色表层厚皮，用贝壳蘸水反复刮洗内层以去除杂物和汁液，再浸泡和漂洗这些内层纤维，洗净后折叠成条状放置到石板上，用木棒反复捶打，柔白纤维均匀延展，变薄变宽变软，摊开晾干成大小不一的土色布片（纸片），最后把多个布片拼接和黏合在一起，就成了大树皮布。

是植物染料，多是黑色、红色、砖红色、棕色、黄色等颜色。① 游客可以体验树皮画的印制过程，选择自己喜欢的图案模板印染树皮画；也可以执笔自由发挥，涂鸦绘画自己喜欢的图案。

2. 工艺类旅游商品开发

精美草席、树皮画（树皮布）、卡瓦酒盆等工艺品是萨摩亚传统民族文化的象征，是萨摩亚著名的旅游纪念品和标志性礼品，如果把这些工艺品整合开发成文创产业，既有利于传统文化遗产的继承和发扬，又有利于促进当地居民就业和增加居民收入。类似同质工艺品在斐济、汤加等太平洋岛国地区也存在，市场竞争较激烈，必须打造出萨摩亚独有的工艺品品牌，建议有关旅游机构开展资源整合、品牌塑造、市场宣传、文化创意、产品深度开发等一系列市场营销活动。比如，做好产品创意和深度开发，开发相关文创产品、设立专门的文创商店，产品深度开发为壁挂装饰品、室内摆饰品和生活用品等。

（四）风俗类旅游资源开发措施

1. 文身过程展示

萨摩亚传统文身的过程漫长而痛苦，体现了萨摩亚精神：在萨摩亚人的思想观念中，只有能忍受文身痛苦的男子才是真正意义的"男人"，才能乐观地克服世界上的任何挑战。所以文身过程变成了一种神圣仪式，用来展现被文者的勇气和魄力，象征着其男人勇敢无畏的精神力量。

萨摩亚文身技艺在父子之间世代相传，文身工具和方法都没有太大的变化。萨摩亚传统的文身工具是锯齿状龟板刀、小木槌和颜料针，文身颜料是由贝壳灰和烛光烟灰制成的黑色墨水。文身过程通常由操刀文身师、传递工具者和为被文者擦拭汗水者三人完成，主要包括文身制作和刮洗去杂两大阶段。②

---

① 黑色通过燃烧石栗树种子外壳后的黑木灰得到，红色染料来自血树的树干，砖红色取自唇膏树的种子，棕色由石栗树的树皮制作而成，黄色则来自姜黄根。
② 在制作文身时，文身师先用龟板刀在皮肤上划下伤口，再用颜料针蘸上黑色颜料，用小木槌捶打颜料针钉入皮肤内，让黑色颜料渗透到皮肤内；文身制作结束3~4小时后还要进行刮洗去杂，用清水冲洗身体并用力刮擦文身部位，避免杂色掺入，确保图案更清晰、不杂乱。

文身现场操作经允许是可以让游客观看的，通过专业人员的详细解说，让游客直观地了解萨摩亚传统文身的文制手法，感受萨摩亚精神和传统文身文化；也可以让感兴趣的游客尝试文一个小图案①以作留念，切身感受萨摩亚人的勇敢和坚韧。

2. 婚庆

萨摩亚人的婚礼通常在村里或教堂里举行，婚礼过程中会有节目表演，除了提前排练好的节目外，多为宾客们的即兴歌舞表演，婚礼歌曲多是悠扬、圣洁的教会赞美诗歌。游客在当地人的允许下，可以去村庄或教堂参观婚礼过程、感受婚庆礼仪，甚至还可以借用当地的教堂举办一场具有萨摩亚特色的婚礼。

萨摩亚人的婚礼仪式如果在村里举行，村里的代言酋长负责主持婚礼，双方家族和村里的马他伊（酋长）都要出席婚礼，马他伊和牧师共同完成婚礼致辞。如果婚礼仪式在教堂举行，牧师按照西方传统主持婚礼，双方家族和村里的多位马他伊、双方亲属都要依次发言，致辞祝福新郎和新娘，而所有参加婚礼的人都要身着正装，整个仪式融入了太平洋岛国婚庆的传统风情味道和西方教堂的庄重及圣洁。

（五）人文建筑类旅游资源开发措施

1. 法雷建筑艺术欣赏和工艺品开发

萨摩亚的大型法雷（fale tele）是传统建筑艺术的集大成者，具有非常高的建筑艺术观赏价值。大型法雷的各式屋顶设计大都采用卯榫结构（类似中国的木结构建筑原理），把成千上万根粗细不同的木棍纵横交错编织起来，俨然就是一个大鸟巢。简易法雷类似中国的凉亭，结构简单、建造容易、费用低廉，适合在海滩、景区、度假区等地普遍推广，供游客休憩使用。

法雷建筑艺术还可以物化为建筑模型手工艺品，采用全卯榫、全装配、全拆卸方式，把法雷建筑物缩小到极致，用可爱的法雷模型直观展现萨摩亚

---

① 文身耗费时间根据文身面积大小不一，大面积文身需用1~2周，局部文身需要半天左右的时间。

传统建筑艺术,一方面模型制作者传承了萨摩亚传统建筑技艺,另一方面开发精美的法雷手工艺品增加了旅游商品收入。

2. 宗教建筑艺术欣赏和宗教仪式活动体验

宗教文化是人类传统文化的重要组成部分,而宗教建筑是宗教文化的重要载体,是广大信徒开展宗教仪式活动的重要场所。萨摩亚最精美的建筑大都是各式教堂,富丽堂皇、雄伟壮观,每一类教堂都堪称活的宗教博物馆,具有极高的艺术价值和观赏价值。

萨摩亚宗教文化资源的旅游开发,可以从宗教建筑艺术欣赏和宗教仪式活动体验等方面入手。首先,开启宗教建筑艺术欣赏之旅,让游客参观宗教建筑、欣赏宗教艺术、了解宗教(教派)历史演进、感悟宗教道德和哲学等。其次,经教堂方允许,让游客适度参与相关宗教仪式活动,参加集体祈祷、讲道、诵经、唱诗、祝福等日常宗教仪式,真实了解和感悟宗教文化中的人生哲理、价值取向、道德伦理规范等。最后,与教堂方合作开展宗教文化体验活动,包括带有宗教文化的歌舞、音乐会和婚礼仪式等活动,比如举办教堂婚礼(订婚)活动,在庄严神圣的教堂见证男女爱情的纯洁、婚姻的忠贞和婚姻价值观的升华等。

(六)体育运动类旅游资源开发措施

对萨摩亚体育旅游资源的开发,应着重于发展海上运动,打造萨摩亚海上赛事和海上运动的旅游热点城市品牌。

1. 丰富的海上运动项目

海上运动具有惊险、刺激、参与性强、观赏性强等优点,集娱乐、康体、竞技于一体,深受专业人士和普通大众所喜爱。萨摩亚要重视海上运动开发,丰富海上运动内容,开发水上自行车、摩托艇、赛艇、皮划艇、帆船、帆板、冲浪、滑水、航海模型、水上拖拽伞和水下潜水等多种体育项目,在相关水域附近设立专业的设备供应、培训服务和海上救生等机构,为海上运动爱好者提供全方位服务和保障。

2. 注重水下运动安全

开展水下浮潜和水肺潜水运动时要特别注重人身安全。浮潜包括水面浮游和水下屏气,具有一定的危险性,潜水者必须先取得相应的证书后才可进行水下浮潜。因此,可以在适宜浮潜的水域开设专业的浮潜培训机构并有资格颁发相应的浮潜证书,还可提供相应的浮潜设备和安全措施,进行一体化经营,既能满足游客需求,还能获取更多的经济效益。

水肺潜水运动是一项高危运动项目,经常受地域、气候、技术等条件的限制,对潜水者的潜水技术要求较高。按照国际惯例,参加休闲潜水运动的游客年龄必须大于10岁,初学者必须到专业潜水组织进行相应的课程学习和游泳练习,取得相应的潜水资格认证书,穿戴专业潜泳装备后,才能进行水肺潜水运动。①

3. 开发体育赛事(橄榄球、龙舟赛)旅游

现代体育赛事是一种跨界多种业态的经济活动,以体育赛事为基础开发体育赛事旅游,可以促进赛事举办地(城市)的文化、体育、旅游和商业融合发展,举办大型体育赛事可以显著增加体育旅游收入。萨摩亚旅游局数据显示,以2015年7月主办的全黑测试赛和9月英联邦青年运动会为例,这两项赛事的顺利举行使得萨摩亚假期旅游市场和体育旅游市场经历了较大幅度的增长,与2014财年相比,2015财年以"体育"为旅游目的的人数由1166人增长到2586人,旅游收入由370万塔拉增加到760万塔拉。②

萨摩亚橄榄球赛事和龙舟赛具有独特的民族文化特色,高水平的竞技性表演能满足体育赛事游客(爱好者)的观赏需求,适度的赛事参与和运动体验能让他们感受独特的萨摩亚体育文化魅力。另外,萨摩亚分别在1983年、2007年、2019年等多次举办"太平洋运动会",拥有丰富的国际体育赛事筹划、推广和管理经验。所以,萨摩亚通过举办国际橄榄球(冲浪、帆船、皮划艇、龙舟)赛事,开发国际体育赛事旅游,宣传、推广和展示具有萨摩

---

① 张善斌、李博:《高校休闲潜水课程中浮潜与入水技术的易犯错误及纠正》,《运动》2017年第18期,第101~102页。
② "Samoa Tourism Authority Annual Report (2015-2016)," Apia: Samoa Tourism Authority, pp.3, 35.

亚特色的人文文化，可以大大提升赛事举办地（首都阿皮亚）的城市文化品位和旅游经济效益。

（七）娱乐节庆类旅游资源开发措施

1. 歌舞表演、参与和比赛

萨摩亚人皆擅长歌舞，男人舞姿多野性阳刚、剽悍粗犷，女人舞姿多文雅柔和、细腻甜美。萨摩亚特色的火刀舞、拍打舞、希瓦舞和草裙舞都有很高的欣赏价值，除了火刀舞有一定的危险性，不适宜游客直接参与外，其他歌舞活动皆可以邀请游客参与其中。

萨摩亚的火刀舞在历届世界级火刀舞大赛中都取得了极佳成绩，拥有国际顶级艺术水平，如果在萨摩亚举办"太平洋地区传统民族舞蹈大赛"，发挥火刀舞国际影响力，引领拍打舞、希瓦舞、草裙舞融入萨摩亚特色而独树一帜，就有可能将萨摩亚打造成"太平洋地区传统民族舞蹈之都"。

2. 旅游节庆活动开发

萨摩亚的旅游节庆活动总体规模较小，影响力较弱，旅游经济效益较低。萨摩亚独立日（国庆日）庆祝活动还没有形成旅游节庆活动，需要积极策划相关旅游项目，做好国际旅游市场的宣传推广工作，吸引国际游客参观和参与。萨摩亚国花节虽有一定的规模和影响力，但仍局限于萨摩亚本国之内，需要大力宣传推广、提升国际影响力、打造旅游节庆品牌等。此外，利用海产品举办"海鲜美食节"，打造"美食旅游"名片，如果再结合某一节日、大型活动或者体育赛事同时进行，一定能为游客或当地居民增加"狂欢节"乐趣，用"美景＋美食＋节庆＋赛事"的旅游组合提升萨摩亚旅游的总体吸引力。

三 关于萨摩亚民俗旅游资源开发策略的建议

萨摩亚地处南太平洋波利尼西亚群岛中心，热带海滨海岛旅游资源非常丰富，传统民俗旅游资源相对不足，旅游业必然是以海滨度假旅游为主体、以民俗旅游为辅助的发展格局。

（一）依托热带海滨国际度假旅游，开发体验式民俗旅游

一方面，萨摩亚的热带海滨海岛旅游资源非常丰富，而传统民俗旅游资源相对不足，热带海滨的旅游吸引力要远高于萨摩亚的民俗旅游吸引力，旅游业必然是以海滨度假旅游为主体。另一方面，现代国际游客日趋成熟，旅游需求愈加全面，除了欣赏风景外，还要有丰富多彩的生活体验；他们对旅游活动的参与性要求也越来越高，不再满足于对有关民俗讲讲和看看的浅尝辄止，而是更倾向于对相关民俗的亲身参与和真实体验。所以，萨摩亚民俗旅游资源的开发策略必须从国际游客的消费需求心理出发，依托热带海岛海滨国际度假旅游，开发体验式民俗旅游，提高民俗旅游项目的参与性与娱乐性，吸引游客积极参与，为游客带来全方位的真实体验和感受。

（二）做好线路开发，打造波利尼西亚民族民俗文化品牌

萨摩亚热带海滨海岛资源丰富，为民俗旅游资源开发提供了良好的平台。民俗旅游线路开发时，要整合民俗旅游资源和海滨观光度假旅游资源，建立民俗村旅游点、设计环岛海滨旅游线、规划度假旅游区，打造萨摩亚民俗体验和观光度假点、线、面结合的旅游线路，构建民俗体验和度假旅游相统一的海岛旅游开发格局。

在各太平洋岛国中有与萨摩亚的衣、食、住、娱等很多民俗旅游资源相类似的资源，萨摩亚民俗旅游资源并不是独一无二的，存在较多的竞争市场。所以，萨摩亚的民俗旅游资源开发，必须深度挖掘自身独特性，比如火刀舞、卡瓦酒仪式、法雷文化和文身文化等，要突出萨摩亚的民族文化特色，提高相关民俗旅游项目品位，形成萨摩亚民俗旅游品牌，这样才能在波利尼西亚民族民俗文化中独树一帜。

（三）利用互联网新媒体和网络电商，做好网络宣传和市场营销升级

新媒体通过互联网和数字终端向世界各地用户提供各种信息服务，具有容量大、多媒体、个性化、多元化、跨时空、广覆盖、实时性、交互性等诸多优点，非常适合旅游目的地的信息宣传和形象塑造。萨摩亚民俗旅游资

源的开发要充分利用各种新媒体的影响力，做好形象宣传、品牌塑造和网络销售。比如，第一，与国内外综合网站、新闻网站、娱乐媒体合作，将萨摩亚民俗旅游资源以视频和图文的方式发布到互联网平台上，制造网络新闻热点、发布宣传促销信息等以提高知名度；第二，利用互联网博客、微信（国际版 WeChat）、抖音（国际版 Tik Tok）、脸书（Facebook）或者论坛等各种新媒体提升美誉度；第三，通过 VIP、积分、金币、代金券等奖励方式，让更多的新媒体终端用户、自媒体、网红等积极参与网络宣传促销活动；第四，建立萨摩亚旅游网络销售体系开展民俗旅游电子商务，通过 OTA 渠道推送相关萨摩亚民俗旅游线路，通过网络电商平台开办旅游工艺品网店销售萨摩亚民俗旅游商品等。

（四）传承与发展传统民俗技艺，加强专业人才队伍建设

受欧美宗教文化、流行音乐、快餐等外来文化的影响，萨摩亚社会盛行教会音乐、流行音乐和摇滚乐，萨摩亚人上身西装和下身传统服装混搭，追捧炸鸡汉堡和油炸食物等。同时，萨摩亚出现传统音乐元素被舍弃、文身受宗教思想约束、树皮布衣料被化纤布匹取代等现象，一些古老习俗和传统技艺面临失传的风险。传统民俗文化是民俗旅游发展的基础，民俗旅游资源开发就是在对传统民俗文化进行商业性开发的时候，在保护和传承经典的基础上发展和创新经典，实现传统民俗文化的保护、传承、发展和创新的融合新生。萨摩亚传统民俗文化的传承与发展离不开专业的民俗文化人才队伍，对传统民俗技艺积极挖掘、抢救、保护、传承、扶持、发展和创新。为此，要通过学校教育、社会培训、商业运作等各种方式，鼓励更多的萨摩亚年轻人从事传统民俗文化事业，打造高素质专业人才队伍，才能实现民俗旅游的可持续发展。

综上所述，经过深入调查、详细分析和系统归类，萨摩亚民俗旅游资源主要包括主食、菜品、饮料、酒水、海鲜等美食类资源，拉瓦拉瓦裙装服饰类资源，文身风俗类资源，草席、树皮布和木雕等工艺品类资源，法雷建筑类资源，海上运动和橄榄球赛事等体育类资源，火刀舞、拍打舞、希瓦舞和草裙舞等娱乐类资源，以及独立日游行和国花节等节庆类资源，等等。虽然萨摩亚民俗旅游资源丰富多彩，但是萨摩亚民俗旅游资源开发的广度和深度均有不足：民俗旅游资源的吸引力较弱、民俗活动的参与性和体验性不强、民俗旅游商品价值未能深入挖掘、民俗旅游的宣传促销力度不够、民俗旅游资源的同质性较强等。为了实现萨摩亚民俗旅游的蓬勃发展，应该针对不同类型的民俗旅游资源，采取展示、表演、购物、体验和参与等不同的开发措施；开发策略应该依托热带海滨国际度假旅游，开发体验式民俗旅游，利用互联网新媒体宣传推广，打造波利尼西亚民族民俗文化品牌，实现民俗旅游的可持续发展。

·教育·

中国与太平洋岛国职业教育合作路径机制探究[*]

李德芳　魏凡茜[**]

摘　要：职业教育是促进国家经济和社会发展的重要推动力量。独立后的太平洋岛国重视职业教育的发展，大部分国家都建立起了与普通教育相结合的中等和高等职业教育体系。太平洋岛国社会发展程度及资金、师资等资源的制约，使大部分太平洋岛国的职业教育面临专业设置落后、教学质量不高、校企合作机制不健全等问题与挑战。近年来，随着太平洋岛国职业教育国际化需求的增加，中国与太平洋岛国的职业教育合作也取得初步进展。未来，双方应着力创新合作理念、合作模式和合作路径，为中太共建"一带一路"培养专业化人才，也为中太民心相通奠定社会和民意基础。

关键词：中国　太平洋岛国　职业教育　教育合作

职业教育是国民教育体系和人力资源开发的重要组成部分，职业教育交流与合作是促进民心相通和国家关系的重要基石，在"一带一路"建设中具有基础性和先导性作用。2016年7月，教育部制定了《推进共建"一带一路"教育行动》，为推动中国与"一带一路"共建国家开展职业教育交流与合作提供了重要契机。太平洋岛国是"21世纪海上丝绸之路"南线的终点，也是中国建设海洋强国战略的重要战略区域。加强中国与太平洋岛国职业教育的交流与合作，是中太共建"一带一路"的重要组成部分，同时，又为中太共建"一带一路"提供了重要的智力支持与人才支撑。近年来，太平洋岛

---

[*]　本文系聊城大学科研基金项目"21世纪海上丝绸之路视域下中国—太平洋岛国民心相通研究"（321021905）、聊城大学太平洋岛国研究创新基金项目"帕劳史研究"（31940210003）的阶段性成果。

[**]　李德芳，博士，聊城大学马克思主义学院副教授，聊城大学太平洋岛国研究中心研究员，主要研究方向为太平洋岛国外交及帕劳；魏凡茜，聊城大学马克思主义学院2022级硕士研究生，主要研究方向为思想政治教育。

国职业教育的区域化和国际化趋势不断显现,中太在职业教育与培训方面的合作也取得初步成果,但在合作层次和质量方面还比较薄弱。因此,探究中国与太平洋岛国职业教育的现状、路径及趋势,对于推动中太共建"一带一路",深入开展中太"民心相通"交流活动具有重要意义。本文力图在梳理太平洋岛国职业教育体系、运行机制及其发展趋势的基础上,探究中国与太平洋岛国职业教育合作的可行路径机制。

一 太平洋岛国职业教育发展现状及特点

太平洋岛国在历史上长期处于英、法、德、日、美、澳、新等国的殖民统治或托管统治之下,包括其职业教育在内的教育体制深受这些前殖民宗主国的影响。独立后的岛国非常重视职业教育的发展,建立并形成了具有岛国特色的职业教育模式。太平洋岛国职业教育由中等职业教育和高等职业教育构成,有些岛国的职业教育还延伸到小学高年级。中等职业教育一般由普通高中和专门的职业学校承担,高等职业教育大多由社区学院承担。

(一)太平洋岛国职业教育的兴起与发展

太平洋岛国的职业教育大多发端于殖民地时期宗主国为开发岛国资源而开设的一些职业培训机构。这类培训一般技术含量不高,以培养从事农产品、渔业产品等初级产品的生产和加工的劳工为主,培训的层次也大多属于初等和中等职业教育。如日本统治帕劳期间,日本殖民政府就通过设立"高级教育"学校和木工学徒培训中心等教育和培训机构对帕劳青少年进行职业技能教育和培训,为殖民地经济发展提供所需的技术工人和农业劳工。日本殖民政府开设的"高级教育"按性别进行职业技能教学,对男生进行从事农业活动的技能训练,对女生进行从事家庭活动的技能培训。1915年到1935年,有4637名帕劳青少年从科罗尔"高级教育"学校毕业。[①]在所罗门群岛,基督教各教派创立的教会学校在传授教会教义的同时也传授职业技能,学生

---

① Takashi Mita, *Japan's Development Assistance in the Republic of Palau: Community Impacts and Effects*, Bell & Howell Information and Learning Company, 2001, p.42.

参与种植园、造艇等工作。在卫理公会创办的中专学校里，一般都会提供职业技术教育。①20 世纪 60 年代，在美国托管时期，美国在太平洋岛屿托管地建立了密克罗尼西亚社区学院，开启了岛国的高等职业教育进程。

此后，太平洋岛国职业教育及其职业教育体系是随着岛国的独立而逐渐发展完善起来的。伴随 20 世纪 70 年代太平洋岛国的独立进程，各国师范教育学校和高等院校逐渐增多，职业教育也随之有所发展，独立后的岛国基本建立起中等和高等职业教育体系。基里巴斯从 20 世纪 70 年代开始实施三年制社区中学实验计划，积极推行"实用学科教育"，为社区培养具有职业技能的"实用人才"。所罗门群岛独立后，也在欧共体（欧盟）的援助下兴建了一些乡村培训中心，为乡村的年轻人就业提供技能培训服务。

20 世纪 90 年代后，随着太平洋岛国旅游业、现代农业等相关产业的兴起，岛国对专业技术人才的需求也不断增多，岛国政府普遍意识到优先发展技术和职业教育培训对国家发展的重要性。在此背景下，太平洋岛国的职业教育进入快速增长时期。所罗门群岛政府非常注重教育在人才培养中的作用，并强调制定支持青年人成为未来领导人的国家政策为优先事项。② 萨摩亚政府则呼吁进一步普及信息通信技术，并以变革的方式帮助教师使用新技术，以提高学习效率。③ 同时，在联合国教科文组织的推动下，太平洋岛国建立了一批专业化水平较高的职业教育学院和培训机构，为岛国经济和社会发展培育了大量的技术人员和专业人才。如成立于 2013 年的库克群岛培训学院，是库克群岛最主要的专业化职业教育机构，由库克群岛酒店与旅游培训中心、库克群岛贸易培训中心等学校合并而成，能够为拉罗汤加岛和外岛地区提供全日制和非全日制的职业培训以及范围广泛的社区教育课程等。④

进入 21 世纪，太平洋岛国职业教育取得了较快发展，逐步建立起了较为完善的中等和高等职业教育体系。同时，为了适应国内经济社会发展的需

---

① 张勇编著《所罗门群岛》，北京：社会科学文献出版社，2016 年，第 187~188 页。
② 《太平洋岛国重视发展教育、科学和文化》，联合国教科文组织网站，2022 年 5 月 2 日，https://zh.unesco.org/news/tai-ping-yang-dao-guo-chong-shi-fa-zhan-jiao-yu-ke-xue-he-wen-hua。
③ 《太平洋岛国重视发展教育、科学和文化》，联合国教科文组织网站，2022 年 5 月 2 日，https://zh.unesco.org/news/tai-ping-yang-dao-guo-chong-shi-fa-zhan-jiao-yu-ke-xue-he-wen-hua。
④ 王作成编著《库克群岛》，北京：社会科学文献出版社，2017 年，第 133 页。

要，岛国在加快职业教育方面有着强烈的国际交流合作的诉求，并且在区域性职业教育合作方面取得了较大进展，建立了岛国区域性协调中心，并对职业教育机构进行功能分层，提高职业教育的教学质量。不过，太平洋岛国的职业教育还没有形成统一的地区资格框架，区域职业教育合作仍然存在很多困难，国际合作也处于起步阶段。

（二）太平洋岛国职业教育的特点

1. 政府在职业教育中发挥着重要的推动作用

太平洋岛国多为不发达的发展中国家，面临促进经济和社会发展的任务。发展职业教育，为国家的经济社会发展培养各类技能人才，成为独立后的岛国政府亟须解决的问题。各岛国政府在职业教育体系的建立、课程设置、质量评估、专业认证等方面，都发挥着重要的推动作用。

巴布亚新几内亚是太平洋岛国中人口最多的国家，也是职业教育比较发达的国家。独立后，巴布亚新几内亚政府非常重视职业教育在提升国民素质和促进经济社会发展中的作用，技术培训与教育培训被纳入教育部和政府工作的重点。政府设立了国家培训委员会、国家评估与商务考试委员会，并与地方政府、社区和相关企业共同设置相关培训课程。职业培训课程需要在国家资格认证机构备案，职业培训学校和假期教育培训学校都需要进行资质认证，相关机构也会对有工作经验或培训经历的在职人员进行技能和工作考核、评估、技能认证。巴布亚新几内亚的职业教育主要由商业与技术学院和遍布全国的100多个假期教育培训中心承担。目前，巴布亚新几内亚职业教育已经形成了"学校—技术培训与假期教育培训—就业或接受更高级别职业培训"这一比较完善的职业教育体系。①

斐济作为太平洋岛国地区第二人口大国，政府也非常重视职业教育的发展，将职业教育视为提高职业技能水平、促进创业的有效方式。为促进职业教育发展，政府积极推动建立健全职业教育体系，并建立了比较完善的职业教育国家资格框架。斐济职业教育体系比较健全，政府为已经完成12年级

---

① 卢庆洪编著《巴布亚新几内亚历史与现状》，北京：社会科学文献出版社，2017年，第268页。

中学教育的学生提供系统的职业教育，主要由政府主办的高等技术学院和私立的职业培训机构承担。为促进职业教育的发展，斐济政府还建立了职业教育国家资格框架，明确职业教育资格获取的各种途径，鼓励公民提高自己的职业技能资格和级别。同时，学分转换、工作生活经历认定等也为学生的学习经历认定和能力认定提供了有力保障，并且为学生在正式教育和培训、进入职场之间搭建了灵活的衔接途径。此外，为保证职业教育能够尽可能满足各类群体的受教育需求，框架还对培训价格进行统筹控制。

帕劳是太平洋岛国中人口较少的国家，国内人口不足两万人，但帕劳的职业教育比较发达。独立后，帕劳政府在整合殖民地时期职业教育系统的基础上，形成了中等教育和高等教育相衔接的比较完善的职业教育体系。帕劳中等职业教育由公立中学承担，公立中学各个年级都开设相应的职业发展教育课程。高等职业教育主要由帕劳社区学院承担，帕劳社区学院是一所以职业教育为主的高等专科院校，其职业教育主要由两个类型构成，一是应用科学专业职业教育，二是专门的职业与技术教育项目。①

2. 职业教育融入普通教育是岛国职业教育的重要特色

将职业教育与普通教育相结合是太平洋岛国职业教育发展的重要特色，尤其是在中等职业教育阶段，大多数岛国都将职业教育融入普通教育之中。独立后的岛国为发展经济，急需各类技术和专业人才，而普及职业教育是提升国民素质、提供经济社会发展所需人才的重要途径。

斐济自独立起，政府就非常注重将职业教育课程融入普通教育中，并在全国公立中小学设立基础就业技能培训项目。斐济公立中学的职业教育课程分年级设置，目标是促使中学 10 年级及以上的学生能够在中学阶段就接触职业教育，引导学生了解职业教育对自身未来发展的重要性。10 年级学生的职业教育包括基础技术、家政、农业科技和办公技能等初级培训课程，11~13 年级的学生则学习技术绘图、应用技术、家政、农业科学和计算机等高级职业教育课程。

帕劳政府也积极推动中等职业教育融入普通教育，在普通中学开设职

---

① 帕劳社区学院网站，2023 年 2 月 25 日，http://pcc.palau.edu/academics/aas/。

业教育课程，并实行分段教学。在9~10年级开设"职业发展教育"课程，按年级分为"职业教育一"和"职业教育二"，让学生了解未来职业；在11~12年级设立"职业技术教育项目"，引导学生选择职业。教育部门要求所有学生必须在9年级学完"职业教育一"、在10年级学完"职业教育二"的课程，然后才能在11年级进入他们选择的职业班级学习。帕劳中学是帕劳唯一的公立中学，面向所有在校生开设职业教育课程，要求学生在中学期间每学期都必须参加一门职业教育综合课程，其中至少有三门学术课程和一门职业技术课程。①

3. 远程教育是岛国职业教育的重要渠道

远程教育为岛国职业教育获取国际教育资源提供了平台，也为偏远地区的学生接受更先进的职业教育提供了机会，是太平洋岛国发展职业教育的重要渠道。南太平洋大学的远程教学，是岛国职业教育尤其是高等职业教育的重要渠道。南太平洋大学是岛国地区唯一的综合性大学，由库克群岛、斐济、基里巴斯、马绍尔群岛、瑙鲁、纽埃、萨摩亚、所罗门群岛、托克劳（新）、汤加、图瓦卢、瓦努阿图共同出资建立。南太平洋大学除了在斐济的主校区、瓦努阿图分校区（法学院）和萨摩亚分校区（农学院），在其他国家（地区）的分校区或教学点以远程教育和职业教育为主。如汤加分校，主要提供成人教育和函授教学；在基里巴斯的培训中心，主要提供职业培训和升学指导；所罗门群岛分校主要开设海洋科学、农业、自然科学、艺术与人文科学等课程。

此外，一些岛国还通过远程教学，获取国际职业教育资源。潘福斯特职业学校（Penn Foster Career School）是美国著名的职业学校，也是世界上规模最大的远程职业教育学校之一，该校与岛国的许多高校都进行了校际合作，为岛国职业教育提供远程教学服务。例如，帕劳社区学院与潘福斯特职业学校的合作项目可以让帕劳社区学院的学生在30多个专业中选择适合自己的职业和技术培训课程，涵盖木工、电工、汽车维修等诸多领域。学生上课所需教材、工具以及软件等，由潘福斯特职业学校直接邮寄给学生，学生通过在

---

① 帕劳中学网站，2023年1月22日，http://www.palaumoe.net/phs/CTE.php。

线听课和接受线上指导进行学习，学完课程的学生可以拿到相关专业的专科毕业证书。① 澳大利亚、新西兰、日本等国的一些职业院校也为太平洋岛国的职业教育提供远程教育。其中，澳大利亚还为岛国职业教育的发展提供各种援助项目，如针对密克罗尼西亚群岛国家制定的"提高教师素质"项目就是澳大利亚为帮助岛国政府提升教学人员的数量和质量而设立的援助项目。

远程教育也有助于岛国教育资源的均衡，为地处偏远的学生获得受教育和培训的机会提供了便利。例如，巴布亚新几内亚的远程教育在弥补教育资源匮乏、教学点分散以及交通不便和资金不足等方面发挥了重要作用。巴布亚新几内亚远程教育的对象广泛，基本涵盖了小学高年级至中学各年级的学生，还包括一些希望接受技术培训和假期教育培训的人。其中，学生主要包括边远地区6~8年级的学生、在远程教育体系中完成9~10年级的教育并希望在正规的教育系统中继续学习的学生和希望完成12年级或者预科的课程并准备继续深造的学生等。② 巴布亚新几内亚政府还成立了远程教育协会，具体负责远程教育系统的运作。远程教育协会主要针对低收入人群，为不同行业、需要学习的劳动者提供继续教育和培训的机会。

此外，注重与行业企业合作，也是太平洋岛国职业教育的特色之一。斐济职业学校注重与相关企业建立合作关系，建立实习基地，为接受过一定职业教育的学生提供到企业实习的机会，促进学生将职业教育理论与实践相结合，以更好地掌握就业所需的技能，同时，也为学生了解行业标准和操作流程提供机会。帕劳的职业教育也非常注重将学校职业教育与企业实习相结合，在不同的阶段设置职业见习、实习等实践活动，并计入实践学分。在见习和实习期间，学校和企业也会为每名学生配备有经验的员工进行指导，教授学生在职业领域中所需要的技能，培养学生实践操作能力和沟通合作能力。不过，受制于岛国有限的企业资源，校企合作培养技能人才的范围有限，没能形成常规的合作机制。

---

① 李德芳：《帕劳职业教育的现状、特点及面临的问题与挑战》，陈德正主编《太平洋岛国研究》（第五辑），北京：社会科学文献出版社，2020年。
② 卢庆洪编著《巴布亚新几内亚历史与现状》，北京：社会科学文献出版社，2017年，第269页。

二 太平洋岛国职业教育面临的问题与挑战

随着经济社会的发展，太平洋岛国越来越重视发展职业教育，以满足国家经济社会发展对人才的需求。不过，受制于岛国的经济实力、师资力量和科技水平，岛国的职业教育普遍存在资金缺乏、师资不足、职业教育水平较低、职业教育和培训计划趋于同质化等问题与挑战。

（一）职业教育经费投入普遍不足

太平洋岛国中的多数国家都属于经济体量较小的国家，对教育的经费投入有限，从而造成职业教育普遍存在经费不足的问题。尤其是一些经济比较落后的小岛国，职业教育在很大程度上依赖外部援助。其中，美、澳、新、日等原殖民宗主国提供了大部分的职业教育援助资金和项目。此外，联合国教科文组织、联合国开发计划署、亚洲开发银行等国际组织和国际金融机构也为岛国教育的发展提供了大量援助。不过，过度依赖外部援助资金和项目也带来一些问题，尤其是一些援助项目因受时间限制而难以持续性地为岛国培养职业技能人才。例如，新西兰援助库克群岛的职业考试学校，在运行了一段时间后，因资金链断裂，该学校不得不关停。

此外，职业教育经费投入的不足也限制了一些学校职业教育教学和实训所需的科学设施和现代化实验室的建设，从而制约了学校在诸如信息技术人才、工程技术人员等领域的培养能力。当前，职业教育难以满足随着现代科技的快速发展而生成的产业需要，已经成为一些岛国开展职业教育面临的最大挑战。一些新兴的行业难以找到合适的人才，因此亟须增加职业教育、基础设施以及设备仪器方面的投入，而投入经费不足成为制约岛国职业教育发展的重要因素。

（二）高素质的职业教育师资短缺

目前，从事职业教育的高素质专业教职人员的匮乏，已经成为太平洋岛国职业教育发展的瓶颈。一方面，岛国本身的教育水平限制了从事职业教育的教师数量的增长和质量的提升。当前岛国拥有的高质量大学的数量非常有限,仅有南太平洋大学和少数几个国家的国立大学能够承担本科及以上学历的教育教学,在人才培养方面难以满足岛国职业教育所需师资力量。尽管岛国的学生有机会到美、澳、新、日等发达国家进行深造,但相对而言,不仅人数较少,而且毕业后真正回到岛国就业的学生更少。因此,本土师资力量的培养仍然是目前岛国教育面临的重要挑战。另一方面,受到岛国国内政治、经济、社会等各种因素及"外援型"培训项目的影响,专业师资力量的流失也比较严重。例如,1987年斐济发生政变之后,斐济技术学院(FIT)师资流失的比例达到36%,而该校留下的本土教职人员中资质符合教学要求的人仅占60%。[①]

此外,一项外援技术培训项目的终结也往往意味着相关培训师资的流失。在瓦努阿图,由美国维和部队帮助援建的职业教育计划就曾因维和部队的撤离而名存实亡,其航海培训学校也因为外籍师资的流失而举步维艰。师资力量的流失及本土教职人员资质的欠缺,极大影响了岛国职业教育规模的扩大和质量的提升。同时,也因为本土教师人员的资质较低,许多岛国不得不大量雇用外籍教师(包括外籍志愿者)。近年来,在岛国政府的大力推动和域外大国的援助下,岛国的师资培训项目不断增多,但与满足岛国对高素质职业教育师资力量的需求还存在很大距离。

(三) 职业教育质量亟待提升

太平洋岛国的职业教育水平参差不齐,而且大多数国家缺乏对现有资源进行有效整合的职业教育发展规划,从而造成了本就不足的教育资源浪费,也使得职业教育的质量一直难有大的提升。尽管岛国政府和国外援助项目为岛国职业教育提供的培训设施和资源不断增多,但岛国职业教育的质量并没有随之出现明显的提升。岛国职业教育质量不高的原因,除了高质量的师资力量不足,也与岛国职业教育大量依赖外援有关。岛国的职业教育尤其是高等职业教育多采用项目的方式实施,这些项目的资金主要来源于美、

---

① 王东、鲁维明:《致力于区域合作的职业教育——以南太平洋岛国为例》,《教育发展研究》2006年第14期。

澳、新、日等国的援助。而很多援助项目并不能真正为岛国的职业教育需求量身定做，换言之，岛国的职业教育计划大多不是基于岛国经济社会发展的实际需要，而是按照援助项目的要求制定的。这就在一定程度上造成了职业教育项目设立的专业与岛国当下经济社会发展对人才的需求不相符，甚至出现南辕北辙的现象，不仅影响了职业教育的效果，也造成人力物力的浪费。例如，纽埃职业学校的钢铁制造课程对于纽埃的学生来讲，就缺乏实际的意义，因为在纽埃并没有大型的制造或工程企业，因此，接受钢铁制造培训的学生在纽埃没有就业的机会或应用这些技能的机会。①

此外，太平洋岛国基础教育发展的滞后，也使得真正有能力进入高等院校接受高等职业教育的生源不足，而生源质量是决定职业教育质量的重要因素。调查显示，在岛国的高等院校，选择科学、技术、工程和数学（STEM）课程的学生非常少。其中一个重要的因素，就是生源质量偏低，达不到高等院校的入学标准，而且即使选择这些课程，也会出现大量学生因学不会而放弃学业的现象。而当前岛国经济社会发展急需大量的科学、技术、工程人才，仅仅依靠目前的职业教育体系难以满足国家发展的需要。

（四）职业教育和培训计划趋于同质化

除了巴布亚新几内亚、斐济、所罗门群岛等少数国家外，大多数太平洋岛国人口稀少，居住地分散。因此，岛国的职业教育机构呈现小型化的特点，许多小岛国的教育培训机构每年的招生人数不足百人，从而限制了岛国职业教育的规模化发展。同时，各个岛国之间大多相距比较远，岛国职业教育机构之间的交流与沟通较为缺乏，从而导致岛国的很多职业教育和培训计划低水平重复，同质化现象较为突出。比如，各国基本从中学开始设立职业教育课程（有的从小学高年级就开始设置），课程的设置也大同小异，大多包含旅游管理、船舶维修、信息技术、护理等专业。同时，受制于岛国职业教育有限的经费投入和师资力量，这些职业教育课程更新缓慢，远远不能满足岛国经济社会发展对应用型人才的需求。

---

① 王东、鲁维明：《致力于区域合作的职业教育——以南太平洋岛国为例》，《教育发展研究》2006年第14期。

此外，太平洋岛国各个国家在历史上都曾沦为西方国家的殖民地，教育体系受宗主国的影响较大。例如，基里巴斯、图瓦卢、汤加等国沿袭英式教育机制，新喀里多尼亚（法）、法属波利尼西亚等地区受法国教育制度的影响较大，而帕劳、美属萨摩亚等国家和地区沿用美国的教育制度，纽埃、库克群岛则受新西兰教育制度的影响较大。而且大多数岛国独立后的职业教育发展也得到原宗主国的援助较多，因此，尽管职业教育课程设置趋于同质化，但因职业教育体系存在很大的不同，也在一定程度上制约了岛国职业教育的区域化发展和教育质量的提升。

三　构建中国与太平洋岛国职业教育的有效合作机制

尽管太平洋岛国职业教育存在诸多问题与挑战，但岛国政府都意识到发展职业教育对经济社会发展的重要推动作用。因此，近年来，岛国政府也在积极寻求通过区域合作和国际合作扩大职业教育规模，提升教育质量。尤其是随着"蓝色太平洋"区域发展计划的实施，资金、技术、人才的匮乏促使岛国政府积极寻求国际合作，解决困扰岛国职业教育发展的瓶颈问题。太平洋技术和职业教育协会、太平洋岛国论坛秘书处等区域性国际组织和机构也在协调各国积极推进职业教育的区域合作和国际合作，以促进岛国职业教育质量的提升。中国与太平洋岛国同为发展中国家，中国重视发展与岛国的友好合作关系，支持其提出的旨在推进区域合作进程的"太平洋计划"，积极推动岛国实现可持续发展。自 2006 年首届中国-太平洋岛国经济发展合作论坛部长级会议以来，中国积极为岛国培训技术人员，并为岛国举办卫生官员、医院管理及医药研究人员培训班。到 2014 年，中国为岛国培训官员和技术人员已超过 2500 名。[①] 太平洋岛国地区作为"一带一路"倡议的自然延伸区，加强中国与岛国职业教育合作，打造教育共同体，既是中国与岛国共建"一带一路"的重要内容，也是为岛国发展和"一带一路"建设培养高质量技术人才的重要途径。

---

① 《中国的对外援助（2014）》，人民网，2014 年 7 月 11 日，http://cpc.people.com.cn/n/2014/0711/c83083-25268601.html?ol4f。

当前，中国与太平洋岛国职业教育合作主要通过"引进来"的方式进行，以职业教育教师和技术人员培训及短期公务员研修班为主，其中，以广东、山东等省的高职院校开展的岛国职业教育和技术培训班为典型模式。同时，中国也派出了大量技术援助团队，尤其在菌草技术、现代农业培训和示范等方面取得了一定的成效。不过，中国职业教育在"走进"太平洋岛国方面还比较薄弱。今后，我国相关院校可以针对岛国职业教育面临的问题与挑战，结合中国与岛国共建"一带一路"对人才的需求，创新合作理念、模式与路径，建构中国与岛国职业教育合作机制，促进中国与岛国职业教育的合作与发展。

（一）秉承"促进民心相通，提供人才支撑"合作理念

理念是实践的先导，科学合理的理念有助于推动有效行动的落地。在合作理念方面，中太职业教育合作应立足"一带一路"倡议与"太平洋计划"战略对接，秉承"促进民心相通，提供人才支撑"的合作理念，注重合作的价值导向和实践需求。职业教育是各类教育中与经济社会发展联系最为紧密的一类。改革开放以来，中国职业教育在满足我国经济社会发展所需技术人才方面发挥了巨大作用。自2013年"一带一路"倡议提出以来，中国的职业教育也随着"一带一路"倡议的落地不断走出国门，成为中外教育交流与合作的排头兵。教育部《推进共建"一带一路"教育行动》明确提出要大力提升教育对外开放治理水平、加强国际合作，充分发挥教育在"一带一路"建设中的重要作用。此后，中国职业教育的国际合作办学规模迅速扩大，办学水平迅速提升，中国职业院校与东南亚、非洲、拉丁美洲等"一带一路"共建国家开展了多领域、多层次的交流与合作，为"一带一路"建设培养了大批优秀技术人才，也成功地拉近了中国与"一带一路"共建国家人民的距离。

近年来，太平洋岛国为适应国家经济社会发展对高素质技术人才日益增长的需求，开始积极寻求经济社会发展导向的职业教育发展理念，职业教育理念逐渐由"就业"导向转向"创业"导向，并提出要大力促进职业教育教师专业发展、加强职业教育的可持续性发展，为岛国发展持续培养高素质的

职业和技术人员。教育交流与合作不仅是促进民心相通的重要渠道，也是建立人际关系的重要途径，当受益于国际教育合作项目的受教育者以其职业能力和技能进入该国各类职能部门和单位后，对于拉近与教育援助国的关系，稳固国家间的互利合作，也将发挥积极的作用。因此，在合作理念上，中太职业教育合作要立足于为岛国培养各类职业人才，为中国与岛国共建"一带一路"提供人力资源支撑。

（二）构建多元化合作模式

恰当的合作模式是促进合作达成和合作效用最大化的重要前提。在合作模式方面，中太职业教育合作应立足岛国经济社会的可持续发展，结合中国与岛国职业教育合作的现状和优势，坚持"引进来"和"走出去"并重，形成具有特色的职业教育合作办学模式。在继续发挥我国职业院校的师资力量和特色培训项目优势的同时，积极促进我国职业教育走进太平洋岛国，与岛国职业院校进行合作办学、建立海外校区或设立分校，把中国优质的教育资源与岛国的职业教育模式相结合，以培养更多服务于岛国和"一带一路"建设的优秀人才和技术技能人员。

中国职业教育国际合作在开展之初，主要由政府主导。随着国际合作范围和领域的逐步扩大，地方政府、职业学校以及企业开始积极参与职业教育中外合作办学。从 21 世纪初开始，广东省、山东省等地的高校以及中国记协、中国银行等组织和机构为太平洋岛国量身定做了各项特色培训项目，为岛国培训了大量应用型人才，也拉近了中国与岛国人民的关系。广东省在中太职业教育交流与合作方面走在前列。广东与太平洋岛国长期保持着紧密的联系和交流，从 2007 年起，广东派出了更多的代表团前往岛国开展文化交流、医疗服务等活动，并为岛国设立专门的培训项目。其中，从 2015 年开始举办的"太平洋岛国高级公务员培训班"和"太平洋岛国青年领袖研修班"，成为我国与岛国开展职业教育合作的典范。这两个培训班由广东外语外贸大学承办，到 2019 年已经连续举办 5 期，共培训 240 名学员。[①] 为更好

[①] 《第五期太平洋岛国青年领袖研修班开班仪式在我校举行》，广东外语外贸大学网站，2019 年 8 月 21 日，https://iie.gdufs.edu.cn/info/1090/3691.htm。

地支持中国与太平洋岛国共建"一带一路"的实施，2017年6月，中国银行举办"'一带一路'国际金融交流合作研修班（太平洋岛国）"，共有来自瓦努阿图、密克罗尼西亚联邦、斐济、巴布亚新几内亚、萨摩亚、汤加、库克群岛和纽埃8个岛国的40多名高级官员、大型企业和金融机构高管参加了研修班，深入研讨了中国与岛国在经济、金融领域的合作前景，并组织学员到十多个农业园区、制造企业和金融机构参观考察。①近年来，山东省职业教育国际化水平不断提升，在国际合作办学、留学生培养、海外培训中心建设等方面都取得了显著成效，积累了丰富的经验和资源。例如，自2012年以来，山东外贸职业学院已经为100多个发展中国家的官员和技术人员开展培训100多期，培训人数达到数千人，并在海外建立了多个培训基地。2018年5月，山东省人社厅和商务厅联合举办了"2018年萨摩亚烹饪技能培训课程"。2019年10月，山东商业职业技术学院和山东外贸职业学院先后承办了"萨摩亚冷藏和空调系统技术培训班"和"萨摩亚家具制作和木工技术培训班"。为帮助太平洋岛国进一步提升应对气候变化的能力，2022年6月，"中国-太平洋岛国应对气候变化与绿色低碳发展南南合作线上培训班"成功举办，来自基里巴斯、萨摩亚、汤加、斐济、瓦努阿图、密克罗尼西亚等国的40余位气候变化领域的专业人员参加了培训；②2022年11月，聊城大学承办了首届"中国-太平洋岛国应对气候变化高级培训班"，来自7个太平洋岛国的近40名学员参加了培训。③

目前，我国高校在走进太平洋岛国合作办学方面还相对比较薄弱，尤其是在职业教育领域的合作还比较少。2001年，福建农林大学与巴布亚新几内亚戈罗卡大学签署友好学校备忘录；2017年，广东外语外贸大学与巴布亚新几内亚大学签署合作协议备忘录；2018年，聊城大学与萨摩亚国立大学

---

① 《"一带一路"国际金融交流合作研修班（太平洋岛国）在沪结业》，中国青年网，2017年6月30日，https://news.youth.cn/gn/201706/t20170630_10196251.htm。

② 《中国-太平洋岛国应对气候变化与绿色低碳发展南南合作培训班顺利开班》，中华人民共和国生态环境部网站，2022年6月21日，https://www.mee.gov.cn/ywgz/ydqhbh/qhbhlf/202206/t20220621_986270.shtml。

③ 《中国-太平洋岛国应对气候变化高级培训班顺利开班》，聊城大学网站，2023年3月6日，https://www.lcu.edu.cn/ztzx/ldyw/474719.htm。

签署《关于在萨摩亚国立大学成立聊城大学南太平洋学院合作协议书》，两校合作建设聊城大学南太平洋学院，开设信息技术、海洋经济、旅游管理等本科硕士专业；2018年，中国政府与汤加政府签署了《中华人民共和国教育部与汤加王国教育部关于教育交流与合作的谅解备忘录》，支持建立聊城大学汤加学院，协助汤加培养"高级应用型人才"；2020年1月，山东劳动职业技术学院与巴布亚新几内亚唐博斯科技术大学建立友好关系。未来，应积极推动中国职业院校和企业在岛国创建分校或与岛国职业教育机构合作办学，创新和拓展中国与岛国职业教育合作的有效模式。

（三）拓展职业教育合作有效路径

在中国与太平洋岛国职业教育合作的具体路径方面，应该在继续发挥中国职业教育"引进来"人才培养优势的同时，积极鼓励更多的中国优质职业教育资源"走出去"，适应全球化和信息化的发展，创新中国与岛国职业教育国际合作平台和方式。

第一，借鉴"孔子学院+"特色教学模式，依托南太平洋大学孔子学院、萨摩亚国立大学孔子学院，继续推进北京邮电大学、聊城大学等国内高校与岛国联合开展的一些职业教育交流与合作项目。在积极开展校际合作办学的同时，可以将职业教育融入孔子学院的相关教学中，探索职业教育与人文交流相结合的"职业教育孔子学院"模式。成立于2009年的埃塞俄比亚职业教育孔子学院，是中国首家职业孔子学院，由天津职业技术师范大学承办，为埃塞俄比亚培养了大批高质量技术人才，成为中国职业教育国际化办学中"孔子学院+"模式的典范。中国与太平洋岛国的职业教育合作，可以借鉴这一模式，将孔子学院的汉语教学与职业技术培训相结合，为岛国培养环境工程、生物科学、旅游管理、生态保护、海洋科学、信息技术等急需的专业技术人才。

第二，借鉴"鲁班工坊"成功经验，打造适应"一带一路"建设的太平洋岛国"鲁班工坊"。天津在职业教育国际化办学方面走在国内前列，早在2003年，天津职业技术师范大学就在非洲设立了第一所高等职业技术教育学院"埃塞俄比亚－中国职业技术学院"，按照中国模式培养高质量职业技术人才。"鲁班工坊"被称为职业教育领域的"孔子学院",由天津渤海职业技术学院率先发起建立。自2016年首家"鲁班工坊"在泰国正式揭牌以来,"鲁班工坊"在中国职业教育"走出去"领域创造了可复制可借鉴的典型经验。鲁班工坊的发展定位是服务于"一带一路"建设中的国际产能合作,积极拓展职业院校与海外合作办学的新形式,将中国先进的技能人才培养标准用于"一带一路"共建国家的人才培养,也为我国"走出去"企业储备人才以满足企业的用人需求。目前,"鲁班工坊"已先后落户英国、印度、印度尼西亚、巴基斯坦及非洲国家,并逐渐发展为以培养当地发展所需人才为导向、以技能培训为推手、以教育提升为战略、以双方合作发展共赢为目标的海外办学模式,成为中国职业教育国际合作的成功范例。"鲁班工坊"在推动我国先进的技术技能推广的同时,也成为促进中国与"一带一路"共建国家之间人文交流和增进互相了解与信任的桥梁。

第三,借助我国优质的职业技术教育资源,积极开发网络课程,与太平洋岛国合作开展远程职业教育。改革开放以来,我国职业教育在吸收国际先进经验的基础上,不仅实现了本土化成长,而且逐步形成了自己的特色和模式。近年来,我国职业教育更是取得了长足发展,尤其是在新型技能人才培养方面取得了重大成就,培养高技能人才约5800万人,占技能人才总数的近30%。[1] 中国职业教育在理念、标准、课程开发、体系建设等方面都可以为太平洋岛国职业教育的发展提供经验与借鉴。在互联网时代,网络教学已经成为职业教育的有效途径。正如联合国教科文组织国际职教中心主任崔秀香(Soo-Hyang Choi)所言,"数字化是近年来职教领域面临的重大变化与挑战,疫情期间网络教学的广泛应用,也表明数字技术能为学习者创造更多元、更灵活的学习体验"。[2] 2020年11月召开的第二届"一带一路"职业教育国际研讨会,也将"数字职教建设 共商共建共享"设为主题,共有来自26个国家和地区的政府部门、院校机构、行业企业近300名专家学者

---

[1]《2021年"一带一路"职业教育国际研讨会在深职院开幕》,深圳职业技术学院网站,2021年11月19日,htmlhttps://www.szpt.edu.cn/info/1025/10834.htm。

[2]《2020年"一带一路"职业教育国际研讨会在深圳召开》,光明网,2020年11月27日,https://difang.gmw.cn/sz/2020-11/27/content_34410136.htm。

齐聚线上线下，互学互享数字职教建设的见解与经验。会议发表了《深圳倡议：推动数字职教共商共建共享》，倡议各国"合作制定职业教育数字化建设标准，开发数字化职业教育课程，共享职业教育资源"，[①]并积极推动"一带一路"共建国家和地区数字化技术应用和普及。

结　语

　　太平洋岛国是"一带一路"纵深发展的共建国家。随着中太共建"一带一路"的推进，为当地经济社会发展和"一带一路"培养更多的高技能人才，成为中太职业教育合作的重要内容。通过对太平洋岛国职业教育现状与特点的探究，分析当前岛国职业教育面临的问题及挑战，为进一步促进中太职业教育合作提供支撑。近年来，中国职业院校开始与中国企业组团出海，服务"一带一路"建设和培养当地高素质技能型人才，"鲁班工坊""职业教育孔子学院"等职业教育国际化合作平台已经在"一带一路"共建国家逐步形成较大的影响。2022年8月19日，习近平主席向世界职业技术教育发展大会致贺信，强调职业教育有助于"促进就业创业、助力经济社会发展、增进人民福祉"，中国将积极支持中外职业教育交流合作。今后，中国与太平洋岛国的职业教育合作应继续围绕共建"一带一路"和为当地培养高素质的技术技能人才为出发点，对接岛国经济社会发展和产业需求，积极推动学历教育与职业培训相结合，探寻创新合作模式和合作路径，拓展特色培训、专项培训、技能培训，为"一带一路"建设和当地发展提供人才支撑，增强中国与太平洋岛国的友好关系。

---

① 《2020年"一带一路"职业教育国际研讨会在深圳召开》，光明网，2020年11月27日，https://difang.gmw.cn/sz/2020-11/27/content_34410136.htm。

"一带一路"视域下斐济高等教育发展述评*

韩玉平　黄薇霏**

摘　要：斐济《五年及二十年发展计划》提出要进一步提高斐济高等教育水平，以满足国家发展和劳动力市场的不断需求。但是，斐济高等教育资源有限，基础设施不够完善，师资力量不足，教师的科研水平较低。同时，高等教育与高中教育衔接不连贯，学生存在比较严重的辍学现象；政府对高等教育管理松散，高校对外合作不够。在"一带一路"倡议下，中国可以鼓励、支持国内高校在斐济建设海外校区，联合斐济国立大学设立孔子学院、孔子课堂或者中文教学中心，充分利用现有奖学金渠道，为斐济高校学生来中国高校学习提供奖学金，开展海洋科学、太平洋岛国研究等相关学科的交流与合作，加大"一带一路"倡议和"人类命运共同体"理念在斐济和太平洋岛国的宣传力度，将斐济打造成中国与太平洋岛国在高教领域合作共赢的典范。

关键词：斐济　高等教育　《五年及二十年发展计划》"一带一路"

斐济全称斐济共和国（The Republic of Fiji），位于西南太平洋的十字路口，不仅是扼守北极通往南极、亚洲通往拉美的战略要道，也是各太平洋岛国通往海外的必由之地，具有重要的战略地理位置。同时，斐济也是众多国际组织、地区组织和一些国家驻太平洋岛国使馆所在地，对各太平洋岛国具有十分重要的影响力。近年来，随着《推动共建丝绸之路经济带和21世纪海上丝绸之路的愿景与行动》的正式发布，南太平洋成为"一带一路"重要组成部分（"21世纪海上丝绸之路"南线）。作为太平洋岛国中具有举足轻重意义的国家，斐济对于太平洋岛国积极参与"21世纪海上丝绸之路"建

---

* 本文系山东省2019年社会科学规划研究项目"'一带一路'视阈下太平洋岛国高等教育研究"（批准号：19CZKJ05）的阶段性成果。

** 韩玉平，博士，副教授，聊城大学太平洋岛国研究中心研究员；黄薇霏，聊城大学外国语学院2023级硕士研究生。

设将起着至关重要的引领作用。

高等教育的对外开放与我国改革开放全局和外交工作大局密切相关，对于促进中外人文交流和人类命运共同体构建具有重要作用。加强中国与斐济的高等教育交流与合作，能够促进中国人民与斐济人民民心相通，推进中国高教"走出去"，对于提升中国在太平洋岛国地区的国际影响力和竞争力具有重要意义和深远影响。

一 斐济高等教育现状及存在的主要问题

斐济的高等教育范围涵盖中学后的所有教育，如职业教育、社会培训及大学教育等。截至2020年2月，斐济注册的高等教育机构有39家，但只有3所大学，它们分别是南太平洋大学、斐济国立大学与斐济大学。[①] 其中南太平洋大学建立于1968年，由南太平洋的库克群岛、斐济、基里巴斯、马绍尔群岛、瑙鲁、纽埃、萨摩亚、所罗门群岛、托克劳（新）、汤加、图瓦卢和瓦努阿图按照澳大利亚和新西兰的办学标准联合出资创办，共有14个校区，总部位于斐济首都苏瓦市的劳卡拉校区。此外，南太平洋大学在斐济还有拉巴萨校区和劳托卡校区。截至2020年1月，斐济全日制在校大学生人数约39000人。[②]

2008年，斐济总统约瑟法·伊洛伊洛（Josefa Iloilo）签署了《斐济高等教育法案》（Higher Education Act），这是斐济关于高等教育的首个法案，内容包括成立斐济高等教育委员会、建立大学和其他高等教育机构的程序等。2010年，《斐济高等教育法案》开始在全国范围内实施，并在2017年进行了修订。2010年，斐济教育部设立了斐济高等教育委员会（Fiji Higher Education Commission），监管全国的高等教育发展规划和各高等教育机构的注册与运营工作，保证它们能够按照国家和国际教学质量标准运营。进入21世纪20年代，斐济发展迅速，国民经济连续八年快速增长，人民生

---

① Fiji Higher Education Committee, Higher Education Listing, https://www.fhec.org.fj/higher-education-listing/，最后访问日期：2021年1月20日。
② 斐济教育部门没有确切的斐济高等教育全日制在校人数统计。本文对斐济全国所有高教机构的在校生人数进行统计，得出的结果为约39000人。

活水平持续提高。在此背景下,斐济财政部于 2017 年 11 月颁布了《五年及二十年发展计划》(5-Year and 20-Year National Development Plan),强调高等教育对斐济国家和社会发展的重要作用,并指出将进一步提高高等教育水平,建立更多职业院校,建设知识型社会,满足日益发展的劳动力市场需要。①2019 年,斐济高等教育委员会制定《斐济高等教育质量标准》(Quality Standards for Fiji Higher Education),并在全国实施。

目前,斐济高校的专业学科涉及哲学、经济学、法学、教育学、文学、历史学、理学、工学、农学、医学、神学和管理学 12 个学科门类,专业包括会计、工商管理、传播学、太平洋语言与文化研究、教育学、工程与计算机科学、文学、外交学、数学、生物学、化学、地球科学、地理学、物理学、海洋学、社会科学、旅游管理、临床医学、口腔医学、护理学、药学、物理疗法、放射学、检验科学、公共卫生、营养学、环境卫生学、信息工程、通信工程、印地语与印度文化等。

近年来,随着《五年及二十年发展计划》的颁布,斐济政府加大了对高等教育的投入力度,但是斐济高等教育仍然存在一些问题。

(一)教育资源有限,基础设施不够完善,学生宿舍资源紧张,培养层次不高

截至 2020 年 1 月,斐济全国有 39 家高教机构,但大学只有 3 所,另外有多家职业技术院校,年录取全日制学生人数不超过 10000 人。② 同时,由于建筑成本较高,大学能够为学生提供的宿舍数量有限。例如,南太平洋大学劳卡拉校区有在校学生 6000 余人,但学校仅能提供大约 1100 个校内住宿床位,由旅馆改建的校外宿舍则因建筑设计标准及管理问题存在严重安全隐患。③ 同时,斐济高等教育机构中仅有 3 所大学可以培养硕士及以上人才,

---

① 5-Year and 20-Year National Development Plan, Ministry of Economy, http://www.economy.gov.fj/images/Resources/General/5-year-20-year-national-development-plan.pdf,最后访问日期:2021 年 1 月 20 日。
② Fiji Higher Education Committee, Higher Education Listing, https://www.fhec.org.fj/higher-education-listing/,最后访问日期:2021 年 1 月 20 日。
③ University of the South Pacific, USP Lodges, https://www.usp.ac.fj/index.php?id=usplodges,最后访问日期:2021 年 1 月 20 日。

其他学院多开展职业培训以及大专及本科层次的教育，研究生层级的教育比较落后。斐济国立大学2015~2018年研究生入学人数见表1。

表1　斐济国立大学2015~2018年研究生入学人数

单位：人

	2015年	2016年	2017年	2018年
硕士研究生入学人数	13	15	15	58
博士研究生入学人数	0	1	3	24

资料来源：Fiji National University, https://www.fnu.ac.fj/new/fnu-annual-reports，最后访问日期：2021年1月20日。

（二）师资力量不足，教师科研水平较低

例如，南太平洋大学拉巴萨校区每年入学学生接近500人，但学校教职员工（包括司机、清洁工等）仅有18人，专职教师只有5人；[1]斐济国立大学2017年有全日制在校生10511人，教师只有924人，师生比约为1∶11（见表2）。同时，斐济高校教师的科研水平较低，斐济国立大学2017年所有科研成果（包括期刊论文、会议论文、参加会议或工作坊、专著和咨询报告等）仅有269项（见表3）。[2]

表2　斐济国立大学2014~2018年师生人数

单位：人

	2014年	2015年	2016年	2017年	2018年
教师人数	938	1001	969	924	899
全日制在校生人数	12289	10277	9754	10511	11897
全日制生师比	13∶1	10∶1	10∶1	11∶1	13∶1
在校生总人数	34524	29035	25958	27065	26316
总生师比	37∶1	29∶1	27∶1	29∶1	29∶1

资料来源：Fiji National University, https://www.fnu.ac.fj/new/fnu-annual-reports，最后访问日期：2021年1月20日。

---

[1] University of the South Pacific, Fact Sheets of Labasa Campus, University of the South Pacific, https://www.usp.ac.fj/index.php?id=21853，最后访问日期：2021年1月20日。

[2] Fiji National University, https://www.fnu.ac.fj/new/fnu-annual-reports，最后访问日期：2021年1月20日。

表3 斐济国立大学2015~2018年科研成果统计

单位：项

研究与发表形式	2015年	2016年	2017年	2018年
期刊论文	69	115	122	138
会议论文	96	34	41	6
参加工作坊/会议	52	61	30	100
著作	12	10	11	4
著作章节	1	3	8	15
技术报告	31	7	0	5
研究咨询报告	33	26	20	15
其他	80	43	37	37
合计	374	299	269	320

资料来源：Fiji National University, https://www.fnu.ac.fj/new/fnu-annual-reports，最后访问日期：2021年1月20日。

（三）高等教育与高中教育衔接不连贯，学生存在比较严重的辍学现象

由于斐济中学教育水平较低，加上学生入学前的预科项目有限，同时高校也没有足够的服务学生的项目和为学生规划职业生涯的项目，很多学生在进入高校后学习非常吃力，学生辍学现象严重。以南太平洋大学劳托卡分校为例，2018年该校学生的保有率（retention rate）（即某年所有进入该所大学学习的大一学生中在下一年继续在该所大学学习的比例）为74%，其中全日制学生保有率约为90%，非全日制学生保有率约为60%。①

（四）政府对高等教育管理松散，高校对外合作不足

斐济教育部和斐济高等教育委员会对高等教育的评价，依赖每年6月底各高校向高教委员会提供的高校年度报告。斐济的高等教育与国外高校的合作也有待加强。例如，作为斐济仅有的3所大学之一的斐济国立大学与国外多所高校建立了友好关系，但已经实施的交流合作项目非常有限，尤其是科

---

① University of the South Pacific, Lautoca Campus Data, https://www.usp.ac.fj/index.php?id=21854，最后访问日期：2021年1月20日。

研方面的合作极为有限。①

（五）南太平洋大学问题

近年来，就南太平洋大学的经费捐助问题斐济与各成员产生了矛盾，从而导致南太平洋大学面临严重的政治和生存挑战。

2019年，出生于肯尼亚的加拿大人帕尔·阿卢瓦利亚（Pal Ahluwalia）教授担任南太平洋大学校长，并着手进行改革，他撰写了有关南太平洋大学前几任管理层财务管理不善、滥用权力以及数百万美元支出不当的报告。斐济政府对此报告持不同意见。6月初，阿卢瓦利亚教授被大学理事会停职，斐济反腐败独立委员会就针对该教授的指控进行了调查，但随后认为这属于大学的内部事务。瑙鲁总统莱昂内尔·安吉米亚（Lionel Aingimea）和萨摩亚教育部部长洛奥·科尼蒂·西沃（Loau Keneti Sio）强烈要求代理校长温斯顿·汤姆普森（Winston Thompson）下台。斐济教育部部长罗西·阿克巴（Rosy Akbar）认为，斐济作为南太平洋大学总部所在国和最大生源国，应该关注大学的教育职能，但同时也需要保证大学的管理不会降低教育的透明度，因此，要"确保来自各太平洋岛国的学生避免成为大学恶劣治理的受害者"。②

2020年9月，斐济政府开始停止对南太平洋大学的经费支持。对此，南太平洋大学的部分员工进行了抗议，南太平洋大学教工协会主席伊丽莎白·方（Elizabeth Fong）和工会主席塔利斯·瓦卡拉（Taris Wakala）在一份声明中说，虽然南太平洋大学受疫情影响严重，但斐济政府自2019年以来背弃其义务而导致的财务问题，使本已困难的局面雪上加霜。③

2021年8月24日，斐济总检察长艾亚兹·赛义德-海尤姆（Aiyaz

---

① "Research Collaboration for Rural Growth: FNU Charts the Way Forward," Fiji National University, https://www.fnu.ac.fj/new/article/3936-research-collaboration-for-rural-industry-growth-fnu-charts-the-way-forward，最后访问日期：2022年1月20日。

② Rosi Doviverata, "Good Governance Key at University of the South Pacific: Fiji," June 11, 2020, https://fijisun.com.fj/2020/06/11/good-governance-key-at-university-of-the-south-pacific-fiji，最后访问日期：2022年1月20日。

③ Luke Lawalai, "University Staff Unions Gather Support," April 2, 2021, https://www.fijitimes.com/university-staff-unions-gather-support/，最后访问日期：2022年1月20日。

Sayed-Khaiyum）明确表示，斐济不接受帕尔·阿卢瓦利亚教授担任南太平洋大学副校长，并在遵循适当程序任命新的副校长和对帕尔·阿卢瓦利亚进行独立调查之前，斐济政府不会向南太平洋大学发放任何补贴。①

2022年7月15日，斐济政府公布了《2023~2024年国家预算》，没有为南太平洋大学预留资金。② 2022年7月，第52届太平洋岛国领导人会议结束后，斐济人民联盟党领导人对斐济拖欠南太平洋大学会费问题提出疑问，认为政府的立场影响了南太平洋大学帮助斐济青年在校接受优质教育。尽管包括萨摩亚总理、澳大利亚总理和外交部部长以及新西兰总理在内的众多太平洋岛屿论坛领导人都在敦促解决这一问题，但论坛对南太平洋大学的问题保持沉默。③ 斐济总检察长坚持要求在斐济支付所欠款项之前，应对某些管理和财务问题进行独立调查。但以前已经进行过调查，南太平洋大学理事会、员工和学生认为没有理由再进行调查。④ 作为该大学最大的出资方，斐济政府的这一做法势必对南太平洋大学的发展产生巨大的影响。

二 斐济高等教育国际交流与合作情况

斐济独立以来，政府一直鼓励斐济的各级学校对外交流合作，鼓励外国教育机构在斐济建立学校和培训机构。为了巩固高等教育中心的地位，斐济政府一直注重与其他国家政府及高校进行交流与合作，其合作对象主要有澳大利亚、美国及其他太平洋岛国的政府及高校。近年来，随着中国在南太平洋地区的影响力日益加强，中国与斐济在高等教育领域的交流与合作也日趋增多。

---

① Timoci Vula, "A-G: Fiji Does Not Accept Prof Pal as USP VC; No Grants for University," August 20, 2021, https://www.fijitimes.com/a-g-fiji-does-not-accept-prof-pal-as-usp-vice-chancellor-not-grants-for-university/，最后访问日期：2022年1月20日。
② Government of the Republic of Fiji, "2023/2024 Fiji National Budget Highlights," https://www.hlbfiji.com/2022-2023-fiji-national-budget/，最后访问日期：2022年7月20日。
③ Wanshika Kumar, "USP Grant Issue Needs Solution," *The Fiji Times*, July 15,2022, https://www.fijitimes.com/usp-grant-issue-needs-solution/，最后访问日期：2022年7月20日。
④ Wadan Narsey, "The USP Grant Issue," *The Fiji Times*, July 23, 2022, https://www.fijitimes.com/the-usp-grant-issue/，最后访问日期：2022年7月25日。

（一）斐济与澳大利亚在高等教育领域的交流与合作

澳大利亚与斐济进行高等教育交流的主要方式是澳大利亚为斐济学生提供奖学金以及与斐济高校联合培养人才。例如，澳大利亚政府通过外交与贸易部的政府奖学金项目（奖学金覆盖学费、住宿费、往返机票费用、保险及生活费）每年为斐济大学生提供到澳大利亚的高校学习本科和硕士课程的机会，其奖学金获得者主要来自南太平洋大学（助产士项目仅限于斐济国立大学学生申请）；同时，澳大利亚太平洋岛国奖学金项目（奖学金覆盖学费、住宿费、往返机票费用、保险及生活费）也为斐济学生提供奖学金，奖学金获得者可以在其他太平洋岛国的高校学习。例如，2017年澳大利亚为斐济提供51个奖学金名额，其中33名斐济学生到澳大利亚攻读本科和硕士学位，18人在斐济和其他太平洋岛国攻读本科与硕士学位。[1] 近年来，澳大利亚实施的"新科伦布计划"（New Colombo Plan）每年资助澳大利亚高校学生到斐济进行交流、实习与访学。2020年，该计划为包括澳大利亚国立大学、新南威尔士大学、查尔斯特大学在内的15所大学提供548个名额，这些获得名额的学生可以到斐济进行为期两周至一个学期的实习、访学、交流活动。[2] 除了提供奖学金之外，澳大利亚外交与贸易部还通过援助的方式，为斐济的高教机构提供资金，例如2017年度澳大利亚为斐济国立大学提供了471217斐济元。[3]

（二）斐济与美国在高等教育领域的交流与合作

美国与斐济的高教合作方式包括为斐济学生、教师及政府雇员提供到美国学习的奖学金，奖学金类型包括富布赖特奖学金项目、汉弗莱奖学金项目

---

[1] Department of Foreign Affairs and Trade, Government of Australia, Australia Awards, https://www.dfat.gov.au/people-to-people/australia-awards/Pages/australia-awards-scholarships，最后访问日期：2021年2月12日。

[2] Department of Foreign Affairs and Trade, Government of Australia, 2020 New Colombo Plan Mobility Program, https://dfat.gov.au/news/news/Pages/2020-new-colombo-plan-mobility-program-14 October 2019，最后访问日期：2021年2月12日。

[3] Fiji National University, https://www.fnu.ac.fj/new/fnu-annual-reports，最后访问日期：2021年2月12日。

和美国-南太平洋岛国奖学金项目等,如美国-南太平洋岛国奖学金项目为斐济学生提供本科生和研究生课程奖学金(奖学金覆盖学费、住宿费、往返机票费用、医疗保险及生活费),这些学生可以到夏威夷大学学习,但是这些奖学金的名额较少,如2019年仅有1名斐济学生获得美国-南太平洋岛国奖学金。[1] 同时,美国国际开发署及美国部分高校与南太平洋大学合作开展职业培训项目。例如,2019年10月至2020年2月,美国国际开发署联合南太平洋大学,为斐济政府中层官员、非政府组织代表和私营企业人员提供了为期5个月的项目管理课程;[2] 2014年,亚利桑那州立大学与南太平洋大学合作,为包括斐济在内的太平洋岛国开展了清洁能源职业培训与教育项目。[3]

(三)斐济与其他太平洋岛国在高等教育领域的交流与合作

斐济与其他太平洋岛国的高教交流与合作主要集中在总部位于苏瓦的南太平洋大学,尽管斐济国立大学和斐济大学也招收其他太平洋岛国的少量学生。自1968年成立以来,南太平洋大学为所有成员提供了高教服务,把斐济和其他成员的高等教育紧密联系起来。同时,斐济一直是南太平洋大学最大资金提供方,也是最大受益方。《南太平洋大学2009年年度报告》指出,斐济为该大学每投入1斐济元资金,就会得到3斐济元的回报。[4] 该大学也是澳大利亚、美国等国家和国际组织对斐济高教领域援助的最大受益者。

(四)斐济与中国在高等教育领域的交流与合作

2006年4月,中国教育国际交流协会代表团一行访问了位于斐济的南

---

[1] "2019 USSP Scholarship Recipients," East-West Center, https://www.eastwestcenter.org/education/us-south-pacific-scholarship,最后访问日期:2021年2月12日。
[2] "US Government Launches Project Management in Suva, Fiji," US Embassy, https://fj.usembassy.gov/u-s-government-launches-project-management-training-in-suva-fiji/,最后访问日期:2020年2月20日。
[3] "Wind Energy in Pacific Islands," https://www.evwind.es/2014/05/13/wind-energy-in-pacific-islands/45370,最后访问日期:2021年2月12日。
[4] Rajesh Chandra, "Tertiary Education in Small States: Planning in the Context of Globalization," in Michaela Martin, Mark Bray, eds., *Tertiary Education in Fiji: Between Globalization, Regional Imperatives and National Aspirations*, Paris: International Institute of Educational Planning, 2011.

太平洋大学。中国海洋大学校务委员会主任冯瑞龙教授及中山大学副校长许家瑞教授分别代表中国两所大学与南太平洋大学安东尼·塔尔校长签署了校际交流合作协议，这是我国高等院校与南太平洋大学首次建立校际交流关系，为我国与太平洋岛国的教育交流与合作提供了新的渠道。但是，这些高校与南太平洋大学之间并未开展实质性的交流与合作。

目前，我国与斐济高等教育方面的交流较少，主要集中在北京地区的部分高校与南太平洋大学之间，其他高校与斐济国立大学、斐济大学之间几乎没有交流与合作。2012年，北京邮电大学与南太平洋大学合作成立了南太平洋大学孔子学院；2017年12月，北京交通大学代表团访问了南太平洋大学，其间两校表示在新能源、信息技术领域的科研合作有较大的潜力，双方同意未来在教师科研、学生交流和联合举办国际会议等领域尽快开展合作；2019年9月，北京航空航天大学代表参加了在南太平洋大学举行的联合国全球卫星导航系统应用研讨会，并与南太平洋大学就北斗建站、设立导航实验室、数据处理、学术交流、学生交换和遥感合作等方面达成一致，签署了备忘录；2019年12月，北京航空航天大学与南太平洋大学合作的一个永久性的北斗/GNSS电离层监测站在南太平洋大学苏瓦校区建成，该监测站由北航提供监测设备并资助建设，通过接收我国北斗、美国GPS、俄罗斯GLONASS以及欧洲Galileo等导航卫星的数据，两校的研究团队共同开展南太平洋地区的电离层、暴雨灾害、地壳运动、精密单点定位服务等研究。

三 "一带一路"视域下关于中国与斐济在高等教育领域交流与合作的几点思考

当前，贯彻落实中共中央、国务院《关于做好新时期教育对外开放工作的若干意见》以及教育部《推进共建"一带一路"教育行动》，提升中国高等教育的国际化水平，要求中国加强与斐济在高等教育领域的交流与合作。基于上述斐济高等教育领域现状，建议我国与斐济进行高等教育交流与合作可以通过如下方式进行。

（一）鼓励支持国内高校在斐济建设海外校区，实现双赢

高等教育的国际化不仅需要"请进来"，更要"走出去"。在境外办学是高等教育国际化的重要组成部分，也是推动我国高等教育"走出去"、推动"一带一路"倡议实施的重要组成部分。因此，建议我国有条件的高校在斐济建设海外校区、教师培训中心或短期技能培训中心，积极与斐济高校开展合作，集中双方教育资源，明确双方合作的责任与义务，根据双方的实际情况和市场需求，选择合理的合作办学模式。例如，可以根据斐济缺少医护人员的现实，与斐济高校开展医学护理专业合作办学。

中国高校还可以充分利用中国援助资金和项目，发挥教育援助在"南南合作"中的重要作用，实施分层分级的援助方案，积极开展优质教学仪器设备、整体教学方案、配套师资培训一体化援助。这样既能很好地履行中国的国际义务，也能按照国家"对外援助要授人以渔"的指导思想，重点投资于人、援助于人、惠及于人，为斐济培养高级应用型人才。这是一种更高层次、促进民心相通的援助方式，不但能增进中斐两国人民之间的了解，加深彼此的感情，而且也是落实中央"一带一路"倡议和构建人类命运共同体的具体体现。同时，也能提升中国及中国高校的国际知名度。另外，在斐济设立海外校区、教师培训中心或短期技能培训中心，可有效利用斐济独特的地域优势和当地的资源开展海洋科学、海洋生物学等学科的学术研究，有助于海洋强国战略的实施。

（二）联合斐济国立大学设立孔子学院、孔子课堂或者中文教学中心，通过"中文+"模式丰富中斐人文交流

语言是了解一个国家最好的钥匙，也是促进民众相知相通、交流互鉴、消除障碍、弥合鸿沟，以及达成心灵共鸣、实现发展共赢、构建人类命运共同体的重要抓手。自2004年第一所孔子学院诞生以来，孔子学院在推广中国文化、提升中国文化"软实力"方面发挥了重要作用。目前，斐济仅有一所孔子学院，即北京邮电大学与南太平洋大学合作成立的南太平洋大学孔子学院，但其提供的中文教学服务远远满足不了当地民众的中文学

习需求。随着中斐两国之间的交流日益增加，斐济国内的大学生，尤其是许多职业学院的学生都有学习中文的强烈需求。①建议有条件的高校与斐济国立大学合作，在苏瓦、楠迪与劳托卡设立孔子学院、孔子课堂或中文教学中心，满足斐济青年对中文学习的需求。同时，为了满足斐济培养中文人才和技术人才的复合型需求，孔子学院或孔子课堂结合自身特点和当地经济发展需要，因地制宜、因材施教，在坚持语言主业基础上，推出一系列"中文+"特色项目，开设"中文+"课程，涉及经贸、旅游、法律、海关、航空等领域的教学。通过孔子学院、孔子课堂或中文教学中心的教学及文化活动，提升中国在斐济民众心目中的形象，加强两国人民之间的交往，加大"一带一路"倡议和"人类命运共同体"理念在太平洋岛国的宣传力度。

（三）充分利用现有奖学金渠道，扩大留学生层次与规模，为斐济高校优秀学生提供奖学金，推动他们来华学习，促进中斐民心相通

作为评价一个国家教育国际化的重要指标，留学生教育不仅可以扩大国内高等教育的层次与规模，更能够提高本国高等教育的国际影响力。而奖学金在留学生教育中起着重要的作用，如美国前主管公共外交与公共事务的副国务卿夏洛特·比尔斯（Charlotte Beers）在谈及奖学金项目对于推动国与国关系时就曾指出，没有什么项目比得上富布赖特项目和其他国际访问学者项目所产生的生产力，通过奖学金项目和培训项目建立与他国精英人物的持久关系是"政府最合算的交易"。②目前，中国政府每年为斐济的大学生提供政府奖学金名额让他们来中国学习，孔子学院总部也为以南太平洋大学孔子学院学生为主的部分斐济学生提供了孔子学院奖学金，2023年山东省为一名斐济学生提供了省政府奖学金让他到聊城大学学习。建议充分利用各省政府奖学金或企业奖学金，让更多的优秀斐济大学生有机会来华学习，在斐

---

① 笔者2018年在斐济苏瓦、楠迪、劳托卡等地对当地民众采访得出的结论。
② Charlotte Beers, "US Public Diplomacy in the Arab and Muslim Worlds," Remarks at the Washington Institute for Near East Policy, Washington D.C., https://2001-2009.state.gov/r/us/10424.htm, 最后访问日期：2022年2月12日。

济青年中培养更多"知华、友华、亲华"的精英人士，不断增进我国与斐济民心相通、民间相亲的友好关系。

（四）开展海洋科学、太平洋岛国研究等相关学科的交流与合作

我国高校和斐济的大学在学科设置方面有很多共同点，如聊城大学的太平洋岛国学、气候变化中心与南太平洋大学的太平洋岛国研究、全球气候变化研究关联紧密，中国海洋大学与南太平洋大学在海洋学方面都处于世界领先地位，以聊城大学为代表的中国高校与斐济国立大学和斐济大学在生物学、化学、地球科学、地理学、物理学、海洋学等方面有许多相同的学科设置，这些学校之间可以建立友好关系，通过双方互派教师和学生进行短期访学或游学、共建联合实验室和研发机构、举办高水平国际学术会议等方式搭建交流平台，合作开展科学研究、项目推广转化、发表学术论文，充分利用高校优势，促进我国高校与斐济高校间的交流与合作，将斐济打造成中国与太平洋岛国在高教领域合作发展、共赢发展的典范，为我国的对外开放打造新高地。

结 语

近年来，斐济政府加大对高等教育的重视力度，在高等教育领域取得了一些明显的成就。梳理斐济的高等教育现状，可以深入了解斐济的国家发展现状与发展需求。加强中国与斐济两国在高等教育领域的交流与合作，能够促进中国人民与斐济人民民心相通，从而更好地贯彻落实中共中央、国务院《关于做好新时期教育对外开放工作的若干意见》以及教育部《推进共建"一带一路"教育行动》。斐济的高等教育发展是太平洋岛国高等教育发展的一个缩影，将斐济打造成中国与太平洋岛国在高教领域合作发展、共赢发展的典范，对于提升中国在太平洋岛国地区的国际影响力和竞争力，具有重要意义和深远影响。

·书评·

太平洋岛民的跨越时空之旅
——评《航海者：太平洋上的人类迁徙壮举与岛屿文明》

赵笑彤　吕俊昌*

太平洋岛国位于"一带一路"倡议向南延伸地带，其独特的地理位置使得其近年来备受关注。近些年来，关于太平洋或太平洋岛国地区的一些国外作品渐渐被翻译为中文出版，比如唐纳德·B.弗里曼的《太平洋史》、唐纳德·狄侬主编的《剑桥太平洋岛民史》，但是其中关于早期太平洋岛民的专门研究较少被人关注。由澳大利亚人类学家尼古拉斯·托马斯（Nicholas Thomas）撰写的《航海者：太平洋上的人类迁徙壮举与岛屿文明》（*Voyagers:The Settlement of the Pacific*①）就聚焦于太平洋岛民的早期状况，力图通过追溯岛民的起源、迁徙进而了解岛民的早期生活及相关文化交流，重新关注大洋洲文明，从根本上探究大洋洲文明的含义、表现等。它既是一部描述岛民早期通过航海探险在太平洋岛屿上迁徙、定居的著作，也是一部岛民在航行中进行文化交流而丰富大洋洲文明的著作。

作者尼古拉斯·托马斯现任剑桥大学考古学和人类学博物馆馆长，其研究及著作主要涉及大洋洲的艺术、殖民历史、博物馆学等。代表作有《纠缠之物：太平洋地区的交流、物质文化和殖民主义》（*Entangled Objects: Exchange, Material Culture, and Colonialism in the Pacific*，1991）、《詹姆斯·库克船长的非凡航行》（*Cook: The Extraordinary Voyages of Captain*

---

*　赵笑彤，聊城大学历史文化与旅游学院、季羡林学院荣誉本科生，主要研究方向为太平洋岛国史；吕俊昌，博士，聊城大学历史文化与旅游学院副教授，太平洋岛国研究中心研究员，主要研究方向为太平洋史、华侨华人史。

①　Nicholas Thomas, *Voyagers:The Settlement of the Pacific*, Head of Zeus: An Apollo Book, 2021. 中译本见〔澳〕尼古拉斯·托马斯《航海者：太平洋上的人类迁徙壮举与岛屿文明》，谢琨译，北京：燕山出版社，2022年。

James Cook, 2004)、《岛民：帝国时代的太平洋》(*Islanders : The Pacific in the Age of Empire*, 2012)[该书曾荣获沃尔森历史奖（Wolfson History Prize）]。

在上述研究基础上，作者回答了一个如今常常被人忽略的重要问题，即"这些人（指太平洋岛民）究竟是什么人？他们从哪里来，又是如何漂洋过海，来到了散布在如此广阔的大洋中的岛屿上？"在这近乎哲学式的审问背后，实际上蕴含着一种基于常识的假设：广袤的太平洋上的诸多岛屿似乎并非人类生存的最佳选择，那人类在太平洋岛屿上的迁徙与定居究竟是如何实现的呢？作者结合这一系列问题研究的新成果以及相关数据重新审视这些问题，对比世界上其他地方的人类集体经验的不同之处，展现一个几乎不被承认的文明——大洋洲文明。

全书除序言和结语，正文共五章。序言部分指出学者们对太平洋岛际航行的关注由来已久以及对于岛民的起源、迁徙等问题有了新成果，明确该书的研究重点与方向。第一章大致按时间顺序概述了学者们对太平洋移民的理论研究成果，作者关注到了在探索岛国的过程中呈现的阶段性。太平洋岛国在偶然的航行中被发现，起初并未受到太多关注，前往太平洋地区的海上航行者比较少，有关的记述仅对岛国及岛民的有关状况进行简单描述，记述的内容也并不全面，往往是航海者航行过程中的"副产品"。库克船长及其船队在对太平洋岛国探索的过程中与以往不同的是，得到了当地土著图帕亚的帮助并留下了相关记述。除了库克的日记之外，随行的船队人员通过在岛国长时间的观察，系统记述了岛民的种群、航行工具、传统习俗等方面的情况。其中库克船长等人首次对太平洋岛民的来源问题产生兴趣，并对跨区域之间的关联产生思考。此后学术界的相关研究逐渐增多，推动了对岛国的进一步了解，但也不乏失之偏颇的见解。作者对为研究古代移民而将碰巧相似的名称和短语生硬地结合到一起的研究方法提出了疑问，指出某些学者提出的将太平洋岛民的起源追溯到《圣经》中的库什人或者欧罗巴人的观点暗含着种族优劣思维，由此批判了种族主义。关注到学者的背景及立场对学术研究的影响以及后代学者较之前人的不同之处，并结合实际情况对已有的研究成果进行逻辑推理进而提出比较客观的评价，不仅是对岛国研究学术史的梳理，更加入了作者的考证与思考。

第二章主要探究了人类从巽他古陆向萨胡尔大陆迁徙的问题，也即太平洋岛民的来源问题。作者综合了较新的考古学进展、生物学知识回答了究竟是何人、何时、如何以及为何迁徙等问题，最后得出结论：有确切的证据表明，智人不但在5万年到4.5万年前渡海进入了萨胡尔大陆，随后还散居于包括今新几内亚和澳大利亚在内的广袤而多元的陆地上，甚至还尝试向更远的地方探险。关于航海者从巽他古陆到萨胡尔大陆的路线及方式的问题，作者结合现存的实物资料、两个大陆的地理位置及人口学模型等进行了合理的推理，提出海上移民是一种冒险的行为并持续过一段时间的结论。更为重要的是，迁徙的古人能够充分适应水上生活，充分体现了古人的主动性。该章内容总体上是对海上移民的推理印证，环环相扣，步步深入，体现了逻辑性与严密性。

第三章阐述了岛民海上迁徙、开枝散叶的历程及对环境的适应与改造。拉皮塔陶器的分布、陶器风格的相似性及重建历史学和语言学的技术等指向中国台湾为岛民海上迁徙的终极起点。作者在介绍岛民（拉皮塔人）海上迁徙的过程中，对于岛民迁徙的具体路线并未做特别详细的说明，而将重点放在了岛民迁徙到某地后自身生产生活方式的变化，而这些变化是拉皮塔人通过与当地原住民之间的互动实现的，比如块茎作物及土灶烹饪之法。作为一个"文化共同体"，拉皮塔文化不仅发达、复杂，而且其传播扩张速度之快和范围之广也令人惊叹，究其缘由，可能追求社会价值和地位是岛民扩张的动机。同时，岛民的扩张是阶段性的，正是在其间隙，传承且丰富了拉皮塔文化的波利尼西亚人创造了自身的文化。波利尼西亚人的航海范围比拉皮塔人更广，同时在南北各地的独立发展，造就了多元而相对统一的文化。该章聚焦于岛民的迁徙问题，充分展示了岛民的韧性与活力，也有力地回应了历史上贬低美拉尼西亚人的种族主义看法。

第四章描述了岛民航行的工具——独木舟。作者通过西方有关独木舟的文献记载对独木舟的类型、外观、结构与功能等做了详尽的描述，凸显了岛民的独木舟在航海中的作用。当代学者与航海专家也通过计算机模拟与船只复建验证了其航海技术，特别是1973年波利尼西亚航海协会成立后进行的航海试验激发了独木舟的复兴与使用。然而，作者始终对采取实验性研究来验证历史上独木舟的实际功效的做法持谨慎立场。因为，近代掌握双体独木舟的技术并不等于几百年前就拥有了同等的航海技术，而且将此等同也否认了独木舟技术的发展演变。不过，作者也强调靠海为生的先民应对大海了如指掌，而将岛民的远洋航海视为一种"意外"的收获即所谓"意外航海论"则显然是不符合实际的。

第五章描写了岛民对航海知识与技术的掌握。作者参考了文献记载与实物资料，多种史料相互印证对美洲起源论等观点进行驳斥；考察了约翰·威廉姆斯（John Williams）记载的龙戈玛丹酋长"三角定位"导航的逸事，说明许多的欧洲探险家、传教士、民族学家等都曾为岛民辨别方向的能力及丰富的天文学知识折服，力图证明岛民利用星辰、洋流等自然现象进行海上航行的真实性，反映岛民对海洋环境的惊人感知能力。尤其重视图帕亚为库克船长及船队绘制的海图，上面标注了图帕亚所知的岛屿，许多学者对海图标注的岛屿及图帕亚的旅行见闻记录等进行细致研究，试图证明岛民在岛屿间航行、独木舟的航海能力及岛民掌握专业航海知识。该章对岛民的航海知识与技术进行了阐释，旨在阐明岛民利用参照物辨别方位的技术及对自然的感知能力，表明岛民的海上迁徙有充足的航海知识、技术的支持。

结语部分总结了该书的研究思路，表明太平洋岛屿原住民的起源等相关问题的研究仍在继续，许多问题并没有确切的定论。但是作者也提出了该书的三个普遍性结论：一是学者们对太平洋岛国的调查研究一开始便具备跨文化的性质，各个岛屿呈现了不同的文化特征；二是从全球范围来看，岛民的人数通常都很少，但作为人类历史的一条支线，大洋洲文明体现了人类文明的多元性与多样性；三是关于身份认同的问题，太平洋民族组成的社群皆通过血缘关系、仪式、社交网络等与周边或更遥远的岛屿建立了联系，岛民航海的动机便是建立、保持和加强这种"联系"。作者指出大洋洲文明最重要的成就是航海过程中体现的相互联结的能力。

该书的主题是探究太平洋岛民的起源及迁徙问题，实际上反映了人类在太平洋岛屿的迁徙与定居问题。作者运用了丰富的史料，参考了大量的文献资料，综合了考古学、比较语言学、历史学等多学科研究的新成果追溯岛民的起源和海上迁徙的过程。其中作者对岛民起源问题的论述中这一点体现得尤为明显，作者对于何种人、从何时、去何地等问题的回答皆参考近期考古学的发掘、研究成果，若某一问题没有确切答案，作者则指出关于这一问题的不同见解以供读者思考。作者在参考大量文献资料的同时，也对某些不确定的问题或者某些解释结合相关资料进行假设推理，使得该书论证清晰，逻辑严密。在参考的文献资料中，不乏原住民背景下学者的研究，因此作者不拘泥于西方学者对岛国及岛民相关情况的叙述，罗列了不同视角、不同立场下对岛民海上迁徙的看法，使得读者对某一问题有较为全面的了解。除此之外，书中插入了珍贵的图片资料，例如，展示了不同类型的独木舟及在新西兰北岛发现的与南方群岛类似的凯塔亚雕像等，真实、客观地反映了岛民的航海活动。直观的图片资料不仅提高了该书的可读性，也使得读者更好地观察、了解岛民的生活环境、生活方式及艺术品的风格。

从岛民史的角度来说，该书重点关注了整个岛民史中的早期海上迁徙，在一定程度上是一部岛民早期移民的历史。该书的目的并非概述岛民的整体历史，作者重点关注了岛国先民的迁徙过程。从早期岛国先民由巽他古陆向萨胡尔大陆迁移到后来拉皮塔人的海上迁徙，作者系统性地介绍了先民迁徙的过程，具有连续性。作者还关注到岛民迁徙的目的，该问题目前并无系统性的研究及确切的结论，因此作者在各个章节中穿插介绍了现有的推测。该书还对岛民海上迁徙所依赖的工具——独木舟及岛民掌握的航海知识与技术进行了详细介绍，证明岛民的迁徙有技术与知识的支撑，进而回答了岛民为什么迁徙、迁徙大致路线及怎样迁徙等一系列问题，在一定程度上可以说该书叙述了岛民早期迁徙的历史。

此外，在文化交流方面，西方航海者对岛国探索的过程中和岛民的迁徙过程中不可避免地会与当地人接触，西方航海者与岛民、岛民内部之间都会建立经济上、文化上的某种联系，因而该书还是一部介绍太平洋岛民文化交流的书。西方航海者与岛民的文化交流一方面体现在他们在对岛国进行考察有时得到当地岛民的帮助进而直接与岛民交流，了解岛国的有关情况；另一方面，西方的航海者及学者往往将在岛国观察到的情况进行记录，从而推动了外界对岛国生产、生活的了解。而在岛民海上迁徙过程中迁入者与原住民之间的和平或暴力"交流"使得岛民之间建立起更广泛的联系，扩大了文化交流的范围。作者在叙述的过程中更是从文化的角度展开了对岛民迁徙过程的叙述，这在无形中强调了岛民迁徙所带来的文化影响。作者指出了因海上迁徙而形成的迁入地生活方式、传统习俗的变化及岛国某些群岛间文化上的相似性，为当今太平洋岛国的共同治理提供了历史解释。

太平洋岛民是海洋子民，这毋庸置疑，然而经过长期的迁徙与定居，部分岛民已经变为陆地定居之人，那么如何理解两者之间的联系？对于密克罗尼西亚人的角色，该书探讨相对较少，这是否说明该地区具有某种独特性，而且为何会呈现这种差异。此外，该书也并未关注大洋洲三大群岛区之间的内在联系。除此之外，该书部分讨论了外界对岛国的看法与研究而在某种程度上忽视了岛民对外界的了解程度，而岛民对外部世界的了解亦是岛国与外界文化交流的重要成果。

太平洋岛民跨越时空的迁徙与探索之旅堪称人类文明的高光时刻与里程碑，因为这趟旅程充满了惊涛骇浪与生存挑战，然而岛民最终依靠勇敢与智慧，不仅创造了海上家园，同时也创造了非同寻常的大洋洲文明。正如作者提出的问题——"当一个岛民究竟意味着什么？"或许对岛民而言，就是"答案在风中飘"。

更好实现南太平洋海洋治理研究实践价值
——读《南太平洋海洋治理及其当代影响》的思考

王子鑫[*]

梁甲瑞博士常年深耕于太平洋岛国方向的研究，尤其是近年来在太平洋岛国海洋治理领域，取得不少开拓性成果。《南太平洋海洋治理及其当代影响》这一著作就是该领域研究成果的集大成者，其作为目前我国学界在此领域的前沿研究，颇具代表意义。该书从全球海洋治理理论视角出发，多层次多维度地探讨了南太平洋区域的海洋治理状况并做出分析，在此基础上总结南太平洋海洋治理对地方层面的启示意义，分析地方层面参与南太平洋海洋治理国际合作的前景。总体而言，该书的研究具有很强的指导意义。尤其在近年来我国同太平洋岛国的合作持续推进与时代发展对我国海洋治理能力不断提出新要求、创造新挑战的背景下，其研究成果的价值就更加突出了。

在该书中，梁甲瑞博士就其研究提出了两种主要价值，首先是检验和丰富全球海洋治理理论的学术价值，其次是为地方层面提高海洋治理能力的现实价值。[①] 笔者在这里基于该研究的价值展开一些思考。笔者认为基于南太平洋海洋治理的独特性，该领域研究能够且应该尝试实现更多的价值。

南太平洋海洋治理的独特性来自太平洋岛国客观情况为海洋治理提供的条件。

首先，虽然对于什么样的国家是小国有多种定义，但太平洋岛国无论从何种定义上来看都在其中。"小"的国家规模极大地限制了岛国的国家能力，

---

[*] 王子鑫，聊城大学历史文化与旅游学院硕士研究生，主要研究方向为太平洋岛国。
[①] 梁甲瑞：《南太平洋海洋治理及其当代影响》，北京：中国社会科学出版社，2021年，第3~4页。

梁甲瑞博士在书中也提到了这一点，指出"由于太平洋岛国实力弱小，很难依靠自身力量进行海洋治理"。① 具体而言，太平洋岛国极其有限的国家规模使得它们在开展海洋治理时不得不面对人才数量有限且培养能力不足、基础项目的投入出现规模不经济、当域外国家产生海洋治理问题时话语权不足的情况。

其次，太平洋岛国又是大海洋发展中国家，《联合国海洋法公约》规定归属于它们的海域范围及专属经济区面积庞大，而太平洋岛国自身也多次在联合国强调这一点。② 太平洋上14个独立岛国的专属经济区面积总和达到1900万平方千米，而其国土面积总和仅为52万平方千米。③ 海洋给它们带来财富的同时也带来了巨大的治理范围和种类繁杂的治理问题。这就对太平洋岛国海洋治理提出了更高的要求，包括进行海洋治理所产生的高昂的经济成本和全面而系统治理广袤海域的管理能力。

最后，太平洋岛国的生存与海洋息息相关，海洋是它们生存发展的首要来源，南太平洋为岛国居民提供了交通、资源、食物以及身份认同感。④ 海洋环境的恶化直接威胁其国家的存在，包括海洋资源的枯竭、气候变化、更多的自然灾害、海洋污染带来的环境破坏、海平面上升淹没陆地等。这些迫在眉睫的威胁是太平洋岛国进行有效的海洋治理的动力来源。

比较国际社会上的其他国家或区域对海洋的治理，南太平洋区域是极具独特性的——单一能力不足、治理任务艰巨、迫切需要开展行动的条件和要求。更为重要的是，在这样的条件下南太平洋的海洋治理取得了成功，克服了不利因素，实现了对区域内海洋的有效治理，所以南太平洋海洋治理的实践是值得学界开展深入研究的。

---

① 梁甲瑞：《南太平洋海洋治理及其当代影响》，北京：中国社会科学出版社，2021年，第22页。
② A. Hume et al., "Towards an Ocean-based Large Ocean States Country Classification," *Marine Policy*, 2021, p. 134.
③ 朱璇、裘婉飞、郑苗壮：《小岛国参与国际海洋治理的身份、目的与策略初探》，《中国海洋大学学报（社会科学版）》2018年第5期，第70页。
④ "A Global Representative System of Marine Protected Areas, Marine Region 14: Pacific," World Bank, March 15, 1995, http://documents.worldbank.org/curated/en/936381468780944183/South-Pacific-Northeast-Pacific-Northwest-Pacific-Southeast-Pacific-and-Australia-New-Zealand.

更好实现南太平洋海洋治理研究实践价值

因此在笔者看来,基于以上条件带来的独特性,深入研究南太平洋海洋治理可以实现以下四个方面的价值。

首先,通过对南太平洋海洋的治理检验,丰富全球海洋治理理论的学术价值。如梁甲瑞博士所说,由于南太平洋区域在海洋治理中有明确的主体、客体以及规范,"南太平洋地区在全球海洋治理中扮演着领头羊的角色"。[①] 研究作为全球海洋治理的关键部分和典型案例的南太平洋的海洋治理,充分体现了全球海洋治理与区域海洋治理的有效结合。

其次,通过研究太平洋岛国区域海洋治理,建立对它们更全面的认识。对于太平洋岛国而言,其区域海洋治理在区域政治中扮演的角色并不局限在治理海洋本身,还是太平洋岛国发展地区主义[②]、进行外交博弈[③]、构建国际话语权[④]的重要抓手之一,加强对南太平洋海洋治理的研究有助于加深对岛国全面的认识。

再次,为我国提高海洋治理能力、开展海洋治理工作提供实践案例的参考。我国要开展海洋治理工作,南太平洋海洋治理实践的经验就是很好的参考。如前所说,南太平洋海洋治理实践具有独特性,虽然中国与太平洋岛国的能力差异巨大,西太平洋和南太平洋地区的地缘环境也大有不同,但也正因如此,有很多经验通过我国独立实践是难以得出的。

最后,为我国参与南太平洋海洋治理实践以强化与太平洋岛国的联系提供方案。南太平洋海洋治理的实践中,有大量的域外国家或国际组织参与。为了实现我国的外交方略,构建海洋命运共同体,参与南太平洋的海洋治理也是我们需要做的。相关研究可以为我国的参与提供切入点,推动中国与太平洋岛国在海洋治理领域更广泛的合作。

依据以上标准来审视该书,显然其充分实现了梁甲瑞博士在书中提出来

---

① 梁甲瑞:《南太平洋海洋治理及其当代影响》,北京:中国社会科学出版社,2021年,第17页。
② 徐秀军、田旭:《全球治理时代小国构建国际话语权的逻辑——以太平洋岛国为例》,《当代亚太》2019年第2期,第95~125、158~159页。
③ 陈晓晨:《小国研究视域下太平洋岛国的外交策略》,《国际关系研究》2020年第2期,第108~131、157~158页。
④ 陈晓晨:《全球治理与太平洋岛国地区主义的发展》,《国际论坛》2020年第6期,第119~136、159~160页。

的两个研究价值。

首先，检验和丰富全球海洋治理理论的学术价值得到了充分的实现。梁甲瑞博士的研究从理论出发，整理全球海洋治理理论现有研究，搭建起一套包括海洋治理"范畴""主体""客体"在内的理论框架。而后他结合南太平洋海洋治理的实践，将框架运用到研究过程当中，明确了南太平洋海洋治理的各个部分，就每一个部分做具体分析，自上而下地展示了南太平洋海洋治理的总体状况。再将南太平洋海洋治理放到全球的背景下，比较得出岛国独特的海洋观念和该观念在治理实践中的作用，进而得出南太平洋海洋治理实践对全球海洋治理的启示。其次，梁甲瑞博士也对地方层面如何开展海洋治理和参与南太平洋海洋治理提出建议。作者在第二章中分析了南太平洋海洋治理向深海资源治理发展的趋势，在第三章中详细研究了域内外的其他国家和组织参与南太平洋海洋治理的有关情况，最后两章则分析了在多层级的全球海洋治理下山东省参与南太平洋海洋治理的可行方案和积极意义，为我国开展海洋治理、参与南太平洋海洋治理提供很多实践上的启示。

但相应地，基于这四重价值，对该领域的研究可以提出更高的要求，于是在这样的条件下来重新审视该书时，就会发现该书在实现部分价值的同时，还存在一些不足之处或可说存在值得更加深入研究的空间。

首先，该书研究的基层视角不足。研究目光主要聚焦国际组织、区域组织等国际或区域上层建筑在南太平洋海洋治理中发挥的作用。但遗憾的是，单一的国家、执行治理任务的机构或者参与海洋治理的个人没有在研究中得到充分的展现。而要更全面地认识南太平洋海洋治理实践，没有基层的视角是不现实的，因为基层是海洋治理问题真正的来源，也是海洋治理最终的执行者，治理的需求和治理的反馈都来自他们。尽管梁甲瑞博士在第一章中专门以一节强调岛国海洋治理理念和治理理念的执行，可惜没有更好地体现出岛国作为执行者的角色。

其次，研究中对治理实践过程的关注不足。从理论框架入手固然能自上而下、更整体看待此问题，但链条末端的政策落实就不免被掩盖了。该书的内容大量涉及了国际组织、区域组织关于海洋治理的协议，各种组织和协议构成的治理框架，这可以起到整体认识海洋治理的作用。但要实现真正的全面认识，需要对更多的治理执行案例进行分析。这种分析至少应包括治理政策、治理规范制定之后由什么机构或者什么群体去执行落实，怎样执行落实，实践的效果如何。尽管该书在探讨治理规范的内容中也有意识地用到了"微观层面"这样的视角，但遗憾的是相关部分更多是对海洋治理门类的细化和部分治理机构的介绍，对于执行效果的评估还是较为缺失的。

最后，研究中太平洋岛国的本土视角不够。对南太平洋的研究理应将太平洋岛国视为主角，从它们的视角出发来理解南太平洋海洋治理。该书在研究南太平洋海洋治理主体的内容中，也强调了治理以太平洋岛国区域组织为主，但全书还有大量的内容关注全球海洋治理和域外国家或组织的情况，尤其是篇幅最大的第三章。即使在国际组织或其他国家与太平洋岛国合作参与南太平洋海洋治理的部分中，太平洋岛国的主动性体现也存在不足。本土视角相对不足的问题也就由此产生。

以上笔者认为的不足之处纯系主观，不免对研究者过于苛责。但这也是笔者对太平洋岛国研究领域未来发展的想象和对做出研究成果、实现价值的期望。客观地说实现四重研究价值，完全避免以上不足在当前的研究中条件是不充足的。现实状况是关于国际组织、域外国家的相关文字资料和实践状况更容易获取，学界的既有研究也更加成熟，从外部视角观察太平洋岛国有更加便利的条件。太平洋岛国由于国家规模和发展程度的限制，一手资料获取、一线状况总结是相对缺乏的。而要实现笔者所希望达到的效果，需要学者建立起更加深刻的感性认识，这就需要在岛国进行长期扎根并且深度融入岛国社会进行实证研究。所以，现阶段在研究当中遇到的问题和出现的不足大多数不是学者主观方法选择的问题，往往是客观条件不足以支撑。

那么，未来的研究就应该尝试规避甚至解决这些问题。在笔者看来，根本的办法还是加强同太平洋岛国的接触，以更好地了解它们。而最有意义的接触就是与太平洋岛国开展合作，学者的研究助力我国同太平洋岛国的合作实践，学者又参与到合作实践当中建立感性认识进而在此基础上开展研究工作，并将成果继续转化为合作实践的助力。例如，梁甲瑞博士研究南太平洋的海洋治理，为我国参与其中强化与太平洋岛国的合作提供学术支持，同时又为学者研究该区域的海洋治理创造更好的客观条件。一个积极的研究－实践的系统就建立起来了。从这种意义上讲，该书的研究恰恰是为了弥补此时的不足并不断积累未来更好的客观条件。这正是笔者所理解的《南太平洋海洋治理及其当代影响》这一著作的开拓性意义。

·学术动态·

学科交叉视域下中国的大洋洲研究
——第四届大洋洲研究高层论坛综述

李昌昊　张　勇[*]

　　2022年12月3日，由中国亚洲太平洋学会大洋洲分会主办，中国太平洋学会太平洋岛国研究分会、山东省世界史专业委员会协办，聊城大学太平洋岛国研究中心、聊城市人民政府外事办公室承办的第四届大洋洲研究高层论坛在聊城大学举办。来自北京大学、华东师范大学、中国社会科学院等40多所高校、科研院所的近200位专家学者和研究生出席会议并发言。该届论坛的主题为"学科交叉视域下中国的大洋洲研究"，与会者围绕新冠疫情对大洋洲国家的影响，中国与大洋洲国家的关系，大洋洲区域与国别的历史与文化，大洋洲国家政治、经济和社会发展状况，大洋洲语言与文学，大洋洲区域与国别研究的理论与方法等议题展开研讨，取得丰硕成果。

　　一是坚持整体性方法和原则，从学科发展上看大洋洲研究的本质特征和发展趋势。对于新兴的区域国别学而言，大洋洲的确是一个极为理想的学术试验场，学科交叉下的大洋洲研究意义重大。北京大学钱乘旦教授指出要充分理解大洋洲研究的重要性。为使大洋洲研究日新月盛，钱乘旦教授提出三点建议：首先要从基础做起，其次要细化研究，最后要将学问做"活"。华东师范大学汪诗明教授认为区域国别学背景下的大洋洲研究在学理上的地位提高，大洋洲研究更加全面深入，大洋洲学术共同体健康成长，研究的同质化现象有所减少；但研究基础还相对薄弱，研究体系建构和学科建设仍面临挑战。聊城大学陈德正教授以聊城大学太平洋岛国研究中心发展为例，探讨

---

　　[*]　李昌昊，聊城大学历史文化与旅游学院硕士研究生，主要研究方向为澳大利亚与太平洋岛国关系；张勇，历史学博士，聊城大学历史文化与旅游学院副教授，聊城大学太平洋岛国研究中心高级研究员，主要研究方向为美国外交史、太平洋岛屿史。

了地方高校区域国别研究的两个关键问题，认为地方高校要以国家发展需求为导向，紧紧围绕一个具有潜在的长期研究价值的区域或国家，才能确立自己独特的区域国别研究。

二是跨学科研究方法的运用。由于研究问题日益深入复杂，单一学科的知识难以解决大洋洲研究中遇到的问题。以跨学科的视野将大洋洲置于更广阔的现实关怀和相辅而成的多种学科之中，或可构建以世界史为基础、多学科联动、中外相结合、贯通古今的大洋洲研究新格局。在气候变化方面，中国矿业大学翟石磊探讨了小岛屿发展中国家维护气候正义的话语逻辑。在生态环境方面，中山大学费晟教授探讨了澳大利亚山林火灾治理的得失与启示，认为从山火治理中可以理解澳大利亚治理的许多其他的问题；首都师范大学乔瑜副教授从生态史的角度反思澳大利亚兔灾，认为兔灾不是传统的生态入侵，而是防控的失误；西安外国语大学牛丹丹副教授从环境正义和环境治理的角度探讨了大国核试验对太平洋地区的环境影响。在教育合作方面，聊城大学太平洋岛国研究中心梁国杰研究员探讨了太平洋岛国中文教育的现状、问题和发展建议，江苏经贸职业技术学院姜芸讲师探讨了江苏职业教育"郑和计划"与中太职业教育的合作，二人都有田野调查的经历，现实意义和可信度较高。河北大学梁立佳副教授论述了近代欧洲的"南方大陆"想象，聊城大学康建军讲师探讨了社会学视野下"被发现"的南太平洋，二者都涉及地理的政治建构，展示了人类社会政治现象的空间分布与地理环境的关系。

三是积极响应国家战略需求，具有强烈的现实关怀。在新冠疫情对大洋洲国家的影响方面，中国社会科学院吕桂霞教授探讨了新冠疫情对太平洋岛国的影响以及岛国的应对之策；聊城大学梁甲瑞副教授以太平洋岛国应对新冠疫情为案例，探讨了小岛屿发展中国家在全球公共卫生治理中的角色及启示；聊城大学本科生于昕禾关注了所罗门群岛对新冠疫情的应对。在大洋洲国家政治、经济和社会发展状况方面，华东师范大学陈晓晨教授探讨了后疫情时代太平洋岛国的地区主义；北京外国语大学牛丽教授分析了太平洋岛国领袖的出身、教育等因素对中太关系的影响；聊城大学赵少峰教授和杨鸿濂研究员关注斐济2022年大选，展望和研判了2022年斐济大选的趋势；聊城大学李德芳副教授探讨了太平洋岛国职业教育的现状以及发展趋势，为中国同太平洋岛国教育合作提供了重要的参考；山东大学刘昌明教授探讨了"21世纪海上丝绸之路"倡议与中国海洋权益的维护之策。

四是澳新研究持续深入。大多数研究大洋洲的学者，几乎没有不涉及澳大利亚和新西兰的；即使涉及的范围是太平洋岛国，在澳新之外，但在探索研究地域的政治、经济和社会发展时，其背后也或多或少有澳新的影子。澳新研究实际上成了大洋洲研究中一个不可或缺的方向。

澳新两国作为大洋洲实力最强的两个国家，其外交政策与对外关系动向得到学者的高度关注。中山大学喻常森研究员分析了澳大利亚智库对外交政策的影响，指出21世纪以来澳大利亚外交政策智库对澳外交政策产生了较大影响；华东师范大学陈弘教授探讨了"奥库斯"的阶段性特点和未来动向，认为"奥斯库"与全球发展潮流背道而驰，我国应对其实质有清醒的认识；江苏师范大学赵昌副教授梳理了澳大利亚不断重构的地缘认知与澳大利亚的亚洲政策；中国社会科学院丁工研究员辨析了中等强国的概念及这一概念对"一带一路"倡议的启示；嘉兴学院肖欢教授比较了澳大利亚工党和自由党的对华政策；华东师范大学博士研究生王玥从"印太战略"的视角探讨了澳大利亚与印尼海洋安全合作的动力、内容以及未来走向；华东师范大学博士研究生唐杰探析了"印太战略"背景下的新西兰"太平洋重置"政策；湘潭大学许善品副教授从美澳同盟以及"灰色地带"斗争话题切入，探讨美澳关系发展的态势；湘潭大学甘振军讲师探讨了近年来澳大利亚与越南关系的新动向。

澳大利亚工党上台后奉行较为务实的对华政策，中澳关系得到一定改善，新西兰总理也在接受媒体采访时表示新中关系"十分成熟"。在此背景下，中国与澳新两国的双边关系引起了学者的讨论。华东师范大学侯敏跃教授统计了1964~1984年《人民日报》涉及澳共（马列）的报道和文章，认为这些报道不仅反映了两党、两国关系，也从侧面映照了中国的内政变迁；北京外国语大学李建军讲师探讨了1957~1958年澳共第四次访华团，体现出工党进步主义的底色；北京大学刘树森教授探讨了近年中新双边关系的特征与发展趋势，认为中新双方逐步构建了相互信任、互惠互利、具有稳定性和创新性的双边关系；上海大学谢晓啸讲师探讨了新中国成立初期中澳民间交流的起源、发展及影响。此外，西安外国语大学苏锑平副教授评述了1998~2001年中国与澳大利亚经贸研究概况，福建农林大学彭虹讲师探讨了中澳自由贸易协定对两国牛肉贸易的影响。

在澳新两国历史文化方面，西华师范大学杨洪贵教授探讨了西澳对联邦运动的态度，指出受国内外因素影响，西澳长期以来形成的分离势力不时爆发，甚至发展为谋求脱离联邦的分离运动，成为澳大利亚政治生活中影响政治稳定的因素；聊城大学倪凯讲师重点梳理了澳大利亚的劳工史；天津师范大学博士研究生曹思阳基于大量一手档案资料，从经济社会史视角分析澳大利亚的分离公投；上海理工大学刘略昌教授以新西兰绘本小说《希克斯维尔》为例探讨了纯真艺术世界形象的建构方式以及动因，指出了新西兰的身份焦虑；中国海洋大学朱建君副教授将澳大利亚纳入"海上丝绸之路"研究，勾勒出海参之链的地图。

五是太平洋岛国研究呈现蓬勃发展态势。我国的太平洋岛国研究虽起步较晚，但近年来中国与太平洋岛国关系日益密切，国内从事相关研究的人员和机构不断增加，研究队伍日益壮大，研究对象与研究领域得以拓展，理论指导与研究方法进一步完善。

2018年中国与太平洋岛国双边关系提升为相互尊重、共同发展的全面战略伙伴关系之后，双边关系稳步向前发展。广东外语外贸大学周方银教授探讨了中国与太平洋岛国的关系，认为我国应从中长期的视角考虑如何更好发展与太平洋岛国的双边关系；聊城大学首席研究员于镭从构建平等互利的中国－大洋洲合作关系出发，认为与太平洋岛国发展关系要坚持以经济发展为导向，以合作为导向，以和平为导向；武汉大学硕士研究生分析了中国与斐济构建人类命运共同体的理念基础和发展前景；郑州大学孙燕晓讲师研究了中国在太平洋岛国开展对外援助三方合作的基础和路径。

由于太平洋岛国战略地位十分重要，无论是传统宗主国还是新兴大国对这一地区都十分重视。与会学者结合国际形势，针对大国的太平洋岛国政策进行深入探讨。中国国际问题研究院赵青海研究员分析了美国对太平洋岛国抗疫援助的阶段性特点及其对中国与太平洋岛国合作带来的挑战；中国社会科学院徐秀军研究员探讨了亚太地区大国博弈新形势、"印太经济框架"的政治经济内涵和"印太经济框架"对大洋洲政治经济格局的影响；中国社会科学院邓超副研究员认为美英在太平洋地区的贸易冲突使得1812年战争具有明显的太平洋特征，成为美国历史从大西洋走向太平洋的主要推动力量；天津师范大学高文胜教授从日本"主体的综合外交战略"角度入手，探讨了日本对南太平洋岛国的外交目标以及我国的应对之策；北京外国语大学张颖教授分析了美国对南太平洋地区的外交战略选择；聊城大学太平洋岛国研究中心研究员林娜探讨了日本国际协力机构对太平洋岛国的医疗援助，倪鹏关注了澳大利亚与美拉尼西亚国家之间的关系，张娟探讨了澳大利亚对巴布亚新几内亚的性别平等援助；山东师范大学孙通讲师探讨了美日印澳战略互动与"印太"秩序的问题；济南大学刘雨辰副教授研究了"印太战略框架"下美国对太平洋岛国的嵌入式援助；广东外语外贸大学吴艳讲师探讨了美国太平洋岛国政策的动向与逻辑；华东师范大学博士研究生李虎平论述了拜登政府的南太平洋岛国政策。

太平洋岛国地域分散，拥有丰富多元的历史文化。聊城大学太平洋岛国研究中心王敏研究员分析了斐济土著音乐文化的演变；聊城大学太平洋岛国研究中心张彬研究员和聊城大学硕士研究生王含旭分别利用高更的作品展示了波利尼西亚的文化符号和对当时的政治经济文化做了进一步的分析；中国社会科学院大学硕士研究生李一梁探讨了斐济棉花种植园的兴衰；云南大学硕士研究生探讨了基督教传入对汤加王国历史进程的影响；北京外国语大学栾硕讲师探讨了太平洋研究的去殖民化；中国社会科学院大学战林泽通过研究19世纪前期日本漂流民的文献记载，对北太平洋商业网络化进程进行了分析；聊城大学硕士研究生吕苗苗解读了库克船长对土著人的认识，魏淑荣研究了萨摩亚的文身文化，金慧杰和陈振宇主要从族群问题对斐济民族国家建构做出解读，乔科伟分析了美国核试验对密克罗尼西亚群岛国家非殖民化运动的影响。

太平洋岛国国家众多，语言十分丰富且复杂多样。中国社会科学院大学杨博讲师从语言传播中的权力逻辑出发，探讨了英语在太平洋岛国的传播，并分析英语对岛国影响的利弊，强调要削弱英语传播的负面影响，加强对本土语言的保护;北京外国语大学李萱讲师分析了太平洋本土语言的过去与现状,探讨了西方化对太平洋语言的影响,并提出了抵御外部影响的路径;北京外国语大学骆天一讲师探讨了萨摩亚语可持续性的影响;安徽大学周芳琳讲师概述了当代斐济文学的特点。

  综上所述,该届论坛多学科特点鲜明,研究视野宽广,涉及大洋洲区域国别研究几乎所有的方面,代表了我国大洋洲研究的最高水平和最新成果。此届论坛参会学者数量多、水平高,覆盖面更广,学术影响力更大,而且吸引了诸多地方高校的资深专家和年轻学者,人员层次的梯队比以往更加丰富多元,反映出大洋洲研究的学术共同体正在不断发展壮大。许多学者立足当下、着眼未来,积极响应国家战略需求,报告除兼具理论性与学术性外,还提出了应用性、对策性较强的政策建议,充分体现出大洋洲研究经世致用价值之所在。该届论坛的成功召开也表明大洋洲研究高层论坛经过多年发展,已经成为国内大洋洲研究学术交流的重要平台。

《太平洋岛国发展报告（2022）》《中国-太平洋岛国贸易指数报告（2014-2021）》新书发布暨学术研讨会会议综述

程振宇　卢景志[*]

2023年5月18日,《太平洋岛国发展报告（2022）》《中国-太平洋岛国贸易指数报告（2014-2021）》发布暨学术研讨会在北京举行。发布会由中国太平洋学会太平洋岛国研究分会主办，聊城大学太平洋岛国研究中心、社会科学文献出版社联合举办，聊城市人民政府外事办公室协办。与会学者围绕太平洋岛国研究的现状与趋势、区域国别学建设的方法和路径等议题展开了深入探讨。

新书发布会开幕式由聊城大学党委副书记房增福主持。会上，聊城大学校长、中国太平洋学会太平洋岛国研究分会会长王昭风教授、社会科学文献出版社副社长梁艳玲、中国政府太平洋岛国事务特使钱波、教育部高校国别和区域研究工作秘书处主任罗林教授先后致辞。社会科学文献出版社国别区域分社社长张晓莉主持大会发言，罗洁、刘红中、李友东、李明杰、牛丽、林香红、邓超、仇朝兵、汪书丞、杨京鹏、陈德正、于镭、梁甲瑞等做了主题发言。

会议聚焦太平洋岛国研究的前沿问题。王昭风教授向与会专家介绍了聊城大学的发展历史与太平洋岛国研究中心的发展成绩，强调聊城大学紧紧围绕服务国之大者，着力打造以太平洋岛国研究为主的区域国别学科优势和办学特色。钱波结合自身在太平洋岛国的工作经历，客观介绍了中国在太平洋

---

[*] 程振宇，天津师范大学欧洲文明研究院博士研究生，主要研究方向为外国史学史与史学理论、太平洋岛国；卢景志，聊城大学太平洋岛国研究中心硕士研究生，主要研究方向为太平洋岛国。

岛国面临的挑战和机遇，并对国内太平洋岛国研究提出了工作建议，强调学者应密切跟踪岛国方向，从而为中国－太平洋岛国友好发展献计献策，为经贸投资提供数据支持。《太平洋岛国发展报告（2022）》作者代表、聊城大学太平洋岛国研究中心首席研究员于镭对近年来中国与太平洋岛国关系的良好发展进行了概述，结合田野调研分享了岛国近年来的新动态，论述了田野调研和信息追踪对蓝皮书文章撰写的重要性，以及田野调研、理论运用对研究工作和外交工作的重要性。《中国－太平洋岛国贸易指数报告（2014–2021）》参与者代表、聊城大学历史文化学院副教授梁甲瑞介绍了中太贸易现状，并对贸易国家和商品类型进行了归纳总结，指出中国同太平洋岛国的合作不断加强，开始进入了双边多渠道、多边新平台、双轮驱动的新阶段，双方合作基本上呈现稳中有升的局面。中国社会科学院美国研究所副研究员仇朝兵指出，美国对亚太地区的投入日益增加，尤其在拜登上台之后，美国在这一地区与其盟友的合作有了实质性的进展。他表示，美国将太平洋岛国地区视为"印太战略框架"的重要组成部分，表明了该地区已成为中美博弈的重要一环。

  会议针对发布的两项新成果建言献策。梁艳玲指出，此次出版的太平洋岛国蓝皮书不仅为读者提供了内容丰富、资料翔实的研究报告，更对"一带一路"倡议下中国政府布局与太平洋岛国合作发展具有重要的参考价值。自然资源部海洋发展战略研究所研究员李明杰对报告的时效性和内容的针对性提出了建议，强调了研究太平洋岛国海洋问题的重要性，提出要加深对岛国与国际组织和大国间关系的研究，同时对岛国内部问题进行更多的关注。《世界知识》杂志社社长罗洁表示，太平洋岛国研究中心与《世界知识》展开了密切合作，刊发了封面主题组稿文章，合作创办了专栏，未来将与太平洋岛国研究中心进一步深化合作，以产出更多、更好的成果，从而服务国家战略。自然资源部国家海洋信息中心研究员林香红认为，《中国－太平洋岛国贸易指数报告（2014–2021）》可以作为国内了解太平洋岛国基本状况的工具书来使用，通过该书可以了解太平洋岛国和各个国家之间关于贸易的数据。太平洋岛国研究中心主任、聊城大学历史文化与旅游学院教授陈德正表示，太平洋岛国研究中心将继续坚持中国视角、岛国情怀、平等心态、协同创新，一如既往地办好"太平洋岛国蓝皮书"这一学术平台和品牌，不断提升《中国－太平洋岛国贸易指数报告》的时效性和权威性，积极深化和进一步拓展太平洋岛国研究领域，推动太平洋岛国研究中心高水平发展，在服务国家战略方面做出新的成绩。

会议围绕智库建设的问题与对策展开探讨。天津师范大学历史文化学院教授李友东从历史发展视角分析了文化产品的时代意义，强调了具有桥梁作用的智库建设的重要性。他表示，太平洋岛国目前在民族、国家、文明、现代化等方面，都还是以西方国家所组成的学术框架为主，未来要研究出更多具有中国视角、第三世界发展中国家视角的文化产品，与太平洋岛国的各民族寻求更多的历史认同。北京外国语大学太平洋研究中心执行主任牛丽认为，智库的前瞻性对外交信息和产业合作具有重大帮助，当前智库发展在人员、资金、协调机制等方面都存在困难。她表示，要结合山东省的海洋优势，有针对性地开展与太平洋岛国的贸易投资，尤其是加大与太平洋岛国粮食进口贸易的合作力度。中国社会科学院世界历史研究所副研究员邓超对智库建设提出了新认识，强调了历史研究的重要性。他表示，纵观近500年的世界历史，太平洋岛国并非被美国一家控制始终，因此我们可以从以往历史中汲取更多智慧，调转方向，扭转态势，在这一地区摆脱美国牵扯，掌握更多的主动权。北京邮电大学南太平洋地区研究中心主任杨京鹏强调了科技援助、教育援助、新闻报道三个方面的研究重要性，提出通过信息库、语料库等方式与太平洋岛国研究中心展开信息搜集领域的协助与合作。

会议的另一主题是深化区域国别学的理论研究与学科建设。罗林指出，此次新书发布会，将进一步促进我国太平洋岛国研究发展，共同打造太平洋岛国研究的学术共同体，努力开创太平洋岛国研究发展的新局面，进而推动我国区域国别研究深入发展。北京大学外国语学院教授刘红中高度评价了太平洋岛国研究中心在学科建设、团队建设方面取得的成就与进步，以及学术研究的全面性与综合性，并介绍了北京大学在开展区域国别研究中取得的成就和面临的问题。中国社会科学杂志社国际关系学编辑部汪书丞介绍了《中国社会科学》杂志为积极推动区域国别和太平洋岛国研究开展的工作，并简述了学界关于区域国别研究方法的探讨。他认为，夯实基础是区域国别研究的理论支撑，并结合自身经营学术期刊的经历，对未来太平洋岛国研究可能出现的问题提出了建议。

  太平洋岛国研究中心常务副主任、聊城大学历史文化与旅游学院院长赵少峰做总结发言。他表示，太平洋岛国研究中心团队认真听取此次研讨中专家提出的蓝皮书和贸易指数报告的建议，不断完善、丰富后续的研究工作，并期待与各位专家学者通力合作，努力将太平洋岛国研究中心打造为更具影响力的学术平台，积极构建学术共同体。他强调，太平洋岛国研究中心将一如既往地做好本职工作，扎实开展基础研究和应用研究，拓展"一带一路"倡议、应对气候变化、海洋治理、历史文化等研究领域，强化团队建设，产出系列原创成果，大力推进区域国别学学科建设。

2022~2023 年国内太平洋岛国研究论著辑要

安若愚[*]

"人的安全"与地区主义：太平洋岛国地区安全研究

陈晓晨在《国际政治研究》2022 年第 5 期撰文指出，太平洋岛国地区安全研究构成了国外国家安全研究的独特组成部分。在理论视角上，太平洋岛国地区安全研究以"人的安全"为统领性视角，安全化理论、后殖民主义和比较地区主义等多种理论视角相互补充、相互结合。在研究议题上，太平洋岛国地区安全研究注重研究该地区安全治理架构与叙事，广泛研究"人的安全"视角下的诸多非传统安全问题，其中，气候安全研究最为突出。在研究力量上，分散研究和资源整合是两大特点。在研究路径上，多学科、多范式、多方法并举，研究、政策与实践相互推动。在研究方法上，重视话语叙事分析与案例研究。

中国与太平洋岛国的"一带一路"合作及未来前景

吕桂霞在《人民论坛·学术前沿》2022 年第 17 期撰文指出，"一带一路"在太平洋岛国的建设虽然启动时间相对较晚、三个次区域的推进进度不一，但总体发展势头迅猛，"五通"建设特别是设施联通和民心相通建设取得了丰硕成果，双方对话机制、合作中心等不断建立与完善。然而，美西方的抹黑与打压、中国台湾方面的搅局和太平洋岛国内部的变数等也给"一带

---

[*] 安若愚，聊城大学历史文化与旅游学院硕士研究生，主要研究方向为世界史。

一路"建设在太平洋岛国地区的推进带来一定挑战。未来，中国在发展同太平洋岛国关系上将继续奉行"四个坚持"，在严格遵守太平洋岛国的法律法规及宗教和风俗习惯的同时，推动"一带一路"在太平洋岛国的建设提质增效，共建中国同太平洋岛国的命运共同体。

"印太战略"对太平洋岛国地区秩序的影响

陈晓晨和常玉迪在《社会科学》2022年第3期撰文指出，美国、澳大利亚和新西兰等西方国家在太平洋岛国地区实施"印太战略"，通过权力投射，巩固了地区军事与安全控制力，增强了经济影响力，促进了地区抗疫合作，使得西方主导性上升与地区权力格局外源化；通过机制构建，建立了以其为主体的地区安全机制网络，还建立了若干西方俱乐部式小多边主义机制，使得地区机制的排他性增强，地区制度格局复杂化；通过话语叙事，建立了一套西方式话语叙事体系，为其提供"合法性"规范，在一定程度上削弱了中国对该地区的介入，并将这套话语叙事体系与海上安全介入等具体行动结合起来。这些变化共同对太平洋岛国地区秩序产生影响。不过，该地区秩序的长期走向还取决于多类行为体的复杂作用与互动。

中国与南太平洋岛国贸易特征变化及其发展潜力研究

陈斯友、林畅和庄佩芬在《亚太经济》2022年第3期撰文指出，中国与南太平洋岛国的双边贸易具有规模逐年扩大、结构更加集聚和关联愈加紧密等显著特征，但受限于南太平洋岛国总体经济体量小、技术能力弱、政治环境不够稳定等因素，双边贸易在规模、结构、效率等方面遭遇制约。基于"一带一路"倡议，从南太平洋岛国的独特属性出发，提出持续推进援助以厚植贸易基础、拓展特色产业链条以优化贸易结构、加强多层次战略经营以巩固贸易政策、提升监管服务水平以优化贸易环境等政策建议，进一步挖掘贸易潜力，提升中国与南太平洋岛国贸易水平。

斐济民族国家构建中的民族因素与治理

赵少峰和程振宇在《世界民族》2022年第4期撰文指出，斐济是一个多民族国家，土著斐济人和印度裔斐济人的关系成为影响斐济民族国家构建和发展的重要因素。1987~2006年，斐济发生了四次政变。动荡的20年不仅阻碍了斐济的现代化进程，而且族际关系紧张的局面延续下来。经过长期磨合，斐济基本形成两大民族分别掌握政治权力和经济权力的格局，族际利益冲突可以通过妥协性谈判来化解，但是不能出现政治权力的转移。域外大国通过外交、援助等方式的介入，导致族际关系的复杂化。政府层面的民族整合、强化国家认同、实行合理的民族分权、政治和解，是斐济实现政治稳定的重要途径。

J.W. 戴维森与太平洋岛屿史研究

王作成和赵少峰在《史学理论与史学史学刊》2022年第1期撰文指出，戴维森倡导书写以岛屿为导向的历史，主张扩大史料范围，以跨学科方法、参与史学的方式重构太平洋岛屿史。他在整理太平洋岛屿史史料、创办专业期刊、助推非殖民化运动、开创学派方面做出了突出贡献，促进了太平洋岛屿史研究专业化发展，留下丰厚的史学遗产。

日本对太平洋岛国的区域合作政策：演变与发展

高梓菁在《国际关系研究》2022年第6期撰文指出，加强区域经济合作是日本参与太平洋岛国地区事务的重要切入点。从历史上看，日本对太平洋岛国地区的区域合作政策大致经历了四个演变阶段，并逐渐形成稳定的发展模式。随着"印太战略"的不断拓展，日本对太平洋岛国区域合作政策的推进动因更为复杂：除了资源开发与经济合作外，平衡中国影响力、全面提升日本政治地位的战略考量也被纳入其中。

后脱欧时代英国对太平洋岛国的战略调整及前景

梁甲瑞在《国际关系研究》2022 年第 6 期撰文指出，后脱欧时代英国对太平洋岛国的战略调整是由多种因素共同决定的，其战略调整的考量包括推进"全球英国"理念、服务"太平洋提升"战略和"印太战略"，以及实现经济利益等。同时，英国在太平洋岛国的战略调整过程中仍面临一些内外困境，主要表现在：第一，英国的战略调整对太平洋岛国利弊兼有；第二，太平洋岛国在英国对外贸易中的体量非常小；第三，英国今非昔比的实力很难支撑其在太平洋岛国的战略；第四，太平洋岛国英联邦国家不再仅仅依靠英国。

中国－太平洋岛国蓝色伙伴关系：基础、路径与建议

郭丹凤和林香红在《国际关系研究》2022 年第 6 期撰文指出，中国与太平洋岛国应以蓝色经济为主要载体，在海洋经济、气候变化、海洋生态修复、海洋治理等领域建设蓝色伙伴关系。根据中国－太平洋岛国蓝色伙伴关系所面临的相关挑战，中国应提出更具包容性的蓝色经济理念，与太平洋岛国打造"蓝色伙伴示范区"，达成蓝色合作发展共识。同时，中国应以合作化解分歧、以互利共赢制约恶性竞争的思路，推出联动性强的系列举措，为蓝色伙伴关系营造良好的外部环境。

中国深化与太平洋岛国合作的机遇与挑战
——以中国与所罗门群岛签署安全合作协议为例

孙璐在《和平与发展》2022 年第 6 期撰文指出，一方面，美国等西方国家对中国与南太平洋岛国开展合作尤为警惕，在双方的安全合作议题上散播负面舆论；另一方面，为阻挠中国与南太平洋岛国的合作，将中国排挤出南太平洋地区，美国及其盟友直接或策略性地升级其地缘政治、军事战略。

在此高压下，南太平洋各岛国的心态不同，反应各异。针对上述情势，建议中国相关部门和学者从地区和国际两个层面着手，促进双边关系发展，改善国际发展环境，不断巩固和加强中国与南太平洋岛国友好合作。

印度重启与太平洋岛国峰会合作机制

赵少峰和程振宇在《世界知识》2023年第16期撰文指出，2023年5月22日，莫迪与巴布亚新几内亚总理詹姆斯·马拉佩共同主持了第三届印度－太平洋岛国合作论坛峰会，14个太平洋岛国的领导人受邀参加。在峰会上，印度宣布了对太平洋岛国的系列援助措施。第三届印度－太平洋岛国合作论坛峰会的召开，印证了印度外交政策的调整。

美国海洋战略转变背景下对太平洋岛国地区的海洋安全介入

陈晓晨在《当代世界与社会主义》2023年第3期撰文指出，美国全方位强化对太平洋岛国地区的海洋安全介入，以海上军事部署网状化、海上执法合作扩大化和海域态势感知集成化为"三位一体"，以涉海舆论炒作系统化、海洋安全机制集团化和海洋治理合作政治化为多维支撑，形成了协同效应，绑架了地区机制，塑造了威胁认知，加剧了零和博弈。不过，美国与太平洋岛国在海洋安全上的观念与利益存在根本性差异，在一些具体举措上也存在矛盾。在此形势下，中国和太平洋岛国将继续发挥能动性，推进海洋合作，携手构建更加紧密的中国－太平洋岛国命运共同体。

后科托努时代欧盟－太平洋岛国新型合作伙伴关系析论

梁甲瑞在《德国研究》2023年第2期撰文指出，后科托努时代的欧盟－太平洋岛国新型合作伙伴关系具有以下特点。第一，在合作伙伴关系中突出政治性；第二，强化"印太"语境下的合作伙伴关系；第三，在合作伙伴关系中更为突出气候治理和海洋治理；第四，在合作伙伴关系中强化公共卫生治理。欧盟－太平洋岛国新型合作伙伴关系的局限性也很明显，且这些局限性将在很大程度上影响欧盟一些战略目标的实现。对中国而言，了解欧盟－太平洋岛国新型战略合作伙伴关系有助于开展同欧盟与太平洋岛国的合作。

美国与太平洋岛国伙伴关系的最新进展

王剑峰在《现代国际关系》2023年第6期撰文指出，美国的太平洋岛国伙伴关系战略逐渐推进，在外交存在、安全与防务合作、应对气候变化以及基础设施建设领域取得了阶段性成果。拜登政府借助三大层次的制度架构逐步实现其战略目标，又努力避免过多的承诺和过重的财政负担。从长远看，太平洋岛国对民主和地区主义的本土化理解、与美国在遏制中国上的不同立场以及美国财政援助存在的问题都使拜登政府的太平洋伙伴关系实践存在很大的不确定性。

美国智库对中国参与太平洋岛国事务的负面认知：成因与对策

甄飞扬在《情报杂志》2023年第7期撰文指出，美国智库对中国参与太平洋岛国事务的负面认知集中在经济、政治、安全与价值观4个维度。绝对安全观念下的认知相符、战略竞争零和博弈思维下的诱发定式、角色误判基础上的错误历史类比、冷战思维下的镜像反映与基于国家和智库的双重利益考量是诱发美国智库产生负面认知的五大成因。对此，我国应加强与美国及其智库的战略沟通与交流，主动构建基于"全球安全倡议"的太平洋地区安全新机制，推进"一带一路"南太平洋支线的高质量发展，加大与太平洋岛国的人文交流力度，助力构建中国－太平洋岛国命运共同体。

地缘政治结构、印太战略升级与拜登政府的"蓝色太平洋伙伴"

梁甲瑞在《世界经济与政治论坛》2023年第3期撰文指出，在地缘政治结构的影响及"印太战略"升级的背景下，拜登政府竭力在太平洋岛屿地区打造并完善"蓝色太平洋伙伴"，借以对中国进行强有力的制衡。作为一个制衡中国的联盟体系，"蓝色太平洋伙伴"是美国在"海洋自由"原则驱动下的海洋扩张活动或实践，主要目的是维护其海洋霸权。未来拜登政府将推动"蓝色太平洋伙伴"在太平洋岛屿地区朝着更加实体化、机制化、军事化的方向发展。

2022年太平洋岛国研究英文论著辑要

杨雨桐　吕俊昌[*]

一　著作

Quito Swan, *Pasifika Black: Oceania, Anti-colonialism, and the African World*, New York: New York University Press, 2022.

该书追溯了大洋洲本土活动家在争取解放的斗争中如何有意地与非洲世界建立国际联系、共同推动反殖民主义运动的历史。作者根据在斐济、澳大利亚、瓦努阿图、巴布亚新几内亚、英国和美国进行的研究，以大洋洲的宗教领袖、学者、黑人权力倡导者、文艺工作者、环境保护主义者、女权主义者以及在全球范围内高举黑人解放旗帜的革命者为主角，生动讲述了大洋洲地区未被充分研究的反殖民运动。该书既是一部关于胜利者的历史，同时也是对大洋洲、非洲等地区正在进行的非殖民化运动中产生的悲剧的提醒。

Hilary Howes, Tristen Jones & Matthew Spriggs, *Uncovering Pacific Pasts: Histories of Archaeology in Oceania*, Canberra: ANU Press, 2022.

该书分四个阶段考察了太平洋考古学的历史。从16世纪早期欧洲人在太平洋的探险到第二次世界大战后诸多专业考古学家进行的考古理论和考古实践的去殖民化尝试，推动了太平洋地区考古学的蓬勃发展并一直持续至今。值得注意的是，书中涉及的许多文物此前并不为人所熟知，也并未公开展示过，因此，该书提供的宝贵资源对太平洋岛国的社会文化传承具

---

[*] 杨雨桐，聊城大学历史文化与旅游学院2022级硕士研究生，主要研究方向为世界史；吕俊昌，博士，聊城大学历史文化与旅游学院副教授，太平洋岛国研究中心研究员，主要研究方向为太平洋史、华侨华人史。

有重要意义。

James Beattie, Ryan Tucker Jones, Edward Dallam Melilloand, *Migrant Ecologies: Environmental Histories of the Pacific World,* Honolulu：University of Hawai'i Press, 2022.

该书是从移民生态学的角度探究太平洋海洋环境史的论文集，全书用大量篇幅展示了人类和非人类（如土地、微生物、动植物和其他自然力量等），如何通过迁徙与流动在每个历史时期从根本上塑造了太平洋的变化，以及太平洋如何反过来影响人类与非人类的过程。内容上涵盖了从疾病生态学、咖啡种植到核试验和捕鲸活动等广泛的主题，以独特的视角展示了太平洋及其周边地区的人文历史和生态系统环境史，有效地证明了一个相互关联的太平洋世界环境史的存在，从而提供了一种理解太平洋的新方法。

Kirstie Petrou, John Connell, *Pacific Islands Guestworkers in Australia: The New Blackbirds?* London:Palgrave Macmillan Press, 2022.

该书聚焦于现代太平洋岛民赴澳大利亚的季节性移民问题。作者比较了澳大利亚季节性工人计划（Seasonal Worker Programme）与其前身即19世纪的"黑鸟"政策以及其他国家工人计划的异同，探讨了劳工政策制定的原因和方式。通过研究季节性劳工计划对澳大利亚以及劳工派遣国产生的复杂影响，以批判性的视角考察了澳大利亚的季节性工人计划旨在让谁受益、为什么受益以及在多大程度上受益，是否实现了劳工派遣国、劳工引进国以及参与计划的劳工的三赢等诸多问题。

Stephen Howes, Lekshmi N. Pillai, *Papua New Guinea: Government, Economy and Society,* Canberra: ANU Press, 2022.

该书是关于巴布亚新几内亚政治、经济、社会研究的论文合集，由巴布亚新几内亚大学和澳大利亚国立大学等的多位专家撰写。全书分三大章，全面分析了巴布亚新几内亚政治层面的选举、权力下放、犯罪和腐败等问题，考察了巴布亚新几内亚经济的宏观发展轨迹，并进一步研究了人民生活水平以及社会层面的发展不平衡问题。该书提供了有关巴布亚新几内亚一系列关键领域内政策问题的最新研究成果，是研究巴布亚新几内亚国家发展的必读书目之一。

Bettina Beer, Tobias Schwoerer, *Capital and inequality in Rural Papua New Guinea,* Canberra：ANU Press, 2022.

该书聚焦于巴布亚新几内亚农村地区发展不平衡的问题。以巴布亚新几内亚土地面积最大的省份——西部省以及人口最多的莫罗贝省为例，探讨了采矿、石油和天然气开发等资本密集型项目在巴布亚新几内亚农村及乡镇地区不平衡发展中扮演的重要角色。该书认为太平洋地区的资源开发尤其是采矿业带来的利益分配不公问题加剧了巴布亚新几内亚地方社区发展的不平衡现状，这种不平衡的发展又为持续的暴力冲突埋下了隐患。

Christine Taitano DeLisle, *Placental Politics: Chamoru Women, White Womanhood, and Indigeneity under U.S. Colonialism in Guam,* Chapel Hill：University of North Carolina Press, 2022.

该书通过口述史料、信件、照片、军事记录等大量资料揭示了关岛本土查莫罗妇女和美国白人女性之间错综复杂的历史。从1898年开始到第二次世界大战，随着美国向太平洋岛屿的扩张，驻扎在关岛上的美国海军军官的妻子也被带到关岛，并由此与关岛查莫罗妇女产生了联系。该书指出查莫罗妇女与美国白人女性双方在医疗、教育等诸多领域内互动交往，在关岛建立了一种新型的社会政治权力形式。

Lois Bastide, Denis Regnier, *Family Violence and Social Change in the Pacific Islands*, London：Routledge, 2022.

太平洋岛国地区是世界上家庭暴力发生率最高的地区之一。该书通过丰富的民族志和田野调查，通过一系列案例考察了法属波利尼西亚、新喀里多尼亚（法）、巴布亚新几内亚、瓦努阿图、所罗门群岛等当代太平洋岛国地区女性所遭受的不同类型的家庭暴力和性暴力，以及个人、集体和相关机构打击家庭暴力的措施,揭示了家庭暴力与社会经济发展、文化结构和政治状况的内在联系。

Kamanamaikalani Beamer, Te Maire Tau, M. Peter, Vitousek, *Islands and Cultures: How Pacific Islands Provide Paths toward Sustainability*, New Haven: Yale University Press, 2022.

该书利用口述资料,结合历史记载和生物学、物理学等证据,分析了人类定居并适应波利尼西亚地区的历程以及该地区的人类-环境系统的形成,认为波利尼西亚群岛可以作为展示人类社会如何与环境相互作用的理想模型。该地区相对孤立,人类发现相对较晚,且社会富有活力,具有相对于其他地区文化的独特性。波利尼西亚人的世界观体现了文化与环境互动的理念,为今天的全球可持续发展提供了新路径。

二 论文

Aruna Gounder, "Developing Social Security Schemes for Small Island Economies: Lessons from Fiji's COVID-19 Experience," *Pacific Affairs*, Vol. 95, No. 1, 2022, pp. 99-117.

该文以斐济应对新冠疫情为例,从经济、文化等不同的角度评估了斐济的国家应对战略、家庭应对机制以及目前社会保障措施中的不足。作者指出新冠疫情与极端天气事件等气候风险相互交织形成的合力,极有可能对斐济和其他太平洋岛国经济体形成剧烈冲击。因此,加强社区的抗逆韧性,强化已有的社会安全体系,开发出可持续且基础广泛的社会保障机制格外重要。

Grant W. Walton, Husnia Hushang, "Long live RAMSI? Peace-building, Anti-corruption and Political Will in Solomon Islands," *Asia & the Pacific Policy Studies*, Vol. 9, No. 1, 2022, pp. 39-58.

该文考察了以澳大利亚为首的所罗门群岛区域援助团(RAMSI)在干

预期间（2003~2017）和干预之后反腐败资金的利用问题，肯定了援助团对所罗门群岛反腐败工作的积极意义。为应对种族冲突而成立的所罗门群岛援助团目的之一是提高所罗门群岛的国家治理水平，作者分析了所罗门群岛四任总理的反腐败改革，并重点分析了援助团干预期间财政预算中对各类反腐败组织的拨款情况，认为总体上所罗门群岛提高了其解决腐败问题的能力。援助团撤离后所罗门群岛政府反腐败改革的意愿也有所增强，而且对重要的反腐机构的资助程度比援助前高，同时也高于其邻国巴布亚新几内亚的水平。

Michael Leach et al., "Popular Political Attitudes in Samoa: Findings of the Pacific Attitudes Survey," *Asia & the Pacific Policy Studies*, Vol. 9, No. 3, 2022, pp. 408-429.

该文介绍了2020年12月至2021年1月在萨摩亚进行的第一次"太平洋态度调查"（PAS）的结果，此次调查评估了萨摩亚普通公民对民主的态度、对政府机构的信任程度以及对妇女参政的态度。调查结果呈现了萨摩亚复杂的社会政治情况，受访者对经济的满意度与对民主的满意度之间存在强相关性。尽管民众对萨摩亚民主制度和民主结构的信任度普遍较高，但不少受访者表示，相比于现代民主制度，他们对传统制度的信任度更高。文章指出，对现代民主规范的推崇与对传统价值观的遵循相互调和与交织，使萨摩亚的政治文化朝着独特的方向发展。

Caroline Norma, "Military Laborers and Sexual Violence in the New Guinea Campaign of the Pacific War, 1942–5," *The Journal of Pacific History*, published online, September 12, 2022.

该文研究了太平洋战争期间在新几内亚战役（1942~1945）中存在的军事劳役和性暴力问题。澳大利亚在该次战役中招募了数万名太平洋岛国军事劳工，随着当地人被广泛纳入战争体系中，巴布亚和新几内亚妇女不断遭受日本军队的性虐待和性剥削。同时，在战争爆发之前和战争期间，参加澳大利亚劳工契约计划中的男性也在这些虐待行为中起到了推波助澜的作用。文章通过描述军事劳动和性暴力的历史关联，从更广阔的视角推进了对于"慰安妇"问题的研究。

Anthony J. Regan, Kerryn Baker, Thiago Cintra Oppermann, "The 2019 Bougainville Referendum and the Question of Independence: From Conflict to Consensus," *The Journal of Pacific History*, Vol. 57, No. 1, 2022, pp. 58-88.

该文聚焦于2019年布干维尔自治区举行的关于政治前途的全民公投，公投结果以97.7%的压倒性多数支持布干维尔从巴布亚新几内亚独立。从20世纪80年代末布干维尔地区爆发武装叛乱，到2001年签订《布干维尔和平协定》结束了长达12年的内战，这场冲突造成了巴布亚新几内亚社会的深刻分裂。在冲突结束20多年后举行的公投显示在独立问题上双方基本达成了普遍共识。该文着眼于布干维尔复杂的政治经济环境，并追溯了布干维尔自治政府和巴布亚新几内亚政府在公投前所采取的政策，探讨了双方如何从分歧走向达成共识的过程，以期为布干维尔未来政治地位的协商解决提供参考。

John M. Hitchen, "Understanding the Church and Training from Which the Cook Islander Missionaries Brought the Christian Message to Papua New Guinea in the 1870s," *The Journal of Pacific History*, Vol. 57, No. 2-3, 2022, pp. 148-185.

该文阐述了19世纪70年代诸多库克群岛传教士到巴布亚新几内亚进行传教活动的背景。1839年，伦敦传教士协会的亚伦·布扎科特（Aaron Buzacott）牧师在拉罗汤加岛建立了塔卡莫阿神学院，为库克群岛传教士在太平洋地区进行传教活动奠定了基础。1872年，随着库克群岛教会传教高潮再次兴起，新一批见习传教士向巴布亚新几内亚大陆发起了福音扩张活动，一直到20世纪80年代最后一名传教士返回库克群岛。文章还探讨了教会的日常生活、塔卡莫阿神学院的发展历程以及主要教士詹姆斯和简·查尔默斯（Jane Chalmers）的独特传教思想。

Asofou So'o, "The Constitutionalization of Sāmoan Politics: A Comparison of the 1975, 1982 and 2021 Political Crises," *The Journal of Pacific History*, Vol. 57, No. 4, 2022, pp. 407-423.

该文聚焦于2021年发生在萨摩亚的宪政危机。作者指出，2021年4月萨摩亚大选后出现的宪法危机问题并非首次，历史上1975年和1982年大选后同样出现类似的问题，但1975年和1982年由国家元首任命总理的方式与1962年宪法规定的方式不同。该文认为此次大选削弱了传统的tama-a-'āiga（萨摩亚最高头衔持有者）在政府组建决策中的核心作用，2021年的宪法危机表明萨摩亚正朝着更加宪制化的方向迈进。

Anna-Karina Hermkens, Roselyne Kenneth, Kylie McKenna, "Gender Equality Theology and Essentialism: Catholic Responses to Gender-Based Violence and Inequality in Papua New Guinea," *Oceania*, Vol. 92, No. 3, 2022, pp. 310-328.

该文以巴布亚新几内亚的布干维尔自治区为例研究了该地区的暴力侵害妇女问题，该行为被认为是巴布亚新几内亚"最严重的人权问题"，尽管该国致力于实现性别平等，但各种报告和数据都显示其成果并不理想。该文考察了天主教会及其神职人员处理性别暴力的态度和方式，探讨了天主教会在解决性别暴力和性别不平等问题上所扮演的角色。作者还指出，即使天主教会愿意为受害者提供救助、支持社会变革，但它也主张通过将性别关系本质化来维持特定的现状的悖论。

Teddy Winn, "Toward an Understanding of Patron-client Politics and Corruption in Papua New Guinea: A Narrative Review," *The Contemporary Pacific*, Vol. 34, No. 2, 2022, pp.386-418.

该文探讨了巴布亚新几内亚的行政和政治体系中根深蒂固的腐败问题。尽管目前学界对导致巴布亚新几内亚腐败的制度原因进行了大量研究，但很少有人关注该国强大的社会网络和互惠制度会导致国家机构腐败。通过对恩庇侍从（Patron-Client）政治和相关文献的回顾，该文认为非正式互惠系统，即 wantok（原意指操同一语言的人群，也指朋友）和大人物系统（big man systems），通过恩庇侍从政治的实践系统地加剧了巴布亚新几内亚的腐败。

D. K. Jain et al., "Climate Risk Insurance in Pacific Small Island Developing States: Possibilities, Challenges and Vulnerabilities——A Comprehensive Review," *Mitigation and Adaptation Strategies for Global Change,* Vol. 27, No. 3, 2022, pp. 1-21.

对于太平洋小岛屿发展中国家来说，气候变化将大大加剧岛国的脆弱性，降低家庭福利和国家的长期发展潜力，因此有必要推出针对该地区社会弱势群体的有效气候风险保险产品。该文全面回顾了在太平洋小岛屿发展中国家推行气候风险保险的可能性、所面临的挑战和脆弱性，同时还审查并评估了联合国开发计划署（UNDP）、联合国太平洋普惠金融实践（UNCDF）、太平洋保险和气候适应计划（PICAP）以及各自的地方政府当时采取的气候风险保险举措。

Yu Lei, Sophia Sui, "China-Pacific Island Countries Strategic Partnership: China's Strategy to Reshape the Regional Order," *East Asia*, Vol. 39, No. 1, 2022, pp. 81-96.

该文认为中国在太平洋岛国地区不断增强的存在实际上是对美国及其盟友在该地区所施加的遏制政策的一种回应，中国愿意按照自己的条件与太平洋岛国接触，这反映在向岛国提供经济援助等方面。中国通过奉行传统的"不干涉"原则，日益巩固与太平洋岛国的战略伙伴关系，既满足了太平洋岛国的政治独立和自决要求，同时中国自身也受益于与太平洋岛国之间的经济、政治和战略伙伴关系。

Joanne Wallis et al., "Framing China in the Pacific Islands," *Australian Journal of International Affairs*, Vol. 76, No. 5, 2022, pp.522-545.

该文使用话语分析技术研究了 2011~2021 年澳大利亚官方话语、媒体和评论构建中国在太平洋岛国地区的角色，指出从 2018 年开始澳大利亚官方话语中对中国的角色持有保留的乐观态度发生明显转变。这种政策及其转变一方面是源于中国在"印太"地区乃至全球的发展，更为重要的是通过不断地使用竞争的话语来描述中国，为澳大利亚社会创造了一个接受澳大利亚官方政策变化的环境。

2015~2022年太平洋岛国研究法语论著辑要

刘婷婷[*]

一 著作

Bernard Nicolas, *La guerre du Pacifique: 1941-1945,* Tallandier, 2016.

该书首次探讨了太平洋战争的各个方面，包括它的起源、发展和战争遗留问题。大规模的军事行动、外交阴谋和动员平民的穿插叙事，追溯了日本帝国主义走向衰落的过程。

二 论文

Bailly France et al., "La recherche en Nouvelle-Calédonie, acteur d'influence dans le Pacifique ?" *Après-demain*, Vol. 64, No. 4, 2022, pp. 29-32.

该文首先介绍了新喀里多尼亚（法）的高等教育，围绕新喀里多尼亚（法）高等教育和创新联盟（CRESICA）展开，进而分析了新喀里多尼亚（法）和太平洋岛国共同面临的挑战，最后揭示了应该如何提高新喀里多尼亚（法）高等教育在太平洋地区的影响力。

Lechervy Christian, "La Micronésie au service de la politique « indo-pacifique » américaine," *Outre-Terre*, Vol. 60-61, No. 1-2, 2022, pp. 397-435.

该文揭示了密克罗尼西亚为美国的"印度－太平洋"政策服务，主要包

---

[*] 刘婷婷，外国语言文学硕士，聊城大学外国语学院讲师，主要研究方向为中法语言文化、法语国家与地区。

含四个部分：①密克罗尼西亚是印度－太平洋地区不可分割的一部分；②太平洋岛屿是2016年美国总统初选中的一个政治议题；③唐纳德·特朗普是一位特别重视美国与密克罗尼西亚关系的总统；④中国台湾是"印太政策"和密克罗尼西亚政策的核心。

Siekiera Joanna, "L'impact de l'Asie sur les États insulaires du Pacifique comme motivation externe du régionalisme," *Outre-Terre*, Vol. 60-61, No. 1-2, 2022, pp. 146-162.

该文介绍了亚洲对太平洋影响的历史背景以及当前太平洋地区的区域合作政策，认为亚洲的影响已成为太平洋区域化最重要的外部驱动力之一。

Fisher Denise, "L'Indo-Pacifique et la souveraineté de la France en Océanie," *Outre-Terre*, Vol. 60-61, No. 1-2, 2022, pp. 467-503.

该文通过回顾法国在太平洋地区的政策，基于法国的印度-太平洋战略愿景，分析法国近期在太平洋参与的行动、法国在太平洋的战略资产及战略价值等，重新定义法国在新喀里多尼亚（法）的角色，并继续关注法属太平洋领土的自决问题。

Roddis L. Kendra, Alexander C. Tan, "Diplomatie de la défense : la lutte pour le cœur du Pacifique," *Outre-Terre*, Vol. 60-61, No. 1-2, 2022, pp. 369-395.

随着太平洋地区的战略竞争日益激烈，该地区的大国加强了国防外交。因此，在南太平洋进行的人道主义和自然灾害援助、演习和安全合作项目的军事部署的数量和规模大大增加。然而，尽管假定国防外交推进了发起国的政治目标，并使太平洋岛屿国家受益，但很少有研究检验这种说法的真实性。这种缺乏研究的情况令人担忧，特别是考虑到这些活动可能对南太平洋区域发展、稳定和安全产生长期影响。在此篇文章中，作者评估了南太平洋的国防外交，对澳大利亚和新西兰等国进行了比较案例研究，认为这些国家最近扩大了在该地区的军事存在。

Lallemant-Moe, Hervé Raimana, "Les défis territoriaux et spatiaux des changements climatiques pour les territoires du Pacifique," *Écologie & Politique*, Vol. 63, No. 2, 2021, pp. 121-135.

该文研究了太平洋地区气候变化面临的领土和空间挑战。虽然太平洋各岛国制度不尽相同，但面临共同的环境命运。该文指出太平洋国家面临着海洋空间变化，并提出制定法律政策来削弱环境的消极影响。

Pierre-Yves, Le Meur, Valelia Muni Toke, "Une frontière virtuelle: l'exploitation des ressources minérales profondes dans le Pacifique," *VertigO-la revue électronique en sciences de l'environnement*, Hors-série 33, 2021.

该文通过分析法国的太平洋领土在深海矿产资源开发领域实施的政策和机制来探索潜在的采矿区域，重点是瓦利斯和富图纳群岛的情况。文章评估和分析了法国的政策、大洋洲的反应和水下矿产可能性的相互作用所产生的影响。

Galy Olivier et al., "Comprendre la pandémie de surpoids et d'obésité qui touche le Pacifique insulaire: l'exemple de la Nouvelle-Calédonie," *la Fête de la science*, 2020.

该文以新喀里多尼亚（法）为例，从饮食习惯、生活方式、心理因素和健康教育等方面，研究了太平洋岛民的超重和肥胖等问题。

Klöck Carola, "Négocier au sein des négociations: les petits États insulaires, l'Alliance des petits États insulaires et les négociations climatiques," *Négociations*, Vol. 34, No. 2, 2020, pp. 17-31.

该文探讨了气候谈判中的小岛屿国家联盟。从四个方面分析了小岛屿国家联盟在气候谈判中的作用：集体参与的必要性、小型多利益相关者代表团、共同立场及其局限性、小岛屿国家联盟在气候谈判中的局限性。

Wattelez Guillaume, Frayon Stéphane, Nedjar-Guerr3e Akila, Serra-Mallol

Christophe, Le Roux Pierre-Yves, Paufique Émilie, Wacalie Fabrice, Ponidja Solange, Zongo Paul, Allman-Farinelli Margaret, Caillaud Corinne, Yacef Kalina, Galy Olivier, "Cultures et comportements alimentaires de la jeunesse dans les pays francophones du Pacifique au XXIème siècle: Exemple de la Nouvelle-Calédonie," *Rapport Scientifique Préliminaire*, Laboratoire interdisciplinaire de recherche en éducation-Université de la Nouvelle-Calédonie (LIRE-UNC), Nouméa (Nouvelle-Calédonie), September 11, 2020.

该文是由新喀里多尼亚大学教育跨学科研究实验室撰写的一篇科学报告，其以新喀里多尼亚（法）为例，研究了21世纪太平洋法语地区青少年的饮食文化和行为，具体包括食物摄入的构成和时间、糖在饮食中的地位、媒体和新技术对膳食构成的影响、地理限制的影响。

Arnaud de Raulin, Aurélie Bayen-Poisson, "Les PTOM, entre « Europe et Pacifique »," *Les relations entre l'Union européenne, les pays ACP et les PTOM, la fin d'un cycle*, 2020.

该文主要从历史和法律、制度、经济和金融以及地缘政治四个方面研究欧盟、太平洋国家和太平洋法属海外领地之间的关系。

Lechervy Christian, "La France et le concept d'Indo-Pacifique," *Politique étrangère*, No. 3, 2019, pp. 23-35.

该文主要介绍了法国和"印度－太平洋"概念的关系。自2018年以来，法国当局使用"印度－太平洋"而不是"亚太"的概念。这种语义上的变化反映了政治甚至世界观的变化。亚洲现在是法国关注的中心，海洋也受到了特别的关注。法国是一个海洋强国，岛屿（包括法国海外属地）具有新的重要性。印度－太平洋概念提升了岛屿国家和领土的地位。在这一概念中，东盟发挥了重要作用。

Ourbak Timothée, Bran Quinquis, Charlotte-Fleur Cristofari, "L'Océanie, championne de la lutte contre les changements climatiques sur la scène internationale," *Journal de la Société des Océanistes*, Vol. 149, No. 2, 2019, pp. 211-221.

《大洋洲是国际社会应对气候变化的领头羊》探讨了太平洋岛屿国家和领地之间的联系和区别，以及它们与所属的各个谈判集团之间的联系。基于在2013年至2017年气候谈判中的个人知识和专业经验，作者分析了谈判问题、大洋洲参与者的定位以及这种定位对大洋洲的影响。

Vincent Dropsy, Sylvain Petit, "Les économies des PTOM du Pacifique et leurs relations avec l'UE," *Les relations entre l'Union européenne, les pays ACP et les PTOM: la fin d'un cycle*, 2019.

随着中国和亚太地区的发展，太平洋海外领地的经济和地缘战略利益不断增长。这些小岛屿拥有丰富的海洋矿产资源，同时也面临巨大的挑战。该文强调了太平洋法属海外领地的经济优势和劣势，以及它们与欧盟和太平洋地区的贸易和金融关系，并提出了符合欧盟价值观的结构改革路径。

Raimana Lallemant-Moe Hervé, "Les petits pays insulaires du Pacifique face aux changements climatiques," *Politique étrangère*, No. 3, 2019, pp. 63-74.

该文主要研究气候变化对太平洋岛国的影响、太平洋领地的异质性以及太平洋岛国的气候外交情况。

Chauchat Mathias, "Les indépendances avec partenariat des pays insulaires non autonomes du Pacifique sud," *Les enjeux territoriaux du Pacifique*, colloque 3 et 4 juillet 2018, PUNC, 2019.

该文主要以法国和其太平洋地区海外领地为例，探讨了南太平洋非自治岛屿地区的独立型伙伴关系的建立，以及成功建立伙伴关系的条件。

Voituriez Tancrède et al., "Les relations entre l'UE et les pays d'Afrique, Caraïbes et Pacifique (ACP) après 2020," ISSUE BRIEF, 2018.

该文主要研究 2020 年后欧盟与非洲、加勒比和太平洋（ACP）国家的关系。

Florent Venayre, Christian Montet, Sarah-Marie Cabon, "Le droit de la concurrence en Polynésie française et dans les petites économies insulaires du Pacifique," Post-Print, 2018.

该文介绍了法属波利尼西亚和太平洋小岛屿经济体的竞争法。

Le Meur, Pierre-Yves et al., "Les espaces marins du Pacifique entre logiques de commun et d'accaparement," *Revue internationale des études du développement*, Vol. 234, No. 2, 2018, pp. 9-30.

在太平洋地区，"海洋竞争"是由经济（水下采矿、岛屿发展）、环境（生物多样性保护）和政治（主权）问题推动的。《共享和垄断逻辑下的太平洋海洋空间》介绍了太平洋海洋竞争的四种模式以及交叉空间和时间的竞争，最后总结了海洋边界的共享、垄断和关闭。

Géronimi Vincent, Audrey Aknin, "Soutenabilité et migrations dans les économies insulaires : quels enjeux pour la Nouvelle-Calédonie ?" *Mondes en développement*, Vol. 172, No. 4, 2015, pp. 67-86.

该文从小岛屿经济体可持续发展的角度讨论移徙的影响。文章首先回顾小岛屿经济体的移徙模式和挑战，然后以新喀里多尼亚（法）为例，说明移徙也可以对经济的可持续增长做出积极贡献。

Vallot Damien, "La politique migratoire entre la Nouvelle-Zélande, Tuvalu et Kiribati. Enjeux autour d'une qualification environnementale, éd," *Mobilité humaine et environnement. Du global au local*, Éditions Quæ, 2015, pp. 313-330.

该文介绍了新西兰、基里巴斯和图瓦卢之间的移民政策和太平洋准入类别选择过程。

Lechervy Christian, "L'intégration régionale de la France dans le Pacifique océanien, une diplomatie multimodale," *Journal de la Société des Océanistes*, Vol. 140, No. 1, 2015, pp. 105-121.

该文介绍了法国在太平洋区域一体化进程中采取的多元外交。这是建立在它扮演全球大国的角色、它与欧盟建立的联系、它对南太平洋领土的认同感以及它的亚洲战略之上的。

2022~2023年太平洋岛国研究西班牙语论著辑要

马翠红 *

Martínez, Mario Díez, "El tablero del sur del Pacífico: la competición geoestratégica a través del pacto de seguridad entre China y las Islas Salomón: strategic Competition Through the China-Solomon Islands Security Pact," *Revista del Instituto Español de Estudios Estratégicos*, No. 20, 2022, pp. 69-102.

该文作者尝试在权力竞争的框架内界定南太平洋的地缘战略格局，将其划分为一组具有一系列独特特征的国家（主要是美国、中国、澳大利亚和新西兰），并研究了每个参与者在这种情况下所扮演的角色，强调它们在竞争中的战略利益和应对政策。最后作者回顾了引发南太平洋新的权力竞争的事件，认为中国和所罗门群岛之间的安全合作框架协议可能是该地区现有权力和未来权力竞争的转折点，并分析了由此产生的影响。

Gillies-Lekakis, Sasha, "Mareas cambiantes: Los países insulares del Pacífico y el desarrollo esencial cubano como alternativa al neoliberalismo: Shifting tides: Pacific Island nations and Cuban essential development as an alternative to neoliberalism," *Cuadernos de Nuestra América,* No. 8, 2023, pp. 41-56.

南太平洋地区长期以来一直受到新自由主义社会经济发展政策的主导，这是澳大利亚、新西兰和美国等区域发展伙伴鼓励它们采取并强加给它们的政策。该文认为，该地区面临的一些最紧迫的挑战，包括卫生和教育系统的萎缩，是这种新自由主义发展轨迹的直接后果，这一过程削弱了国家能力，

---

* 马翠红，聊城大学外国语学院讲师，主要研究方向为西班牙语语言文学。

鼓励跨国集团渗透国民经济，侵蚀了服务和社会经济权利。在此背景下，该文论证了古巴的发展在减轻全球北方框架的不利影响方面发挥的关键作用。特别是，南南关系范围内的教育和卫生合作显著丰富了该地区的卫生人力资源，并提供了更多的社会经济权利。事实将证明，古巴的发展为新自由主义发展提供了急需的制衡，新自由主义是一种从国外强加的模式，几乎不适应太平洋地区的情况和这些小岛屿国家的需求。

Viganó, Nicolás Agustín, "La Solución del Pacífico: Identidades, intereses y comportamientos en el Pacífico Sur (2001-2007)," BS thesis, 2022.

该文描述了巴布亚新几内亚、瑙鲁和斐济的民族身份如何在澳大利亚移民政策"太平洋解决方案"（2001~2007）的框架内塑造其与澳大利亚的关系。文章对上述国家移民政策的制定和实施以及反应展开了研究。结果显示，该政策是澳大利亚民族主义身份建构的产物，其实施体现了其作为"南太平洋国家"的自我认知。各岛国根据其对澳大利亚的历史、依赖性和身份地位，做出了不同的反应。根据国际关系的建构主义理论，可知存在三种类型：一种是对澳大利亚的依赖和自满身份，另一种是反叛身份，最后一种是拥有该地区强大国家的身份。此外，文章得出的结论是，新殖民主义权力结构鼓励了自满身份的构建，而缺乏这些结构则鼓励了反叛身份的构建。

Ortega, Federico Ezequiel, "Algún lugar bajo el arco iris: entre disputas geopolíticas e intentos de integración regional en el Pacífico Sur (2020-2022)," XXIII Jornadas de Investigación, Enseñanza y Extensión de la Geografía 14-15 de noviembre de 2022 Ensenada, Argentina, Universidad Nacional de La Plata, Facultad de Humanidades y Ciencias de la Educación, Departamento de Geografía, 2022.

南太平洋地区作为"全球南方"地区之一，深陷全球和地区大国之间的一系列争端，其目标、项目和实现方式各不相同。该文通过对国家、超国家组织和非政府组织的文件、新闻文章、学术界和历史资料的分析，来揭示南太平洋在混合且碎片化的世界框架下，作为地缘政治争端地区在世界范围内日益增长的重要性。

De los Ríos, Augusto Conte, "Francia, AUKUS y la estrategia para el Indo-Pacífico," *bie3: Boletín IEEE*, No.25, 2022, pp.586-605.

"印太"地区正在经历深刻的战略转型。该地区的不稳定和紧张局势的发展促进了国防开支的强劲增长。马克龙在访问澳大利亚以促进双边关系和签署国防装备销售协议时,首次宣布了他对法国在"印太"地区的战略愿景,这绝非巧合。该文尝试解释法国在该地区面临的挑战以及其在"奥库斯"之后的战略。

Lujan Soria, Agustina Anahi, "Kiribati y Tuvalu en los marcos internacionales (2013-2021) sobre cambio climático, migración internacional y riesgo de apatridia. Aportes desde la Teoría de la Securitización," BS thesis, 2022.

该文主要阐述基里巴斯和图瓦卢2013~2021年在国际框架下,应对气候变化、国际移民和无国籍风险等问题时的地位。作者还分析了基里巴斯和图瓦卢气候变化、国际移民及其造成的当今无国籍风险之间的联系,以了解其环境和安全维度,及其对发展和生存条件的影响。

2021~2022年太平洋岛国研究日语论著辑要

林　娜*

一　著作

　　藤井真一『生成される平和の民族誌—ソロモン諸島における「民族紛争」と日常性』(《生成的和平——所罗门群岛的"民族纷争"与日常》) 大阪大学出版会，2021年。

　　以太平洋战争的激战地而闻名的所罗门群岛瓜达尔卡纳尔岛，在21世纪初前后遭遇了新的民族纷争 (Ethnic Tension)。该书介绍了在没有共同的集体意识、参与冲突的方式和程度存在差异的情况下，该岛的原住民拥有的多样的生存战略，以及如何在个人、国家和国际层面处理冲突，达成社会和平。该"和平"是通过岛民生活实践产生的。该书从当地岛民的视角描述了所罗门群岛的"民族情绪"，是一部极其重要的民族志，同时也从纷争与和平的关系出发，描绘了20世纪90年代以来纷扰不断的所罗门群岛社会发展情况。

二　论文

　　橘广司「ツバル語におけるココヤシの文化語彙—言語に表れた民族のくらし—」(《从图瓦卢语"椰子"相关词的文化性论语言中的民族生活》)『島嶼研究』2021年1号。

　　该文的目的是整理图瓦卢语中有关"椰子"的词语，考察并分析它们如

---

* 林娜，博士，聊城大学太平洋岛国研究中心研究员，聊城大学外国语学院副教授，主要研究方向为日本与太平洋岛国关系史、日本史。

何与图瓦卢人的生活联系在一起。具体而言，作者首先概述了图瓦卢和图瓦卢语，接着在借鉴前人研究的基础上，从椰子的生长阶段、部位、用途、使用过程、动词类别的角度，对图瓦卢语"椰子"相关词的文化性进行了分析，进而审视在严酷环境下生活的图瓦卢人对椰子的依赖是如何体现在"椰子"相关词丰富的文化性上的。

小林泉「太平洋島嶼諸国を巡る政治動向を読み解く」(《解读太平洋岛国政治动向》)『日本国際フォーラム』2022年2月9日。

国际社会近几年持续关注气候变化及中国在太平洋岛国的活动，但该文认为应该从岛民自身的主体性去思考并理解太平洋岛国的政治动向。比如像基里巴斯等极小岛国目前面临的问题不是海平面上升，而是垃圾泛滥及生活污水导致的海洋污染、修建基础设施导致的国土（岛屿）侵蚀，并由此产生的饮用水不足等。此外，该文还认为2021年11月所罗门群岛首都霍尼亚拉爆发的骚乱，根本原因是多岛国家所罗门群岛根深蒂固的民族问题。

若林真美、高桥麻奈、矶博康「COVAX ファシリティ等を通じた新型コロナワクチン支援—太平洋島嶼国を事例として—」(《论通过 COVAX Facility 等机构提供的新冠疫苗援助——以太平洋岛国为例》)『国際保健医療』2022年2号。

该文论述了在面向全世界公平供应新冠疫苗的国际机制 COVAX Facility（新冠疫苗公平获取机制）下的疫苗供应结构，分析了通过该机制的疫苗供应和疫苗捐赠问题，具体考察了太平洋岛国的疫苗供应，最后重点聚焦太平洋岛国的脆弱性特征，在此基础上剖析了包括日本在内的援助国支援该地区新冠疫苗的方式。

片冈真辉「激変する太平洋地域の安全保障環境と太平洋島嶼国—パシフィック・ウェイに基づく協調行動は可能か」(《急剧变化的太平洋地区安全环境：太平洋岛国能否在"太平洋之路"原则下实现共识外交》)『IDE スクエア 世界を見る眼』2022年8月アジア経済研究所。

2022年7月9日，太平洋岛国基里巴斯宣布退出太平洋岛国论坛（PIF）。基里巴斯退出PIF说明在太平洋岛国地区构筑起的合作传统已很难再维持。该文考察了基里巴斯退出PIF的背景，分析了近几年中美在太平洋岛国地区的竞争，尤其剖析了太平洋岛国对此的反应。太平洋岛国今后能够克服意见分歧，采用传统的应对方式，还是不以区域共识为目标，各国根据自己的判断与中国和美澳发展各自的关系，其今后的动向备受关注。

车田秀一「『太平洋島嶼国めぐる米中競争』日本の向き合い方—『イコール・パートナーシップ』の強調が重要だ」（《日本在中美太平洋岛国竞争中的应对方式——重点强调"平等伙伴关系"》）『地経学ブリーフィング』127号、2022年10月24日。

该文回顾了中国在太平洋地区影响力扩大的过程，梳理了美国近几年对该地区实施的战略活动，指出日本与该地区合作的目的有两个：一是努力维持该地区的稳定和繁荣，并不是所谓的"对华包围"和"对美追随"；二是发挥同盟国的优势，以有效的分工共同参与该地区事务。实现目的的前提即日本与太平洋岛国的"平等伙伴关系"（equal partnership）。日本作为该地区的"伙伴"，应该用实际行动表明，日本要与太平洋岛国共同解决维持"自由开放的印太"战略中出现的各种问题。

Research on Pacific Island Countries

Issue 8
May 2024

Abstracts

A Brief Discussion on the Continuous Advancement and Deepening of China's Research on Pacific Island Countries in the New Era
—From the Perspective of Research Achievements

Zhang Xiaoli / 10

Abstract: The rapid development of area studies in China is driven by national demands and aims to serve the needs of the country. As an integral part of area studies, research on Pacific island countries in China has made significant progress in the second decade of the 21st century, relying on organized scientific research. It has achieved remarkable advancements in literature collection and collation, publication of basic research results, compilation and publication of think tank reports, and other aspects. Through analyzing the output of current research achievements, this article provides prospects for the continuous advancement and deepening of China's research on Pacific island countries in the new era, including strengthening the collection and collation of primary data, expanding basic research issues, and improving the level of applied policy research.

Keywords: China; Area Studies; Discipline of Area Studies; Research on Pacific Island Countries

The Significance of the United Nations Convention on the Law of the Sea for Global Ocean Governance

Pang Zhongying / 18

Abstract: From the perspective of global governance in the marine field, the Convention on the United Nations Marine Law means that part of the world's ocean is divided into countries but at the same time as a global public domain. Since the 21st century, the Convention has also emphasized the issue of biodiversity outside the country's jurisdiction on the basis of human inheritance of property and marine environmental protection, in order to promote the protection and protection of the world's ocean in the global public domain. Sustainable use. However, the Global Ocean or only one ocean in the world and the international marine order represented by the Convention constitute a paradox. With the United Nations as the center, under the Governance of the Convention, guided by There is only one ocean in the world, some important progress has been made in sustainable development, climate change, biodiversity, and marine protection areas. On the road to real global marine governance, the Convention is the international charter of global marine governance. Therefore, it is necessary to emphasize the significance of global maritime governance of the Convention.

Keywords: United Nations Convention on the Law of the Sea; International Ocean Governance; Global Ocean Governance

From Trust Territory to Commonwealth: Changes in the Status of Northern Mariana Islands under the Rule of the United States (1944-1976)

Niu Dandan / 35

Abstract: After World War II, in order to safeguard national security while adhering to its commitment to decolonization, the United States placed the Northern Mariana Islands under strategic trusteeship. Later, in order to maintain national security and strategic interests in the Asia-Pacific region to the greatest extent, the United States tried to turn the region into its own unincorporated territory. After failure, it planned to establish a commonwealth of the Northern Mariana Islands in political union with the United States. After multiple rounds of negotiations, the United States finally got rid of the constraints of the international trusteeship system and successfully extended its sovereignty to the Northern Mariana Islands, not only realizing territorial expansion, but also further strengthening and maintaining its own presence and interests in the Asia-Pacific region.

Keywords: America; Northern Mariana Islands; Strategic Trusteeship; Unincorporated Territory; Commonwealth

Fresh Water and the History, Culture and Reality of Kiribati

Xu Meili / 57

Abstract: It can be said that fresh water is the most precious natural resource of Kiribati. Fresh Water exist mainly in the underground fresh water layer, and come from rain only. It was rainfall that led to richness or poverty, different governance unit and involved trend of islands society in Kiribati history. Fresh water has so deep influence upon Kiribati culture that an unique fresh water culture formed.There had been a cultural tradition of fresh water worship and chasing rain in Kiribati history,and has been a cultural tradition of saving fresh water.Modern Kiribati has to face fresh water crisis because of population concentration,reduced rainfall,increased heavy rain in frequency and shortage of available fund.

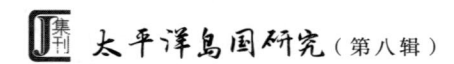

Keywords: Kiribati; Fresh Water Culture; Fresh Water Crisis

A Discussion on the Ethnography of Samoa in the Past Hundred Years

Shi Yingli, Zhao Xinyue / 70

Abstract: For more than a hundred years, the ethnography of Samoa has been written and studied for a long time, and abundant research results have been produced. She mainly records Samoan culture through missionary work, government sponsorship, marriage, ethnography based on field research, and academic research on Samoan history and culture, violent conflicts, colonialism and globalization. These studies show a transition from sequential and comprehensive narrative to thematic research, from focusing on individual experience to exploring the whole social structure, and gradually broaden the research field and attach importance to the vulnerable groups, which has important reference significance for Chinese academic researches on Samoa.

Keywords: Samoa; Pacific Island Countries; Ethnographic Study

Hair Culture and Modernity Transformation of Samoan
—Interpretation It from Cultural Metaphors

Ni Kai, Qi Yi / 92

Abstract: Samoans are a branch of Polynesians, special geographical location and environment have created the unique hair culture of Samoans. As an important part of the human body, Hair has a metaphorical meaning of sexuality and fecundity in many cultures. Ritual haircuts often express the meaning of sexual repression. Therefore, hair culture often metaphors the ethics and power order in cultures. Samoan hair culture also expresses the metaphorical meaning of sexual and ethical order. And with the introduction of Christianity, the Samoan hair culture gradually lost its original metaphorical meaning. Studying the Samoan hair culture can reflect the modern changes of Samoans from a small aspect.

Keywords: Samoan; Hair Culture; Cultural Metaphor; Mana; Tutagita

Polynesian Cultural Symbols in Paul Gauguin's Works

Zhang Bin / 107

Abstract: Cultural symbol is the carrier and typical embodiment of culture. The works of

Abstracts

Paul Gauguin, a French post Impressionist artist, are famous for their comprehensive symbols, in which cultural symbol plays an important role. Gauguin lived in French Polynesia in the South Pacific islands in his later years. His works are full of symbolic cultural symbols with the theme of Polynesian customs. This paper analyzes the significance of cultural symbols in Gauguin's works, discriminates Polynesian cultural symbols in his works, and discusses the overall integration of Polynesian Cultural Symbols in his works.

Keywords: Paul Gauguin; Polynesian; Cultural Symbol

Let Tourism Diplomacy Go Deep Blue: A Study on the Path of Marine Tourism Cooperation between China Shandong Province and Pacific Island Countries

Sun Xiaoyan, Jiang Qiuyan / 117

Abstract: Tourism diplomacy is a special form of diplomacy of Chinese great powers in the new era to promote economic and cultural exchanges. Under the background of the construction of the "21st Century Maritime Silk Road", promoting the cooperation of marine tourism between China Shandong Province and the Pacific Island countries is a new opportunity for Shandong to develop its marine economy and an important role in promoting tourism diplomacy towards the deep blue. The cooperation between Shandong and the Pacific Island countries in marine tourism is facing the challenges of the external environment brought by international politics, the challenge of infrastructure such as inconvenient transportation and the challenge of the natural environment brought by climate and ecological changes. Based on the reality of Shandong's marine tourism development, summarizing and learning from the experience of advanced countries and regions in the development of marine tourism, we can deepen the connotation of tourism diplomacy, carry out point-to-point precision cooperation of coastal cities, strengthen the assistance of infrastructure construction, and promote the mutual assistance of marine ecological environmental protection, etc. to design the path of cooperation between Shandong and the Pacific Island countries in marine tourism, so as to promote China's tourism diplomacy towards the deep blue.

Keywords: Shandong Province; Pacific Island Countries; Tourism Diplomacy; Marine Tourism

Samoa Folk Tourism Resources and Development

Zhang Jianfeng, Li Yu / 128

Abstract: Samoa has the colorful folk tourism resources, such as the characteristics of the Pacific island restaurant food, dress clothes, tattoo culture, bark paintings, fale-architecture and fire-kniff, and so on. Developing the folk tourism, international visitors appreciate, participate and experiencing Samoan traditional folk culture, can know and understand more about the local people's habits. It is a great significance to the promote of Samoa's tourism visibility, tourism attraction and tourism taste. Based on in-depth investigation, detailed analysis and systematic classification, this paper puts forward some feasible suggestions on the measures and strategies for the development of Samoa's folk tourism resources. The development measures advise that different types of folk tourism resources adopt different development measures, such as display, performance, shopping, experience and participation. The development strategies are as follows: relying on international tropical seashore vacation tourism, developing experience-based folk tourism, promoting Samoan folk culture by using Internet new media, building up Samoan folk culture brand, and strengthening the professional personnel team construction, and realize the vigorous development of Samoa folk tourism.

Keywords: Samoa; Kava; Bark Painting; Tattoo; Fale-Architecture

An Exploration of the Cooperative Mechanisms of Vocational Education between China and the Pacific Island Countries

Li Defang, Wei Fanqian / 153

Abstract: Vocational education is an important factor to economic and social development of a country. After independence, the Pacific Island Countries attach importance to the development of vocational education, and most of them have established secondary and higher vocational education systems combined with general education. However, due to the limitation of social development, funds and teachers, most PICs face the challenges of underdeveloped curriculum, poor teaching quality and lack of cooperation between schools and enterprises in the field of vocational education. In recent years, with the increasing international demand for vocational education in PICs, the vocational education cooperation between China and PICs has made initial progress. In the future, we should innovate the concept, model and path of the vocational education cooperation between China and the PICs, so as to train professional talents for the Belt and Road cooperation and lay a social and popular foundation for people-to-people exchanges between China and the PICs.

Keywords: China; Pacific Island Countries; Vocational Education; Educational Cooperation

A Summary Study of the Tertiary Education in Fiji under the Perspective of the "Belt and Road" Initiative

Han Yuping, Huang Weifei / 170

Abstract: 5-Year and 20-Year National Development Plan of the Republic of Fiji points out that more investment will be put to the section of tertiary education to cater to the needs of national development and the labor market. However, due to the limited resources of tertiary education and the poor infrastructure there is a lack of teaching staff in the higher education institutions and the research level of the staff is comparatively low. At the same time the loose connection between secondary education and tertiary education leads to the low retention rate in higher education institutions, and the poor government management of tertiary education leads to the lack of adequate international cooperation with other countries in the field of tertiary education. Therefore, Chinese higher education institutions can be encouraged to build or co-build campuses in Fiji, and co-build Confucius Institutes, Confucius Classrooms or Chinese Language Centers with Fiji National University in different cities. At the same time, scholarships can be provided to Fijian students to study in China, and collaborations can be made in researches on marine sciences and Pacific Island Studies between Chinese and Fijian universities. In this way the Belt and Road Initiative and the concept of Community of Shared Future for Mankind will be promoted in both Fiji and the Pacific Island countries, and Fiji can be made a model of communication and collaboration in tertiary education with China in the Pacific Island region.

Keywords: Fiji; Tertiary Education; 5-Year and 20-Year National Development Plan; the "Belt and Road" Initiative

征稿启事

《太平洋岛国研究》是由聊城大学主办，教育部国别和区域研究中心（备案）、山东省首批重点新型智库建设试点单位聊城大学太平洋岛国研究中心承办的学术集刊，于 2017 年春创办，由社会科学文献出版社出版发行。本集刊旨在探讨太平洋岛国历史与现实诸问题，以期促进中国太平洋岛国研究的发展，推动国际学术交流。本集刊重点研究太平洋岛国历史文化、政情政制、对外关系、经贸旅游以及区域一体化，注重创新、探讨、切磋和争鸣，设有多个栏目，欢迎国内外学者不吝赐稿。

本集刊接收学术论文、译文、研究综述、札记、书评、争鸣等。论文、译文字数不限，其他文章限 5000 字以内，精粹短稿尤为欢迎。本集刊热诚欢迎历史学、政治学、文学、宗教学、文化学、人类学、考古学、生态学等不同研究视角的文章，引文务必准确无误，译文请附上原文。编辑部在收到稿件后，将请有关专家审阅，一般在 2 个月内回复作者，请勿一稿多投。来稿免收审稿费和版面费，一经刊用，即致稿酬。

来稿时请作者提供 200 字左右的内容摘要、3~5 个关键词。英文题名、英文摘要、英文关键词要与中文文献对应，并置于文后。本刊注释采用页下注的格式，具体参照《历史研究》注释规范。作者简介请另附页，注明作者真实姓名、出生年月、籍贯、工作单位、职称以及联系方式。来稿一律使用电子稿，请将 Word 文档"附件"发至 taipingyangban@126.com，并请注明"《太平洋岛国研究》投稿"字样。

《太平洋岛国研究》编辑部

2024 年 4 月

图书在版编目(CIP)数据

太平洋岛国研究. 第八辑 / 李增洪, 梁甲瑞主编. -- 北京：社会科学文献出版社, 2024.5
ISBN 978-7-5228-3722-2

Ⅰ.①太… Ⅱ.①李… ②梁… Ⅲ.①太平洋岛屿－国家－研究 Ⅳ.①K96-53

中国国家版本馆CIP数据核字（2024）第108459号

太平洋岛国研究（第八辑）

主　　编 / 李增洪　梁甲瑞

出 版 人 / 冀祥德
责任编辑 / 叶　娟
文稿编辑 / 顾　萌
责任印制 / 王京美

出　　版 / 社会科学文献出版社·区域国别学分社（010）59367078
　　　　　地址：北京市北三环中路甲29号院华龙大厦　邮编：100029
　　　　　网址：www.ssap.com.cn

发　　行 / 社会科学文献出版社（010）59367028
印　　装 / 三河市龙林印务有限公司
规　　格 / 开　本：787mm×1092mm　1/16
　　　　　印　张：15.25　字　数：243千字
版　　次 / 2024年5月第1版　2024年5月第1次印刷
书　　号 / ISBN 978-7-5228-3722-2
定　　价 / 98.00元

读者服务电话：4008918866

版权所有　翻印必究